林繼富
劉秀美 主編
民俗與民間文學叢書

《荊楚歲時記》研究
——兼論傳統中國人生活中的時間觀念

蕭 放 著

秀威資訊・台北

目次

緒論

《荊楚歲時記》是中國民俗學發展史上的一部重要民俗志著作，是中國第一部地方歲時民俗的專門記錄。本文試圖從多種角度對這部重要文獻所蘊含的學術文化意義進行較深入的探討，以明瞭民俗記述的傳統方式及民俗文化的演進過程。

一、《荊楚歲時記》研究的學術意義

《荊楚歲時記》成書的六朝時期，是一個社會文化大變動的時期，中國民眾的文化觀念與生活方式在這一時期發生了重大變化，《荊楚歲時記》以新的記述方式及時記錄了這一時期的民俗變化。在此後的一千四百餘年中，本書不斷被人們節錄引用，成為說明民眾歲時生活的歷史依據，實際上這種文獻傳承與民俗生活中的活態傳承有著互為影響的作用，《荊楚歲時記》正是在這種流動的文化中獲得存在的價值。對《荊楚歲時記》的研究概略說來有兩方面的意義：

第一、從中國民俗學科發展史上看，《荊楚歲時記》具有開創體例、樹立垯本的意義。我們從其著述原則、體例中可以總結出傳統民俗志撰寫的一般法則。為了說明這一問題，我們不妨從三個層面加以論述：（1）它開創了歲時民俗志的記述體例。在中國很早就有依自然時序敘事的傳統，如月令體裁的敘事，從《夏小正》開始，有《呂氏春秋・十二紀》、《逸周書・時訓解》、《禮記・月令》，及《四民月令》等。以「唯聖人知四時」的想法（《管子・四時》），依據天象、物候的變化安排民眾的社會政治生活（這在較早的時候當然是必要的），但他們大都是一種政令性的敘述。而《荊楚歲時記》一改月令傳統，以平常人的眼光，依照歲時節俗日程，記述民眾在年度週期的歲時生活。自此之後，中國歲時民俗有了專門的記述體式，從而使中國歲時民俗有了較完整的記錄。在《荊楚歲時記》之後，中國民俗史上出現了歲時記錄的著述系列，如《秦中歲時記》（唐・李綽）、《乾淳歲時記》（宋・周密）、《歲時廣記》（宋・陳元靚）、《北京歲華記》（明・陸啟泓）、《帝京歲時紀勝》（清・潘榮陛）、《燕京歲時記》（清・富察敦崇）等。

（2）《荊楚歲時記》在記錄方法上有創新，它以耳聞目見的民俗活動作為記述對象，在一定程度上描寫了民俗活動的進程與層次，可以說是一種動態的古代田野記錄，是傳統民俗記述的一大進步。它不再是上層統治者為瞭解地方民情的觀風問俗，也不是文人學士對奇風異俗的玩賞，而是對一般民眾生活的重視。這種明智的態度決定了作者對民俗的記錄方法的選擇，從而突破了傳統的「采風」手法，在傳統民俗志的記述中確立了較規範的原則，這是《荊楚歲時記》的重大學術貢獻，也是我們今天對它格外珍視的原因。

（3）作者對民俗有相當確定的理解，並且作者的理解接近於當代對民俗的界定。從《荊楚歲時記》記述的民俗項目中，我們可以推論出作者有較為清晰的民俗觀念。作者注意對節日信仰、禁忌、禮儀、飲食、娛樂、神話傳說等民俗事象進行描述，以此呈現節日全貌。而在此前漢朝人的民俗記述中，雖然有區域的民俗描述，但大都注重風氣的概述，缺少對具體民俗事象的記錄。造成這一現象的主要原因，就是他們對民俗的理解不全面，僅僅從政教的角度看待民俗，觀念上的局限，使他們不大可能注意民俗的細節，因此只能是一些感受性的文字，這種籠統性的描述使其科學價值大打折扣。而《荊楚歲時記》對歲時民俗的客觀記述，不僅反映了作者的眼光與學識，也為我們探討中國民俗觀念及民俗事象的發展提供了重要的歷史文本。

第二、從《荊楚歲時記》記敘的民俗內容看，它具有珍貴的資料價值。我們通過對這部重要歷史文本的解讀，從中可以獲取多方面的文化消息，從而明瞭歲時民俗的生成演進的一般軌跡。

《荊楚歲時記》成書於公元六世紀中葉，當時的中國處於分裂狀態已近四百年之久，南方地區在江南政權的長期經營下，已逐漸形成了自己的文化特色，民俗文化亦有著與北方不盡相同的面貌。歲時節日是民眾時空觀念的體現與民眾生活的關節點，我們透過纏繞在歲時節日上的民俗事象，可以從一個特定的角度去理解和把握民眾的心理世界以及他們的生活方式。《荊楚歲時記》就是在這樣一個關鍵的歷史時期出現的民俗文獻，它扼要地記錄了當時的歲時民俗事象，我們以此為依據，結合其他典籍及文物考古的材料，就可以尋繹出南朝荊楚人民的時間觀念、宗教意識及其對天人關係的確定理解。

從《荊楚歲時記》的民俗記述中，我們既可以看到荊楚地方文化傳統的濃厚影響，也可以發現文化交融的民俗表現。值得注意的是，在《荊楚歲時記》中記載了不少自漢朝傳承下來的具有全國通俗意義的民俗事象，它表明了國家雖然長期處於分立狀態，但文化特別是民俗文化並未出現斷裂，相反還出現了不少南北文化、中外文化的交流與融合。這種民眾意識的留存與傳承，以及文化交融，是中華民族在歷經四個世紀的亂離之後重新走向聚合的膠合劑。從這個意義上來說，《荊楚歲時記》研究有著重要的現實價值，它為我們理解民族文化的長盛不衰提供了新的說明。

六朝時期還是中國歲時文化的發展時期。隨著漢帝國的崩解，統一的王官記時系統，失去了約束力，民眾的時間觀念凸現出來，形成了一套適應民眾社會生活的歲時體系；又由於曆法知識的進步與大眾化，原來干支記日變為一般的數字記日，因此節日有了具體的日期，如上巳節，這時明確定在三月三日。節日系統趨於完備，民俗生活已明顯脫離月令模式，顯示出豐富多彩的人文意義。《荊楚歲時記》適時地記錄了荊楚地區的歲時節日形態，由此我們不僅獲得瞭解中古歲時民俗的窗口，同時也為我們研究中國人時間觀念的發展演變提供了重要文本。

《荊楚歲時記》的發凡起例在傳統民俗志中有著玆本的意義，同時它具體的民俗記述又為我們留下了珍貴的資料文本，堪稱歲時民俗志中的經典，這就是我們在一千四百年後的今天仍然對它報以熱眼的緣由。

二、《荊楚歲時記》研究的目前狀況

自《荊楚歲時記》問世之後，集錄或記述歲時民俗的著述史不絕書，而且，它們在說明或解釋民俗節日時，幾乎無一例外地要引證《荊楚歲時記》。這部分是由於中國傳統社會有好古的傳統，但的確也說明了本書的經典意義。可是關於《荊楚歲時記》的研究，在中國自古及今沒有得到充分的展開，這不能不說是一件令人遺憾的事。造成此種局面大概有兩方面的原因：第一、也是最主要的原因，是人們思想意識的局限，在傳統學者的觀念中只有經史才是學術主流，在傳統的文獻分類中，《荊楚歲時記》一般被歸入雜類（從各種書籍目錄中可以明瞭這一點），因此本書被傳統學者置於研究的視野之外，更不用說對它作民俗意義的研討，人們大多把它當作掌故與欣賞性的文字，因此《荊楚歲時記》長期得不到應有的學術評價。第二、由於《荊楚歲時記》原著久已亡佚，人們一般注意於本書的輯佚工作（後文將專門敘述本書的古代流傳情況），因此很少注意本書的意義研究，直到本世紀九十年代以前，學界還是將其納入古籍整理的範圍，當然這是十分必要的，但這只是研究工作的第一步，進入九十年代以後，已有學者開始從民俗學的角度對《荊楚歲時記》進行研究。上述是就國內情況概略而言，下面具體介紹一下目前國內外關於《荊楚歲時記》的整理與研究狀況：

首先，從文本整理方面看，國內《荊楚歲時記》的現代整理工作主要集中在本世紀八十年代，相繼推出了四種校注本，有譚麟的《荊楚歲時記譯注》（湖北人民出版社，一九八五年）、姜彥稚輯校的《荊楚歲時記》（嶽麓書社，一九八六年）、宋金龍校注的《荊楚歲時記》（山西人民出版社，一九八七年）及台灣王毓榮的《荊楚歲時記校注》（台北、文津出版社，一九八八年）。這種在八十年代後期幾乎每年一本的出版速度，實在是前所未有，雖然這是一種巧合，但也正說明《荊楚歲時記》受到學界重視的程度。這四種整理本都依傍一定的古本，對佚文作了繁簡不同的輯錄，有的還對版本源流及本書的價值作了程度不一的闡釋，為人們的進一步研究提供了基礎。

在國外有日本學者守屋美都雄校注的《荊楚歲時記》（平凡社，東洋文庫，一九七八年），書後附有一篇具有學術研究性的解說文字，反映了日本學者對本書的關注。

其次，從研究方面看。國內有少量學者開始對《荊楚歲時記》的民俗內容進行研究，其中武漢大學李惠芳教授的研究有一定的代表性，她在〈從《荊楚歲時記》看古代歲時節日風俗的生成〉的論文中，對我國傳統的歲時文化作了有效的探討，認為節期的選擇與確立顯示了我們祖先對自然規律的認識與把握，而各種風俗活動的產生，卻更多地體現了人類頑強的生命意識。因此，「深究各種節俗活動產生的最初根源，不難發現一個簡單而又永恆的推動力：即人們祈望五穀豐登，人畜兩旺，歲歲平安」（《楚俗研究》第一四九頁，湖北美術出版社，一九九三年）。山西大學李裕民教授的〈宗懍及其《荊楚歲時記》考述〉一文對作者及本書的流傳與價值作了一定的探討（本文原刊於《蘇州大學學報》哲社版一九八七年第四期）。

國外對《荊楚歲時記》的研究開展較早，也取得了相應的成果。日本守屋美都雄博士在一九五〇年就出版了專門著作《校注荊楚歲時記——中國民俗の歷史的研究》（帝國書院，昭和二十五年）一書，十三年之後，守屋博士又推出了《中國古歲時記的研究》（帝國書院，昭和三十八年），其中對早年關於《荊楚歲時記》的研究，作了若干增補與修訂。守屋的主要貢獻在於對《荊楚歲時記》在中國流傳及傳入日本的情況研究，守屋博士關於《荊楚歲時記》的文獻研究達到了一定的深度。並且，守屋博士有較為開闊的視野，他之所以選擇歲時記的研究題目，是因為他在研究中國家族的歷史變遷時，「痛感」對中國人的日常生活瞭解不夠，於是開始了對年中行事即歲時的研究並最終作出了相應的成績。當然，守屋的研究還屬歷史的研究，他並未對《荊楚歲時記》的民俗意義作更深入的開掘，由於學科的局限，守屋博士也沒有對本書在時間民俗志方面的貢獻作出應有的評述。

德國學者赫里嘉・吐爾斑（Turban, Helga.）在一九七一年出版了她的博士論文，論文題為〈《荊楚歲時記》——一個中國的節令曆紀〉德文為Das Ching -Chu sui- shi chi, ein chinesischer Festkalender慕尼黑大學出版）。Turban女士運用社會政治學的方法，對《荊楚歲時記》進行了分析，認為宗懍作為江陵令，他修歲時記大概有如前人《月令》的意圖，以辨風正俗，所不同的是宗懍不以禮俗而以地方民俗為主題，有從中原向地方變異的意味。這也大概符合南北朝政權分裂的情勢（Turban 1971:10）。[1] Turban的研究頗具文化意味，為我們研究《荊楚歲時記》帶來了新的思路。但是，《荊楚歲時記》作者是否有政教的意圖是值得懷疑的，況且本書作於何時尚無確證，一般人認為是在宗懍離開江陵之後。所以說Turban的研究與實際情況略嫌隔膜，因此她得出的某些結論，值得進一步推敲與斟酌。

以上是目前所能見到的國外有關《荊楚歲時記》的研究狀況，可能由於自己見聞的局限，尚有疏漏之處，容當後日補正。

三、本文的研究方法與研究設想

《荊楚歲時記》是一部承載多方面信息的重要文獻，對它的解讀或闡釋可以有多種角度。本文重點探討它在記錄民眾時間意識及日常生活方面的文化意義。由於這是一部歷史文獻，它所反映的是歷史社會中的民俗，所以歷史的方法將是本文最主要的方法；同時《荊楚歲時記》是古代的民俗所記錄，並且諸多民俗在荊楚及其他地區多有留存，因此本文相應採用民俗學的方法（包括文本分析的方法與一定的田野調查方法），全面發掘它所蘊含的民俗內容。《荊楚歲時記》是一部經典性的歲時民俗文獻，對《荊楚歲時記》與其出現的時代及學術淵源的關係作整體的探討，需要有文化學方法，以一種文化意識關注民俗事象，將使我們的研究更為深入。本文也將適當運用文化人類學、考古學的知識以幫助我們說明某些問題。鑒於研究對象的特殊性，本文將運用上述方法，對文獻資料、田野調查資料、考古資料作綜合的研究。當然，在論述具體問題時，根據對象的需要進行方法的具體選擇。

從國內外有關《荊楚歲時記》研究的現狀看，《荊楚歲時記》的研究目前存在兩種困難：第一、是由於本書在宋元之際即已亡佚，現行本子是明代人從類書中輯錄的，一些內容需要考辯，而且這些輯本都有不同程度的疏漏，有鑑於

1 Turban的論文情況，由德國哥廷根大學博士、曾任香港藝術發展局研究員的陳雲根先生數度函告得知。

此，國內外學者在這方面作出了辛勤的努力，取得相當的成果。但是，迄今為止尚未有完善的定本。因此在研究材料的取捨上將頗費心思。第二、目前有關《荊楚歲時記》的研究，大多集中在底本的考訂與輯佚上，系統闡釋的理論深度不夠，缺少可有效依傍的研究成果。這也是本人必須面對的事實。

面對這無可回避的難題，本人將採取審慎的態度對待文本，本人以輯錄態度相對嚴謹的《廣漢魏叢書》本為底本，廣泛參照現今各種整理輯佚本，根據前人的考訂及自己推敲判斷，擇善而從，儘量在資料的選擇運用上做到準確客觀。本論文將在前人文獻研究成果的基礎上，擴展研究視野，力爭在對民眾時間觀念及日常生活的理解方面，及對傳統民俗志的思考方面提出一些新的看法。關於本論文的研究有四個設想：第一、將《荊楚歲時記》文本放在長時段的大歷史背景下進行解讀，尋找它出現的歷史淵源與學術文化背景，比較它與前朝《月令》的異同，從中總結出包括時間意識在內的若干有意義的民俗認識。第二、從《荊楚歲時記》的記述中，發掘荊楚民眾的民俗觀念，探討在南北朝分裂時代時的中國地方民俗特性，以明瞭大變動時代民俗交融演變的情況。第三、從《荊楚歲時記》撰寫體例、撰寫原則及其在中國古代的長期流傳中，總結傳統民俗著述的一般特性。並對傳統民俗志提出相應的看法。第四、以《荊楚歲時記》為文本，討論民俗文獻傳承擴布與民俗活態傳承擴布之間的互動關係。關於這一點限於時間關係，本文未及實現，只好待來日補足。在本論文的撰寫過程中，考慮到民俗生活及民俗記述與時代文化背景的關係，因此用了較大的篇幅予以討論，但這些都是為進一步研究《荊楚歲時記》在中國民俗學史與中國民俗史上的特殊地位所作的基礎鋪墊，本文的重點是在有關《荊楚歲時記》本身的討論，雖然有的問題未及展開，但本人今後將繼續予以探討。

第一章 歲時
——傳統中國人的時間經驗

時間是人們把握世界的維度之一，時間本身並無質感，時間是一個不能用感官感受卻又能體驗到的實在，我們對時間的把握只有通過特殊的標識才能實現，正如英國人類學家利奇所說：「其實我們是通過創造社會生活的分隔來創造時間的。」歲時就是中國人創造的獨特的時間分隔方式，歲時觀念體現了傳統中國人對時間的特殊體驗。

第一節 歲時釋義

歲時作為中國傳統的時間概念，它有著很久遠的歷史。它包括自然時序與人文時序兩個方面。在說明歲時的含義以前，我們先來「歲」與「時」的本義：

一、歲

歲，在甲骨文中就已出現，雖然古文字學家對其本字的釋讀有不同的理解，但古「歲（）」字的字形像一把石

斧是無疑的，郭沫若在《金文叢考》中說「故歲本戉之異文」，於省吾徑直將一般人認作斧、戚、戉的「[illegible]」字釋為「歲」，容庚亦持此說。[1]由此可知「歲」的本為是一種斧類砍削工具，卜辭中將殺牲稱「歲」，[2]更主要的是「歲」還是一種收穫作物的工具，當時是一年一熟制，每年才收穫一次，收穫之後，人們要殺牲祭神，[3]這種慶祝豐收的活動每一年度舉行一次，《詩經》「豳風・七月」中在歲終就描寫了這一熱鬧場景，「十月滌場，朋酒斯饗，曰殺羔羊。躋彼公堂，稱彼兕觥：萬壽無疆。」因此「歲殺」之「歲」與歲收之「歲」就逐漸成為特定的時間標記，歲轉變為年歲之「歲」。與歲相關的年，同樣是起源於作物生長週期，《說文》：「年，穀孰也」。這種以農作物生長、成熟作為時間標誌的習慣在一些少數民族中保存了很久，唐代三峽地區的武甯蠻，史稱其「夷風不改」，他們「嘗以稻記歲月」。[4]台灣番民「歲時以黍米熟為一年」，[5]在歐洲日耳曼人那裡，「年」亦有收穫的意義，[6]可見，歲年的起源與農事活動有著極為密切的關係。木星古代稱為「歲」，因為古人發現歲年週期與木星運動有著對應關係，木星在天穹上十二年運行一周，這一周的星程分為十二等分，稱為星次，木星每年行走一個星次，《說文》：「歲，木星也。越曆二十八宿，宣遍陰陽，十二月一次」。由此木星被稱為歲星。人們就以歲星的運動為年度變換的天文依據。孟浩然《田家元日》詩雲：「昨夜鬥回北，今朝歲起東」，即是此種情形的寫照。這樣「歲」由勞動工具一變為收穫與祭祀的代稱，再變為年度週期的時間界點，並以天上的木星為歲度之星，因此「歲」由具體活動上升為曆法意義的周而復始的年度時間概念。《爾雅・釋天》：「夏曰歲，商曰祀，周曰年，唐虞曰載。」古代以冬至到冬至或立春到立春的時間長度為歲或年。

---

1 于省吾：《甲骨文字釋林》（北京：中華書局，一九七九年），頁六十七－六十八。
2 于省吾：〈歲、時起源初考〉，《歷史研究》，第四期（一九六一年），頁一〇〇－一〇六。
3 這種歲末殺牲祭祀的習俗歷代相沿，宋代有年終殺歲豬供祭祀的風俗，蘇軾《東坡集》續集五與子安兄：「此書到日，相次歲豬鳴矣。」至今一些鄉村仍有殺年豬，以豬首供祀祖先與土地神的風習。
4 段成式：《酉陽雜俎・卷四・境異》（中華書局），一九八一年，頁四十七。
5 《台灣府志・鳳山縣二》，轉引自於省吾：《歲、時起源初考》
6 參看A・J・古列維奇：《中世紀文化範疇》，龐玉潔、李學智譯（杭州：浙江人民出版社，一九九二年），頁一。

二、時

時，指自然季節。中國人很早就有「時」的感受，時在甲骨文中寫作「旹」，《說文》：「時，四時也。從日，寺聲。」時從日，時的變化與日有關，古人對太陽的視運動與季節的變換關係早有覺悟，當然還只是一種經驗知覺。在上古時期，作為節候之「時」的劃分還較為簡略，開始只有春、秋二時，據專家考證，甲骨卜辭中有春秋而無冬夏，說明商代的一歲大概只分為二時。這種分季的方法，是基於古人的採集及農作經濟的生活形態，春、秋的古字形義都與植物或農作物相關，植物的春生秋殺，農作物的春種秋收很容易讓人形成時節二分的概念。春夏秋冬四時的出現在西周的後期，[7]《尚書・堯典》（東周人擬撰）有四仲之分，以星象變化定春夏秋冬。並將四時與四方關聯，「四時四方各一時」（《釋名》）。其後四時之說頻見於典籍，《逸周書・周月解》「凡四時成歲，春夏秋冬。」《春秋》「四時具而後為年」[8]等等。在古代「時」除了有節候這一自然屬性外，它還有著很濃郁的人文色彩。時的變化從日，而日又是一個神祕的天體，因此「時」在古代從來就是一個既定的神祕秩序的代稱，所以「時」有時又成為命運的含義，「時也，命也。」一般百姓難於明白「時」的幾微，只有聖哲賢人才能通曉「時」的奧秘，「惟聖人知四時」（《管子・四時》），孔子就是這樣的聖者，「孔子，聖之時者也」（《孟子・萬章下》）趙歧注曰：「孔子時行則行，時止則止」。「時」的這種與自然秩序伴生的神祕的時間意義，在中國古代的民眾生活中較大的影響。我們在後文還將繼續討論。

7 于省吾文有詳論，不具述。不過從近期學者研究看，四時概念可能早於西周。
8 〈穀梁傳・桓公元年冬十月〉，見阮元：《十三經注疏》（北京：中華書局，一九八〇年），頁二三七二。

三、歲時

歲與時同屬時間量度單位，二者有很早就有著密切的配合關係，季節更替、寒暑相推，合成年歲。《堯典》「帝曰：諮！汝羲暨和，期三百有六旬有六日，以閏月定四時成歲」。「連月為時，紀時為歲」。[9]歲時的合成表明了中國人年度週期的時間體系的完成，歲時作為指稱年度週期的特定詞，它既有形式上分合的靈活性，又有著確定而豐富的內容，它承載著中國人的時間觀念，歲時作為傳統社會的時間名詞，經常出現在各種經史典籍中，如「歲時祭祀」、「歲時更續」、「歲時伏臘」等，具體說來它有兩重含義：一指年度週期，即以年為單位的時間段落；二是指一年中的季節以及與季節相關的時令性節日。在傳統中國的歲時觀念中，歲時包含著自然的時間過程與人們對應自然時間所進行種種時序性人文活動。因此說歲時既具有自然屬性又具有人文屬性。這兩種屬性在不同的歷史時期及同一時期不同的文化層面有著強弱隱顯的不同變化。

第二節　歲時——中國民眾的時間經驗

歲時觀念的形成經歷了漫長的過程，它是中國民眾的獨特的時間經驗知覺，是中國農業文明的產物。時間是一個難以言傳的現象，希臘思想家奧古斯丁雖然對時間觀念多有論述，但對時間本身，他也感到迷惑，他說：「那麼時間究竟是什麼？沒有人問我，我倒清楚，有人問我，我想說明，便茫然不解了。」[10]時間在古人那裡的確是難於描述的實在，

9　王充：《論衡・難歲》。
10　奧古斯丁：《懺悔錄》，周士良譯（北京：商務印書館，一九六三年），頁二四二。

但人們可以體驗到時間的變化。

一、歲時觀念形成的基礎

人類生活在自然之中，自然萬物的運動變化是激發人類時間意識的根本力量，陰晴圓缺、風霜雨雪，草木榮枯、候鳥去來等自然物候的重複與間隔出現無不標示著時間的演化。中國人最初的時間觀念就是在這樣一種環境中萌發生成的，我們從諸多古籍記載及民族調查資料中很容易獲得這一認識。《堯典》：「日中星鳥，以殷仲春。」「日永星火，以正仲夏。」「宵中星虛，以殷仲秋。」「日短星昴，以正仲冬。」就是以星象位置的變換來把握時間的季節變化。這還是比較發達的時間觀測。此前人們以物候的變化來把握時序，[11]《夏小正》中就記有：雁北向，魚上冰，獺祭魚等時序物候，「其至有時，僅記其時」。一些民族在中古時期還保持著較古樸的時間感覺，宋代詩人陸遊記道：「野人無曆日，鳥啼知四時。」[12]隋朝流求人「望月虧盈以紀時節，候草榮枯以為年歲。」[13]《魏書》中描述岩昌羌族的習俗時說：「俗無文字，但候草木榮落，記其歲時。」（卷一百一）宋代底層的女真人「不知年歲，問之則曰吾及見青草幾度，」他們以草青一次為一年。[14]這是採集及游牧經濟時代的時間感覺，他們對時間的區分往往是概略性的，時間觀念不強，我們從現在的北方牧民的時間意識中也不難明白這一點。隨著農業文明時代的到來，農業生產的開展，農作物的生長季節週期決定了人們對時間關注的態度，因此時間最先和天象及季節關聯，而天象與季節又只是神祕的「天」的表現，所以人們「敬天之紀，敬地之方。」這是中國人歲時觀念形成的物質基礎與精神基礎，也是中國民眾時間觀念的特

11 《逸周書・周祝解》記「地出物而聖人是時，雞鳴而為人時。」
12 據《左傳・昭公十七年》記郯子言：「我高祖皞摯之立也，鳳鳥適至，故紀於鳥」可見以鳥至為侯是古人記時方法的一種。
13 《隋書・列傳第四十六》。
14 徐夢莘：《三朝北盟會編・卷三》。

色所在。

中國的農業歷史相當久遠，距今約六七千年前，在黃河、長江流域已出現了較發展的農業形態，在北方仰韶文化遺址與南方河姆渡文化遺址中，分別出土了粟、黍與稻穀遺物，及石制與骨制農耕工具，反映了當時的農業水平。[15]此後隨著生產經驗的積累、技術的進步，中國的農業有了長足的發展，並一直成為民生的主業，從而奠定了中國農業社會的基礎。農業活動有著很強的季節性，農作物的生長需要適宜的陽光與雨水，而這些氣候條件受制於季節的變化，因此人們在栽培作物時對季節的轉換十分關注，人們的時間意識因生計的需要日趨強烈，逐漸形成了歲時觀念。歲時觀念的基礎是自然時序，人們依據星象、物候的時序變化確定自己的農事活動，「鳥星為春候，火星為夏期，虛星為秋候，昴星為冬期。主春者張星昏中，可以種稷；主夏者火星昏中，可以種黍；主秋者虛星昏中，可以種麥；主冬者昴星昏中，則入山可以斬伐，具器械。」[16]這是根據星象安排生產。《詩經》的「七月」同樣是一首農事序列歌，與古希臘赫希俄德的《田功與農時》有異曲同工之妙。直到中古時期在偏遠的鄉村還有所謂不知曆日的「野人」，他們以鳥鳴為耕作的物候，「二月聞子規，春耕不可遲；三月聞黃鸝，幼婦憫蠶饑；四月鳴布穀，家家蠶上簇；」等。（陸遊《鳥啼》）歲時與農時有著密切的關係，但在古代尤其在上古時期，歲時與祭祀活動同樣有著緊密的聯繫。當然歲時祭祀的目的最終是為了人間生活的順遂。中國民眾的時間觀念就是在這樣由原始到開化、由採集到農業的生存進展中逐步形成。中國人雖然很早擺脫了原始生存狀態，但農業長期是民眾生存的本業，因此中國人的時間觀念長期以自然的週期變化為依據，有著濃郁的農業社會特色。歲時的週期循環，成為傳統社會民眾認知世界的時間框架，所以在傳統社會中歲時節日是民俗的主要內容。我們不妨對中國民眾的時間觀念特性作進一步的討論。

---

15 安金槐主編：《中國考古》（上海古籍出版社，一九九二年），頁七八—八一。李學勤等主編：《長江文化史》（南昌：江西教育出版社，一九九五年），頁二七。

16 〈尚書緯・考靈曜〉，引自《太平御覽・卷三十》。

二、中國人的時間經驗特性

歲時是中國民眾的時間觀念體系，包括自然季節時間與人們在年度週期中依照時序開展的人事活動；二者有著十分緊密的聯繫，自然時序是人文時序生成的基礎，《堯典》「乃命羲和，欽若昊天，曆象日月星辰，敬授人時。」就說明了人時對天時的依存關係。人文時序又有相對獨立的形態，並且反過來賦予自然時間以神祕色彩，從這個意義上來說，自然時間也不是勻速的物理時間。正如英國人類學家埃德蒙・R・利奇所說：「時間的規則性並不是大自然的一個內在部分，它是一個人為的概念。人為了某些目的而把它投射到自己的環境之中。」[17]下面著重從歲時所包含的這兩個方面來分析中國傳統社會的時間態度與時間感受。

（一）天時的神聖與莊嚴

中國自古有天時與人時的區分，天時指自然變化過程，人時指人文活動進程。宋代學者朱鑒對此有概括的說明：「有天之時，有人之時。寒暑之推遷，此時之運於天者，曆書所載蓋莫詳焉，至於因某日而載某事，此時之系於人者。」[18]天時在古代人們的心目中有兩重含義，是自然之時，也是神祕之時。天道無形，卻又無處不在，昊天無言，卻有著無言的威力，「天何言哉，四時行焉，萬物生焉。」[19]四時的更替，寒暑的推移，萬物的生滅，一切都昭示著時間的存在，時間決定著人的生存，但時間又是那樣難以把握，在古人心目中時間背後是神祕的上天，是它執掌著時間的威權，安排著人世的秩序。因此人們如果要生活安樂，就得遵守天時，循時而動，一切的人事活動都應服從天時的秩序，

17 史宗主編：《二〇世紀西方宗教人類學文選・下卷》（上海三聯書店，一九九五年），頁四九八。
18 陳元靚：《歲時廣記・序》。
19 《論語・陽貨》。

「故作大事，必順天時。」[20]《禮記・月令》就記述這種人事嚴格合乎天時的狀況，「敬天順時」成為古代的人世的通則。否則，上天便會降下凶咎，致使四季失序，星辰亂行。「惟天作福，神則格之；惟天作妖，神則惠之。」[21]而上天的旨意非一般人所能知曉，只有聖哲之士，才能洞察。「惟聖人知四時。不知四時乃失國之基。」（《管子・四時》）時間具有神聖的力量，誰掌握了時間，就意味著誰擁有安排世事的威權。

在上古只有通天的大巫與王者才能瞭解神祕的宇宙秩序，因此人間世事由他們依據天時來安排調理，所謂「法天合德，象地無親，參於日月，佐於四時。」[22]時序的變化是那樣的關乎人事，而一般人又不能通曉它，因此由王官來指導民眾生活就非常自然了，這也就需要一部「月令」作為生活指南。「令」是神聖的自然律令，是天時的體現，「月令」作為王官之時，在當時一方面指導了百姓的實際生產生活，另一方面也強調了天時對人事制約的權力。在後來的曆法時代，雖然帝王不再有月令時代的全面威權，但在名義上還是天時的人間代表，《大戴禮記》對「曆」有這樣的解釋：「聖人慎守日月之數，以察星辰之行，以序四時之順逆，謂之曆。」[23]認為曆法是聖人依照天文作出的時間安排。縱觀中國歷史，一旦江山易主，新登大寶的帝王所作的第一件事，就是告示天下：改正朔，易服色。以示天命所歸。並且朝廷每年都要頒行皇家曆書，嚴禁私家造曆，直到明朝《大統曆》封面仍赫然蓋有「偽造者依律處斬」的木戳，[24]可見王家對時間的壟斷。在統一的標準時間之下，人們依時而動，王朝秩序也就自然安定，從這種意義上說，掌握了時間的確也就掌握了邦國的未來。

上古時期，人的生存技術落後，對上天常懷敬畏之心。因此人們常以祭祀的形式向上天討取恩惠。歲時祭祀是古代社會生活中的大事，「國之大事，惟祀與戎。」祭祀活動依照時序進行，「祭有四時，春祭曰礿，夏祭曰禘，秋祭曰

20 孫希旦：《禮記集解・卷二十四・禮器第十之二》（北京：中華書局，一九八九年），頁六五九。
21 〈長沙子彈庫楚帛書・甲篇〉，轉引自李零：《長沙子彈庫楚帛書研究》（中華書局，一九八五年），頁二九。
22 《管子・版法》（瀋陽：遼寧教育出版社，一九九七年），頁二〇。
23 王聘珍：《大戴禮記解詁・曾子天圓第五十八》（北京：中華書局，一九八三年），頁一〇〇。
24 參看江曉原：《天學真原》，第三章〈天學與王權〉（瀋陽：遼寧教育出版社，一九九一年）。

嘗，冬祭曰烝。」[25]不同的時節向有不同的神靈敬獻不同的祭品。在古代時間觀念中，人們將時間歸於不同的方位，使時間空間化，這也可能與古人時間意識萌發時對方位有明顯感覺有關，人們最初是根據物候的變化來感受時間的轉換，正如孔子在河邊面對流水發出的對時間的感喟那樣，自然現象的運動變化引發人們的時間意識。這裡我們不能不說到風的意義，風在古代是一個重要的時令物候，風無蹤跡，而風行化成，「八風之序立，萬物之性成。」不同的風向帶來不同的季節，如東風送來暖暖春意，西風卻挾來肅殺秋聲，因此人們很容易將季節與方位之間作一體的聯想，這樣四時與四方的配合十分自然。隨著神靈人格化過程的完成，無形的上天分出了主管四方與四時的具體神職，方神與時神合一，「東方之神太昊，乘震執規司春；南方之神炎帝，乘離執衡司夏；西方之神少昊，乘兌執矩司秋；北方之神顓頊，乘坎執權司冬；中央之神黃帝，乘坤艮執繩司下土。五帝所司，各有時也。」[26]這就是《周禮》小宗伯執掌四時祭祀時禮敬的五天帝。當然這種整齊的神系是陰陽五行認知框架的產物，是上層社會「歲時以敬祭祀」的內容，它反映了古人對四時的神化與崇敬。

隨著社會的進步，民智的開啟，人們生存能力的增強，中古之後，天時的神聖色彩日漸消褪，人們更多地從自然時氣的角度看待歲時的變化。當然作為天之驕子、奉天承運的帝王，依舊要按時禮敬天神地祇，在唐代仍行「迎氣讀令之制」，直到宋代才不行讀令之禮，[27]但皇家歲時祭祀禮儀一直延續到王朝社會的末期。在宋明以後社會文化的世俗化的歷史變遷中，即使是皇家的歲時觀念也不可避免地出現世俗的趨向，明代的歲時祭祀已不再按照古時四立（即立春、立夏、立秋、立冬）迎氣的時間舉行，而是依照民間節日時間進行，洪武二年（公元一三六九年）《明會典》規定：「春以清明，夏以端午，秋以中元，冬以冬至，惟除夕如舊」。[28]這則資料生動地說明了古代的時間觀念的變化，連皇家也

25 孫希旦：《禮記集解・卷四十七・祭統第二十五》（北京：中華書局，一九八九年），頁一二四九。

26 《古今圖書集成・歲功典・第二卷　歲功總部》引錄漢宣帝地節三年丞相魏相請順月令舉政。

27 《古今圖書集成・歲功典・第二卷　歲功總部・匯考二》。

28 《古今圖書集成・歲功典・第二卷　歲功總部・匯考二》據載在明嘉靖十四年「更建世室及四立祭祀之禮」。

開始調整自己的時間體系，以符合社會歲時變化的需要。自然，我們也不能因天時神聖色彩的淡化就簡單地認為中國民眾歲時觀念中沒有了神祕色彩，事實上這種神祕色彩一直是歲時的重要內涵，只不過它從消極被動的從屬「天」的狀態中脫離出來，人們更主動地去求取神福或驅除災禍。在農業自然經濟的生存狀態下，人們不可能不對自己尚不能把握的自然界保持誠敬的態度，直到現在人類在真正的大災難面前也仍然是無力的，何況小農社會。雖然人們已不像過去那樣盲目、軟弱，但在「日出而作，日入而息。」的自然狀態中生存的民眾，其對時間的感受不太可能突破順時而動的自然範疇。

（二）人時的倫理與日用

人時，是指人們在長期的社會生存活動中為適應自己的物質、精神及社會生活需要而形成的時間慣習，它大體上遵循自然時序的季節框架，以陰陽合曆的曆法時間作為人事活動的時間依據，並將宗教、歷史與神話傳說凝聚到一定的時間點上，組成一套自成體系的人文時間系統。自然時序是人文時序形成的基礎，人們順應自然，但有了更多的主動意識，人們的主觀能動性決定人們價值取向的多樣性，人們對自身的生存狀態更為關注，人們從保護與發展自身的目的出發，去經歷與應對時序的變化，協調人事與自然、個人與社會的關係，從而賦予時間以豐富的人文內涵。

中國人傳統的時間觀念知覺中有著明顯的倫理意識，這裡的倫理不是指一般的人倫，是指人們對生活中的時間特性的情感體驗與價值評判。傳統社會中的人文時間，屬心時範圍，它有著主觀的現成的時間邊界，它們各自具有不同的時間品質，時間有「宜」與「忌」，「吉」與「凶」，「柔」與「剛」，「良時」與「惡日」等。人們賦予時間倫理意義的主要目的在於調整人與自然的關係，這裡的自然是神化了的自然，它是以神靈、祖先、鬼魅的面目出現，人們依據時序發明了序列節日，以不同的節日主題協調不同的人神關係、解決不同的生存需求。在中世紀的歐洲，宗教力量強大，教會控制著時間，時間有著強烈的宗教道德情感。中國走的是另一路徑，雖然也有宗教性的時節，但在整個歲時體系中，占主導地位的是世俗的時間觀念。由於融合巫教因素的陰陽五行說的流行及對民眾生活的全面滲入，這種世俗時間觀念中有著濃郁的神祕意識，其中巫術的成分有較大的比重。這樣一來，在中國傳統社會雖然沒有統一的教會支配的「神聖時間」，[29]但人們大都認為時間受制於神祕的力量，而對時間的神祕解讀，要靠巫卜星相等大大小小的巫師術士，因此說民眾雖然有選擇時間的權力，但這種權力是有限甚至是虛幻的。

人們將年度時間視為生命機體，認為季節四時有喜怒哀樂、生長與衰微，「春，喜氣也，故生；秋，怒氣也，故殺；夏，樂氣也，故養；冬，哀氣也，故藏。」[30]而決定時氣變化的是陰陽之義（即宜）。在傳統的民眾認知體系中，陰陽二氣的交感變化，不僅是自然時序變化的依據，[31]同時人間活動也應注意陰陽的協調，做到天人相應，動靜合乎時氣，人們可以從陰陽變化中獲取生存發展的助力。陰陽二氣在傳統社會亦具倫理品性，陽的本原是日，因此陽的特性是光明和溫暖，「陽生火（一作「人」）與氣，其德施捨修樂。」陰的本原是月，所以陰的特性與日相對，陰涼肅靜，「陰生金與甲，其德憂哀，靜正嚴順。」（《管子・四時》）根據陰陽二氣的品性及其交感變化人們確定了歲時節日的基本內涵，在年度週期的各個關節點即時節中，人們採取順應、補救或轉益等多種方式與手段，以滿足群體與個人的生存、發展的精神及物質需要，並形成一套複雜的服務於百姓生活日用的時日宜忌系統。中國傳統歲時系統的精神基礎是頗具神祕色彩的陰陽五行說，自戰國之後陰陽五行說流行，依照陰陽學說推演出的曆忌之學，在戰國就為王官所用，長沙子彈庫戰國墓出土的楚帛書的「丙篇」是現今所見最早的曆忌之書。[32]漢代天人感應說盛行，東漢又流行讖緯之學，在社會生活中彌漫著濃郁的神祕氣息，正如王充所說：「世俗即信歲時，而又信日。舉事若病、死、災、患，大則謂之犯觸歲、月，小則謂之不避日禁。歲月之傳既用，日禁之書亦行。世俗之人，委心信之；辯論之士，亦不能定。是

29 參看A・J・古列維奇：《時間：文化史的一個課題》。（法）路易・加迪：《文化與時間》，鄭樂平、胡建平譯（浙江人民出版社，一九八八年）。
30 《春秋繁露・卷十一・陰陽義》（上海：上海古籍出版社，一九八九年），頁七一。
31 《管子・四時》有「陰陽者，天地者大理也。四時者陰陽之大經也」
32 參看李零：《長沙子彈庫戰國楚帛書研究》（北京：中華書局，一九八五年），頁三四。

以世人舉事，不考於心而合於日，不參於義而致于時。」[33]魏晉南北朝時期民眾生活發生了較大變化，但在歲時觀念上仍基本沿襲著傳統，如王肅在魏帝問到為何社日在未、臘日在醜的問題時，回答說：「王者各以其行盛日為祖，衰日為臘」，漢朝火德，火衰於戍，故以戍日為臘。魏承漢火德之後，在五行中屬土德，土畏木，醜的第二天是寅，寅屬木，故以醜臘。土成於未，所以在歲始的未日祭社。[34]社、臘是古代社會年終歲始的兩大節日，它們節期的確定依據的是五行生克圖式，在這裡我們可以窺見當時上層社會的歲時觀念的一般情形。而《荊楚歲時記》中則真實的記錄了南朝時期荊楚地區的民眾歲時生活，如：「五月俗稱惡月，多禁。忌曝床薦席，及忌蓋屋。」這種歲時避忌的觀念並日漸成為民眾時間觀念的核心，不僅後世流傳的各種節日從其源頭及深層意識看大多與此觀念相關，就是一般的民眾生活也深深地受制於這種時間倫理觀念，大到婚喪嫁娶、造屋買田、祀神求福，小至沐浴裁衣、砌灶安床、出門還家，無不卜日擇吉。甚至男女性事也得依時而動，古代的房中之書對此多有記述，如陶弘景在《養性延命錄》中說：「合宿交會者，非生子富貴，亦利己身，大吉之兆。……又有吉日：春甲乙，夏丙丁，秋庚辛，冬壬癸，四季之月戊己，皆王相之日也，宜用嘉會，令人長生，有子必壽。」當然還有諸多忌日，如清代醫書《達生篇》中有「陰陽交合避忌」一節，書中說：每月的朔望日、本命日、母難日、祀神祭先日等時節不宜交合，「犯之而損夫妻者，受胎而夭男女者。」[35]由此可見時間倫理意識的強烈。

一般說來，歲時的倫理原則是順應自然時令，人應天時，「不與陰陽俱往來謂之不時。」[36]春季是陽氣發動、萬物復甦、生機勃發的時節，自然界的生機也昭示著豐產女神的降臨，人們由此獲得旺盛的生殖力量。從我國古代及當今的一些少數民族的資料看，春天的節日都是男歡女愛的節日，如春社、三月三等都是婚戀與祈子的時節。秋季是農業的收

33 黃暉：《論衡校釋・卷第二十四・譏日篇》（北京：中華書局，一九九〇年），頁九八九。
34 王肅：《魏台訪議・說郛三種》（上海古籍出版社，一九八八年），頁二七四五。
35 參看江曉原：《天學真原》（瀋陽：遼寧教育出版社，一九九一年），頁二〇八－二〇九。
36 《春秋繁露・卷十六・循天之道》（上海古籍出版社，一九八九年），頁九三。

穫季節，「秋，禾穀孰也。」（《說文・禾部》）在古人看來農業播種與豐收的時節都是人類繁衍的時機，這也是世界農業民族所共有的文化現象，如古羅馬的農神節。[37]先秦成書的《管子》在專講年中行事的《幼官》篇中，對春秋兩季的男女婚媾作了特定的安排，規定在兩季最後的三個卯日「合男女」。直到現代，鄉村人們還在秋節為不育女子送去瓜果，作宜子之兆，稱為「秋瓜送子」，可見秋季與生育的關係。七月七的牛郎會織女據考亦為古代男女秋季相會的變異與遺存，漢晉時人視七月七為陽旺之良日，故七月七亦是祈請生育之日，七夕求子的習俗也歷代相傳。[38]就是清明與中元這兩個春秋兩季分別舉行的紀念先人的追悼節日，它的原始意義也是希望從祖先那裡獲取一種生殖力量。同樣，歲時節日還有著驅邪避害、佑護民生的力量，在適應季節轉換的歲時儀式中有較多此類內容，如端午的送瘟、歲末的驅儺等，節日有不同於常日的神力。

人們為了生存繁衍、為了日常生活的秩序將自然時間賦予倫理意義，這種倫理是一種服務於百姓日用的創制，它有著很強的世俗意味。有人曾這樣說過：在一個落後的國家裡，時間是最先顯露出來的東西，而在一個睿智的國度裡，時間消失了。[39]這裡所說的時間就是倫理性的時間，傳統社會成員對具體時節十分看重，認為歲時節日有超常的時間力量。而在開明國度裡，時間失去了魔力，因此人們淡化了對時間的情感知覺，時間並沒有真的消失，消失的是附加在時間之上的人文觀念。

（三）歲時的循環與再創

人是自然的產兒，人類從搖籃裡就開始感受到自然時序的週期變化，季節的反覆出現使人們很容易形成循環的時間

37 參看弗雷澤：《金枝・第五十八章・第三節・古羅馬的農神節》，徐育新等譯（北京：中國民間文藝出版社，一九八七年）。・

38 參看張君：《神祕的節俗》（南寧：廣西人民出版社，一九九四年），頁一九九－二〇〇。

39 雷蒙多・帕尼卡：《印度傳統中的時間和歷史：時間和羯磨》。（法）路易・加迪等著《文化與時間》，鄭樂平、胡建平譯（杭州：浙江人民出版社，一九八八年），頁六五。

觀念，而季節性的農事活動更加強了這一觀念。人們用歲時節日的方式將難以捉摸的時間刻上人為的符記，四時的流轉使不可逆的無限時間納入了有限的循環之中。這種時間觀念在世界原始民族中大都不同程度地存在過，如峇里島人循環的時間體系等。[40]中國很早進入了農業社會，而且一直保持著農耕生產模式的主導地位，因此中國人傳統的時間觀念中有較強的循環意識，並且通過週期性出現的年度歲時體系不斷強化這一時間意識。傳統中國的歲時觀念十分突出，歲時節日成為民俗心理的凝聚點，也是傳統延續的表現日，更重要的是它有實在的生活指導意義。民眾對時間的把握依據的是時間點，他們沒有明確時間恒定流動的概念，時間是非連續的節點，利奇稱為：「對立反覆的不連續。」[41]時間如鐘擺般來回擺動，時間是一系列的交替和停頓。當然這種節點並不是無序的隨意設置，它們自成序列，段落時間組成有機的時間系統，從這個意義上說它又是連續的時間之流。

中國的歲時循環體系在周秦以前已具雛形，以天時為依據的月中行事，已固定化、禮儀化，傳世的《夏小正》（即《國語》所說的「夏令」）已有月度記事。而《逸周書．時訓解》、《呂氏春秋．十二紀》、《禮記．月令》關於天時物候的觀測記錄與人事活動的指導安排的細節中，我們不僅可以清楚地瞭解到古人天象與人事、天時與人時融為一體的時空觀念，而且已將陰陽五行的宇宙生成變化圖式融進月令之中，月令既是自然律令，也是人世必須遵循的禮制規範，這一時期的歲時循環體系是以自然時序為核心的月令體系。人們在年度週期中經歷著相似的時間過程，時間歷程以年度始終為限，時間在這裡處於一種靜止狀態。漢魏以後，人們逐漸脫離了月令行事模式，人們更多地從經濟社會的角度考慮時間問題，人文時序逐漸凸現出來。人們生存能力的提高決定了人們在選擇時間上的主動性。決定歲時的雖然還是以自然時序為基礎，但更多的是文化的選擇。陰陽五行觀念進一步與人事結合，因此在節期選擇、節日內容上顯示了濃厚的人文意識。此後的歲時循環體系是以人時為主幹，如重要節日安排在一、三、五、七、九等陽數月份，與自然季節保持著相應的關係，但已自成系統。這就意味著在年復一年的歲時生活中人們經歷著文化時間的不斷重現，循環往復的歲

40 吉田禎吾：《宗教人類學》，王子今、周蘇平譯（西安：陝西人民出版社，一九九一年），頁五七—五九。

41 史宗：《二〇世紀西方宗教人類學文選．下卷》（上海三聯書店，一九九五年），頁四九九。

時生活使傳統的民族文化獲得穩定傳承與延續的時間保障。自然它也強化了人們的文化保守意識，不過這種文化的守成意識是其農業謀生方式所必須的。

但中國人的歲時循環觀念並沒有告訴人們時間是同樣的反覆，它只是一種相似的歷程，一如峇里島人那樣，中國人知道時間有著不可逆的流逝性，人們經常會從人的生命歷程中感受到這一點，「年年歲歲花相似，歲歲年年人不同」，歲時的循環是一種包含時間流逝的循環。並且，中國人的歲時觀念中有明顯的再創意識，《周易・繫辭》有「日新之謂盛德」，《禮記・大學》「湯之《盤銘》曰：『苟日新，日日新，又日新。』」。中國人的歲時循環是一種再創的循環。中國民眾將歲時視作生命的歷程，春夏秋冬是一個生命機體生長衰亡過程，「冬盡春來，舊年死了，新年才生。」[42]每至歲末年初，人們要舉行一系列大大小小嚴肅的或遊戲的節日儀式，送舊迎新。年節是新舊交替的轉折點，是舊死新生的神聖時段，因此人們的一切活動都圍繞這一主題進行。一般歲末是驅疫送舊，年初是迎福納新。在舊歲與新年之間，有一個分隔期，民間有關門團年，開門迎年的風習，這種關與開的民俗行為象徵著舊的年度週期的結束與新的年度循環的開始，新與舊之間的聯繫被斬斷，舊年與新年被分隔成兩個截然不同的時段，舊的永遠離去，一切從新開始。正如人們常用的春聯所說：一元複始，萬象更新。新的年度意味著新的生活歷程，不僅器物惟新，新桃換了舊符，新火取代了舊火；[43]而且人也是新人，人有了新的容顏與精神，為了表示人進入了新的循環，六朝時期有人日剪綵人的習俗，「剪綵人者，人入新年，形容改從新也。」[44]（《荊楚歲時記》）新年新人新物鮮明地表達了中國傳統歲時觀念的更新意識，雖然在傳統中國，看起來人們年復一年地過著相似的日常生活，但他們並不是簡單地重複過去，相反，他們總是帶著新的精神、新的期望走上新的年度歷程，總是給習慣性的節日儀式注入新的活力。這種循環中的更新意識是中國人的時間觀念特色，也是中華民族生生不息的內在的精神動力。

42 婁子匡：《新年風俗志・周作人序》（上海文藝出版社影印商務印書館・一九三五年本，一九八九年影印

43 趙富榮編著《佤族風俗志》第一二〇—一二一頁記述了佤族棄舊火，取新火的習俗。

44 宗懍：《荊楚歲時記》。

中國人的歲時觀念經歷了由神聖轉向世俗日用的發展歷程，祭祀時間逐漸變為神人共娛的生活時間。由於歷史的原因，中國民眾觀念中有較多的神祕因素，它在歲時中表現尤為突出。中國是一個地域廣大，民族眾多的國家，而又相對隔離、不大流動。因此時間觀念上還有著地域性、民族性的特點，這裡只是就中國民眾的一般歲時觀念而言。

歲時記是以年度週期的歲時民俗為記述對象的專項民俗志。《荊楚歲時記》是其開創之作。

第二章 分裂的時代與活躍的文化
——《荊楚歲時記》成書背景研究

在繼秦漢四百餘年的統一之後，中國又進入了分裂的時代，從漢獻帝永漢元年（公元一八九年）董卓之亂開始，至隋開皇九年（公元五八九年）南朝陳的覆亡，歷時亦四百年，其間除了西晉的短期統一（三十餘年）外，中國處於長期的戰亂與分裂局面，「白骨露於野，千里無雞鳴」（曹操《蒿里行》）的人間慘劇在中國大地上一再上演，戰爭對人口的巨量殺傷與對經濟的破壞，及對文化成果的毀滅，在一定時期內阻礙了社會的發展；分裂亦給各地的經濟文化交流設立了重重障礙。但從大歷史角度看，戰亂分裂之惡在一定程度上又有著不容忽視的積極意義，它打破了僵化了的帝國秩序，對經濟資源、文化資源及社會權力地位重新進行調整與分配，賦予社會結構以新的活力。人口的大遷徙、族群的大雜居又為漢民族的真正形成，中華文化的融合發展，以及恢宏博大的隋唐盛世的到來鋪平了道路。

第一節　南北分立格局下的地域社會特性

西晉永嘉元年（公元三〇七年）開始，匈奴貴族武裝橫行中原，古都洛陽、長安相繼殘破，人民或死或逃，史稱

「永嘉之亂」[1]。建興四年（公元三一六年），匈奴人劉曜再次攻破長安，晉湣帝被俘，西晉國亡。次年，晉元帝司馬睿在南渡士族與江南世族的共同支持下建立了東晉政權。從此，形成南北分立的局面。自晉元帝建武元年（公元三一七年）至陳後主禎明三年（公元五八九年），南北對峙達二百七十三年之久，南方政權先後經歷了東晉、宋、齊、梁、陳等五朝的更迭，加上在南方立國的東吳政權，史稱「六朝」。北方因漢族政權的南遷，少數民族紛紛進入中原，群雄逐鹿，政權更迭較南方更為頻繁，先後經歷了「五胡十六國」、北魏、西魏、東魏、北齊、北周等王朝。

近三百年南北分立的格局，不僅使秦漢建立起來的統一帝國分裂為南北對立的政治實體，同時在經濟、社會與文化上也形成南北各異的地域特色。造成南北長期分立的原因十分複雜，但支撐分立局面的最初大概是地域社會與民族構成這兩大要素，地域的分隔，使南北有相對獨立的活動空間與生存基礎；民族文化性的差異，導致民族政權之間的對立與相互排斥。隨著北朝政權漢化程度的加深，民族之間的文化矛盾逐漸消融，南北的對立就主要體現在王朝政治的對立上，而支持南北朝政的是南北各異的地域經濟與社會。

南北社會有各自的地域活動空間。南北對立的分界線大致以秦嶺－淮河為自然界線。北朝政權主要活動範圍在黃河流域，活動中心在黃河中游的洛陽一帶。南朝政權主要活動在長江中下游地區及嶺南地區，活動中心在江南，以建康為基地。而地處秦嶺、淮河以南，跨長江中游南北的荊楚地區（即漢代荊州轄境），正位於南北對立的緩衝地帶與前沿地帶，因此三國以後於此設立荊州，「荊州之名，南北雙立」[2]。南北不僅存在著顯而易見的空間方位差異，而且由於南北不同的地理環境、氣候條件與歷史基礎，又形成了與之相適應的謀生方式；由於自然條件及人們生產能力的原因，土地鬆軟、遼闊的北方，在歷史上很早獲得開發，六朝以前，黃河流域一直是中國經濟文化政治的核心地帶，發達的旱作農業，成為北方社會的堅實基礎；南方山環水繞，叢林密布，生存環境明顯不如北方。楚人在立國之初「篳路藍縷，以

1　洛陽「舊都宮室，咸成茂草。」（房玄齡：《晉書·卷一零三·劉曜載記》，中華書局，一九七四年，頁二七〇三。）長安「永嘉之亂，天下崩離，城中戶不盈百，牆宇頹廢，蒿棘成林」（《晉書·卷五·湣帝紀》，頁一三二。）

2　房玄齡：《晉書·地理志》（中華書局，一九七四年），頁四五四。

啟山林」的生存努力，就反映了當時處境的艱難。戰國時期江南經濟有了很大的發展，但主要是在長江中下游的河谷地帶及洞庭湖、太湖周圍，並且由於秦人破楚及其他戰爭對江南的破壞，江南的發展陷入遲滯狀態，直到東漢仍是「楚越之地，地廣人希」、「火耕水耨」。[3]在精耕細作的稻作技術發展之前，稻作農業不能提供較多的餘糧以支持社會的需要。因此，漢魏以前，江南經濟是落後於北方的。但在東晉南朝之後情況開始發生根本變化。

經濟是立國之本，立足於中原的北朝政權，依其自然條件，其經濟基礎主要是旱作農業與畜牧業，百姓大多是依附民或奴隸，人身處於「半自由」狀態；工商業經濟亦不活躍，工商業大多為官府所控制。特別是太和九年（公元四八五年）北魏孝文帝頒佈均田詔令，在北朝實行均田制後，在這種帶有公社特徵的均田制下，再配之以三長制，人民進一步「地著」化，人民的已不能自由流動，戰國秦漢興起的城市交換經濟在數次戰亂的破壞之後，又受到自然經濟的強力限制，走向衰落。人們之間的交換活動大多採取布帛、糧食等實物形式，黃河流域的經濟水平從整體上看顯然落後於兩漢時期，歷史並沒有走直線發展的道路，魏晉南北朝經濟結構的變化曾長期影響著中國歷史的發展。[4]北方經持續戰亂之後，人口急遽減少、出現了大量的無主荒地，晉末「百姓流亡，中原蕭條，千里無煙。」[5]北朝政權大都經歷著從部落社會向民族國家轉變的歷程，新興的政府急需擺脫原有的氏族血緣關係，以適應統治廣大地區多民族人民的需要，並且新興國家需要有巨大的經濟來源，因此擴大國家控制的人口、增加賦稅成為政府首要的事務，政府常常採取強力措施檢

3 司馬遷：《史記・貨殖列傳》（中華書局，一九五九年），頁三二七〇。班固：《漢書・地理志》。另據範曄：《後漢書・循吏傳・王景傳》（中華書局，一九六五年），頁二四六六。「（建初八年）遷廬江太守。先是百姓不知牛耕，致地力有餘而食常不足。郡界有楚相孫叔敖所起芍陂稻田。景乃驅吏民，修起荒廢，教用犁耕，由是墾辟倍多，境內豐給。」

4 參看韓國磐：《南北朝經濟史略・北朝篇・三・北朝的均田制和賦役制度》（廈門大學出版社，一九九〇年）。著名魏晉南北朝史研究專家何茲全教授在一九九八年十月三十日的專門講座中講述了魏晉南北朝社會的結構性變化對歷史的影響。詳見本人筆記。另參看何先生：〈漢魏之際封建說〉，《歷史研究》（第一期，（一九七九年）

5 房玄齡：《晉書・卷一零九・慕容皝載記》（中華書局，一九七四年），頁二八二三。

括戶口，減少「隱附」。魏太武帝即位之初，「離散諸部，分土定居，不聽遷徙。其君長大人，皆同編戶。」[6]這一措施解散了原來的部落組織，使遊動的部落民變成擁有固定土地的國家編戶。由於魏初仍實行宗主督護制，宗族聚居情況無大的改變。[7]魏孝文帝實行均田制與三長制的配套改革，不僅國家的賦稅落到了實處，更重要的是它使北魏政權真正完成了國家社會基礎的轉換，自耕農經濟成為社會的主要成分。北魏孝文帝改革後，國家編戶大量增加，據史書記載，「正光已前，時惟全盛，戶口之數，比晉之太康，倍而已矣。」[8]而太康初為二百四十五萬餘戶，杜佑據此推測北魏有五百餘萬戶。[9]北魏疆域不包括江南，淮南也只是部分佔領，而戶口卻是西晉統一時期的一倍多，「這裡表明自耕農民的數量遠遠超過魏晉南朝，他們是國家直接控制的編戶。」[10]自耕農為國家提供穩定的賦役、兵源，從而成為穩定國家社會的重要的基礎力量，保證了北方政權的強大，支持了南北分立的格局，並且為北方最終吞併南方準備了物質基礎。

南朝政權倚仗長江天塹，偏安江南，江南經過三國孫吳政權的開發，已成為「國稅再熟之稻，鄉貢八蠶之綿」的「膏腴兼倍之地」[11]。經濟有較大發展，由於黃河流域戰亂頻繁發生，安定的江南因此成為人們嚮往的樂土。在永嘉之亂時，中國流傳著這樣的民謠：「永嘉世，九州空，余吳土，盛且豐。」及「永嘉中，天下災，但江南，尚康樂。」[12]永嘉之亂，中原世家大族避亂江左者十之六七。據譚其驤先生估算，自晉末永嘉之亂至南朝劉宋年間，北方南渡人口約為九十萬。[13]移民主要集中在荊、揚、梁、益諸州。當時北方的世家豪族是舉族南遷，如范陽人祖逖，「世吏二千石，

6 李延壽：《北史・賀訥傳》（中華書局，一九七四年），頁二六七二。
7 魏收：《魏書・食貨志》記「魏初不立三長，故民多蔭附，蔭附者皆無官役，豪強征斂，倍於公賦。」（中華書局，一九七四年），頁二八五五。
8 《魏書・卷一零六・地形志・總序・》，頁二四五五。
9 杜佑：《通典・卷七・食貨・歷代盛衰戶口》。
10 唐長孺：《魏晉南北朝隋唐史三論》（武漢大學出版社，一九九三年），頁一〇二。
11 左思：《三都賦・吳都》。
12 廣西梧州市博物館：〈梧州市晉墓、南朝墓發掘簡報〉，《文物資料叢刊》，第八期；麥英豪等：〈廣州西郊晉墓清理報導〉，《文物參考資料》，一九五五年，三月，轉引自李學勤等《長江文化史》第三六三頁，民謠均刻在墓磚上，有可能是移民之墓。
13 譚其驤：〈晉永嘉喪亂後之民族遷徙〉，《燕京學報》第一五期（一九三四年），頁六。

為北州舊姓。」在京師大亂時，祖逖被宗族推為「行主」，祖逖「率親黨數百家避地淮泗」，後再遷京口；有的士人不僅帶親族而且帶鄉族遷徙避亂，如山東士族徐澄之，「永嘉之亂，遂與鄉人臧昆等率子弟並閭里士庶千余家，南渡江，家於京口。」一大批流人的南遷，不僅帶來了大量的人力、物力，還帶來了先進的生產技術。由於人口驟增，人們不得不提高土地的利用率，精耕細作，及擴大土地資源，因此山林川澤得到了前所未有的開發利用，因而又促成了南方經濟的顯著發展。

如上所述，南遷之人大多是舉族遷徙，他們在南方自然會抱團聚居，除此之外，一般的北方流民到南方後也大多投依大族成為部曲、佃客式的依附人口。《南齊書・州郡志》記南兗州「時百姓遭難，流移此境，流民多庇大姓以為客。」百姓依附私門的情況十分普遍，荊楚地方亦然，「江左貴族，部曲遍于荊楚。」在劉宋初年，陝西藍田康穆「舉鄉族三千餘家，入襄陽之峴南。宋為置華山郡藍田縣，寄居於襄陽。」[14]這種依附大戶聚族而居的情況在南朝是常見的現象。而這些私附人口是不在國家戶口名籍之內，如山遐出任余姚令時，針對豪強挾藏戶口的情形，「繩以峻法」，在到任三個月內，就清出私附一萬餘人，但山遐卻因此被豪強誣陷免官。江南世家大族對民戶的隱占是造成南朝戶口長期不實的主要原因，南朝戶口在劉宋大明八年（公元四六四年）時為901,769戶，5,174,074口。[15]唐長孺先生在對六朝戶口比較研究之後指出：「自孫吳至陳亡的六個王朝，在長達三百年的時間內，江南戶籍上的戶口幾乎完全沒有增長，這與六朝時期江南經濟的迅速發展是極不相稱的。」唐先生認為造成這一局面的「主要原因在於大量人民流入私門。」[16]因此，南方社會經濟模式主要是家族經濟，與北方大量的自耕農經濟迥然不同。

形成這一社會經濟形態有多方面的因素：首先是南渡的北方士族倚仗其政治勢力，因循魏晉以來在北方隱占戶口、兼併土地的故習，力圖在江南重置田園，因而他們不僅率族南遷，而且收容流人，「求田問舍」。由於江南土著豪族早

14 《梁書・卷十八・康絢傳》，頁二九〇—二九三。
15 沈約：《宋書・州郡志》（中華書局，一九七四年），頁一〇二七—一二一六。・與此年代相近的北魏有五百餘萬戶。
16 唐長孺：《魏晉南北朝隋唐史三論》，頁八三—九四。

已「田池布千里」因此外來僑人士族大多轉向山林川澤，江南豪族為了擴大田產，也向山澤發展，南北豪族對山澤的圈佔利用，一方面加快了江南的土地開發，提高了江南的經濟地位，同時也為家族經濟的穩固提供了物質保證。其次，南朝政府雖然也曾採取檢括蔭附戶口和土斷等措施限制豪門兼併，[17]但收效甚微。政府沒有採取如北朝那樣的均田制與三長制結合的有力的政治經濟改革，因此也就不能保證小農的利益，穩定自耕農經濟。政府在與地方大族爭奪土地、人口方面顯得力不從心，梁代是「天下戶口幾亡其半。」[18]戶口的失控意味著國家賦稅的流失、與兵源的匱乏，由此國家對內部的統馭力與對外的防禦力都大受影響，這就是南朝地方刺史（豪族加軍閥）屢生事端、而對北方無力反擊的原因。這樣也就勉強維持著南北分立的格局。

由於南方保持了兩百多年的安定局面，南方土著與北方僑民對山林川澤廣為墾殖，並注意興修水利，農業有了前所未有的發展，長江中下游地區的經濟水平有了顯著提高，如江南吳地「墾起湖田」利用山海，「地沃民阜」；鄱陽湖區農桑發達，不僅出產精米，而且蠶業技術發展，達到「一年蠶四五熟」的水平；江漢平原是六朝時期的重要墾區之一，「田地肥良，可以為軍民資實。」[19]除稻作農業外，還發展多種經濟作物與經濟林木，如荊州「百里州，其上平廣，特宜五果，甘、柰、梨、蔗，於此是出。」[20]並且還有名產，「枝江有名柑，」宜都有柑園，稱「宜都柑」。漢水流域的襄陽，因堤堰等水利工程的修建，在劉宋時期「開田數千頃，郡人賴之富贍。」[21]到南齊時依然如此。南方農業經濟的發展不僅為社會提供了豐富的物質供應，為社會的有閒階層及非農業城居人口的擴大準備了物質前提，而魏晉南北朝文化的大發展從某種意義上說是與社會有閒階層的大量存在有著不可分離的關係；並且為南朝商業的發達提供了經濟基

17 參看《梁書・卷三十八・賀琛傳》，本傳錄有賀琛疏陳政事內容，梁武帝曾在大同七年（五四一年）下詔「自今公田悉不能假與豪家。」
18 《南史・卷七十・郭祖深傳》，頁一七二二。
19 《南齊書・州郡志下》，頁二七三。
20 《太平御覽・卷六十九》引《荊州圖副》
21 《宋書・卷四十六・張邵傳》，頁一三九五。另參看袁純富：〈魏晉南北朝時期江漢地區的水利建設〉，見《中國魏晉南北朝史學會編・魏晉南北朝史論文集》（濟南：齊魯書社，一九九一年）。

礎。農產品的富餘必定進入交換領域，農產量的提高，也會從農業中分出剩餘的勞力，因此促成商業經濟的發展。南朝農民與土地的結合不似北朝那樣穩固，在豪族兼併與國家賦役的擠壓下，「細民棄業，流冗者多。」這些流人相當部分「或依於大姓，或聚于屯封，」[22]成為貴族官僚的依附民；還有部分被稱作浮浪人的流人，他們離鄉離土，身分較為自由，因此大多流入城鎮從事工商活動，南朝權貴經商十分普遍，特別是大規模的長途販運，流人很可能成為他們的重要幫手。梁人沈約評論說：「昏作役苦，故穡人去而從商，商子事逸，末業流而浸廣，泉貨所通，非複造始之意。於是競收罕至之珍，遠蓄未名之貨，明珠翠羽，無足而馳，絲罽文犀，飛不待翼，天下蕩蕩，鹹以棄本為事。」[23]南朝的商業遠比北朝發達。南朝商業發展的標誌有三：

第一、城市的繁榮。兩漢時期，商業都會大多集中在黃河流域，漢末戰亂之後，北方城市一直處於蕭條狀態，北方自耕農經濟也未有刺激商業發展的有利條件。而在南方城市卻出現了前所未有的繁榮，建康、荊州、揚州、廣州、益州是當時著名的商業城市。建康（今南京）為六朝名都，建康不僅是南朝政治、文化中心，也是南朝最大的商業都會。史稱建康當時的人口約有一四〇萬。建康城中有四大交易市場，另外還有小市十餘處，中外商旅聚集建康，「貢使商旅，方舟萬計。」建康之外，要數荊州，荊州為南朝西部重鎮，「江左大鎮，莫過荊、揚。」荊州匯聚各地物產，商業興盛，沈約在《宋書》中說：「江南之為國甚矣。……荊城跨南楚之富，揚部有全吳之沃，魚鹽杞梓之利，充仞八方，絲綿布帛之饒，覆衣天下。」[24]由此可見荊城與揚州的商業輻射力。城市經濟的繁盛，體現了南朝社會經濟的發展水平，城市的發展是社會進步的標誌，同時城市經濟也為社會文化生活的多樣性提供了物質基礎。

第二、草市的出現。南朝商業發展的新標誌之一，是在官方正規市場之外出現了民間草市，草市一般在城郊或津埠渡口等交通便利之處。建康城外就有一個頗有名氣的草市。壽春城石橋門北「亦曰草市門」，門因草市得名。在鄉村，

22 《梁書・卷三十八・賀琛傳》，頁五四三。
23 《宋書・卷五十六・謝瞻、孔琳之傳論》，頁一五六五。
24 《宋書・卷五十四・傳論》，頁一五四〇。

商業有一定程度的活躍，特別是在長江下游地區，山陰「緣湖居民，魚鴨為業，及有居肆。」[25]鄉間集市漸有設立。梁人何遜在《入東經諸暨下浙江作》的詩歌中生動地描繪了當時吳地「鄉鄉自風俗，處處皆城市」的生活場景。草市在六朝雖然為數不多，但它反映了當時農村經濟發展的新動向。

第三、國內商業市場的擴大與境外市場的開闢。城市的繁榮與草市的出現，顯示了南朝商業發展態勢。因實際生活的需求與商業利益的驅動，長途販運貿易在當時十分活躍，商販、估客追逐商機，無遠不至。如陳後主《估客樂》所賦：「三江結儔侶，萬里不辭遙，恒隨鷁首舫，屢逐雞鳴潮。」（《全陳詩》卷一）在大小商客的奔走之下，南朝境內各大城市之間商業往來密切，南到廣州，北至襄陽、壽春，東至吳會，西至益州形成一個巨大的國內商業市場網絡。長江水系成為南朝得天獨厚的商業通道，早在東吳時代，人們就「浮船長江，賈作上下。」南朝更形發展，揚州商人逆水數千里，遠至荊州，或至益州。劉宋時「遠方商人，多至蜀土，資貨或有值數百萬者。」[26]南朝時期荊襄一帶還是南北交易的重要樞紐，雖然南北之間長期對立，但各種形式的商業交往一直沒有間斷。甚至西域胡商也長期保持著與南朝的交往，傳統的「絲綢之路」經長安延伸到了襄陽。[27]在劉宋時期，曾經發生過因雍州刺史張劭討伐蠻族，蠻族阻斷商道，劫持來南朝朝貢的蠕蠕（柔然）國使的事件。[28]當時還有一條由益州經青海通西域的「河南道」。南朝與西域保持著經常的經濟文化交流。同時南朝還通過海路與南洋諸國及東羅馬發生商業聯繫，東北與高句麗、百濟及日本有著較密切的交往。南朝的海外貿易十分發達。

南朝商業的發展說明南朝社會經濟有著與北朝頗為不同的情形，經濟構成的差異，使人們有著不同的生活態度，商業促成了域內外人員的頻繁交往，民俗生活因之出現交融狀態。

25 《宋書・卷五十四・孔季恭附孔靈符傳》，頁一五三三。
26 《宋書・卷四十五・劉粹附劉道濟傳》，頁一三八一。
27 參看朱雷：〈東晉十六國時期姑臧、長安、襄陽的互市〉，原載《古代長江中游的經濟開發》（武漢出版社，一九八八年）。
28 《宋書・卷四十六・張劭傳》，也一三九五。

第二節　六朝民眾生活的新變化

一、漢魏時期禮教的興替

兩漢時代是儒學獨尊的時代，亦是禮法盛行的時代，在漢帝國的一統文化之下，社會生活納入規範的模式之中，在上層，文人士大夫大都以名節自勵，以忠事國，以孝事親，行為方正之士成為社會楷模；在下層亦推行教化政策，「導民以禮，風之以樂。」並令禮官勸學，目的在於「崇鄉黨之化」。漢代政府通過鄉里什伍的基層組織控制底層社會，「里共同體」是漢帝國的行政基礎。里長、三老均承擔教化之職責，自然擔任里長、三老的人本身就是民間的德行之人，如東漢人秦彭就是一個很注意鄉里教化的官員，他在任山陽太守時，「以禮訓人」，「有遵奉教化者，擢為三老。」[29]漢代將《孝經》視為禮教的教科書，不僅中原世家大族子弟要讀《孝經》，[30]而且邊遠地區如涼州的民戶也「令家家習之」（《後漢書・蓋勳傳》）。漢代社會，尤其是東漢社會，官方從上至下努力地推行著儒家的倫理思想，綱常名教規範成為統一社會生活的標準模式。

禮教的推行的確在一定程度上引導了社會風氣，但它同時亦「隱伏一種虛驕之種子。」[31]東漢末年，隨著政治危機的加重，崇尚名節的士人與宦官集團進行了數次搏擊，但均以名士失敗告終；黨錮之禍不僅抑制了正直士人，而且也在一定程度上助長了好名的風氣。誠如著名史家呂思勉所言：「東漢名士，看似前仆後繼，盡忠王室，實多動於好名之私，挾一忠君之念耳。」[32]又由於奉循禮教可以延攬名譽，博取官祿，所以不軌之徒以此沽名釣譽，如當時的民諺對征

29 《後漢書・循吏傳》，頁二四六七。
30 崔寔：《四民月令》十一月「命幼童讀《孝經》、《論語》。」
31 鄧子琴：《中國風俗史・第二章　魏晉風俗》（成都：巴蜀書社，一九八八年）。
32 呂思勉：《兩晉南北朝史・第一章　總論》（上海古籍出版社依開明書局版再版，一九八三年）。

辟察舉制名不符實情形多所譏刺：「舉秀才，不知書，察孝廉，父別居，寒素清白濁于泥，高第良將怯如雞。」[33]這種欺世盜名的做法直接敗壞了禮教。在社會矛盾加劇與政治危機加深的形勢之下，儒家禮教日益失去維繫人心的效用，真正的名士在屢遭禁錮的情況下，標榜名譽，清議時政，但被排斥在政事之外，於世事無補；即使政府任用他們，他們也因謹守儒術，專注修身而缺乏政治實踐才能，因此不能滿足人們的期望。而追名逐利之徒更是直接敗壞禮教。禮教的異化與敗壞，最終導致了人們對禮教的失望與厭棄。

伴隨著漢帝國的覆亡，禮教秩序崩潰。魏晉開始，世風大變。魏武帝曹操在逐鹿中原的戰爭中為了網羅人才，他公開向社會招募人才，不問是否道德之士，「惟才是舉」，與漢代惟德是舉大異其趣。並且，基於「夫有行之士未必能進取，進取之士未必能有行」的認識，曹操一再申明人才的重要，「至於負汙辱之名，見笑之行，或不仁不孝而有治國用兵之術」者一律網羅，「勿有所遺。」[34]人們無需顧忌他人評議，無需拘泥於禮教，只要胸懷才略就能安身立命。曹操這一舉動既是對東漢禮教的叛逆，也深刻地影響了後來的世風。人們在衝破傳統禮教束縛的時候，自然也在尋求新的倫理原則。社會的運行與發展是以一定的倫理為基準的，沒有任何價值評判的社會必然是一個無序混亂的社會。因此人們在廢棄僵化的禮教教條的同時，又開始了道德的重建，重建的原則是：「越名教而任自然。」（嵇康《釋私論》）而佛教的傳入與道教的興起均對六朝時期新的倫理體系的創立發生了重大影響。

二、六朝民眾生活的新變化

六朝是中國社會生活史上的一個重要的轉化時期，這一時期雖然總體上延續著漢魏以來的生活傳統，但由於歷史的原因，社會發生了重大改變：首先，是歷史環境的改變，安定統一的帝國演變為動盪分裂的偏安王朝；其次，地域環境

33 葛洪：《抱樸子外篇・審舉》。

34 《三國志・卷一・魏武紀注・建安二十二年八月令》（中華書局，一九五九年），頁四九。

的改變，華夏政權長期以天高地迴的黃河流域為主要活動舞台，這時卻轉移到了山重水複的長江流域；與此相關的是農耕方式的改變；再次，民族文化構成的變化，南北文化的交流與南方民族融合的增進，豐富擴大並鞏固了漢族主體的民族文化；複次，社會主導力量的變化，中原世族壟斷社會的局面開始被打破，東晉大體上是南北士族共享政權，宋、齊、梁、陳四代「皆起自寒微，所信任者，非複名門巨族。」[35]但所依賴的是新興士族。最後，亦是最重要的是社會精神信仰的變化，兩漢時期儒學一統天下，禮教成為人們生活的準則，這時因儒學的繁瑣，禮教的敗壞，人們出現信仰的精神危機，因此玄學興起，佛、道流行。在上述這樣的文化大背景下，從魏晉開始中國社會生活出現了新的變化。這種變化主要體現在以下三個方面：

（一）物質生活的多樣化

六朝時期，北方流人的南遷，江南成為當時漢族政權的政治、經濟與文化中心，南方在中國歷史上的地位凸現出來。由於勞動人手的顯著增多，及南北技術的交流，南方經濟獲得了發展的新的動力。並且因為大批流民的進入，南方人口的空前增長，給原有的南方農業基礎造成了一定的壓力，因此促成了南方農業向擴大範圍與精細耕作的兩個方向發展。南朝政府鼓勵墾辟荒地、開墾湖田，擴大耕地面積。梁武帝曾下詔令，「班下遠近，廣辟良疇，公私畎畝，務盡地利。」[36]這時南方農作物品種顯著增多，政府在南方山地推廣種麥，在淮南推廣水稻，並且要求廣殖蠶桑麻苧。[37]在政府倡導、民眾的努力下，南朝農作物與其他經濟林木得到廣泛的種植，地力得到了充分的開發與利用，「田非疁水，皆種麥菽，地堪滋養，悉藝苧麻，蔭巷緣藩，必樹桑柘，列庭接宇，唯植竹栗。」[38]農耕技術有了相當的進步，嶺南一

35 呂思勉：《兩晉南北朝史》（上海古籍出版社，一九八三年），頁四。
36 《梁書・卷三・武帝紀下》，也六六。
37 《宋書・卷五・文帝紀》稱元嘉二十一年（四四四年）秋七月，文帝下詔：「凡諸州郡，皆令盡勸地利，勸導播殖，蠶桑麻苧，各盡其方，不得但奉行公文而已。」
38 《宋書・卷八十二周朗傳》，頁二〇九三。

帶，稻穀一年兩熟，桑蠶年八熟繭，畝產量有明顯提高。在南朝北境的豫州由於堤堰的修建，「溉田千餘頃，歲收穀百餘萬石。」（每畝十石，約合今三石多。）[39]畝產三石多的產量，在當時的農業生產條件下是不低的。農業的發展，不僅為大量的非農人口提供了糧食供應，而且為工商業的發展與進步準備了物質基礎。六朝民眾在精神上有著多樣化的生活趣味，而社會經濟的發展客觀上能夠滿足這種需要，因此六朝人有著豐富多樣的物質生活。

衣尚美飾。衣飾是民俗生活中最外顯的表現之一，它生動地體現著民眾的生活趣味。在魏晉以前，服裝的色調制式均有嚴格的等級規定，高低貴賤一目了然；從魏晉時起人們開始突破這種衣著的文化限制，追求舒適與美飾，漢末就有王公名士棄「王服」不穿，「以幅巾為雅」。而魏明帝「好婦人之飾。」改易天子冠冕的珠飾。[40]當時男女衣飾的混用亦為時尚，由於當時著裝都是裙裳一類，男女服飾差別不大，所以魏尚書何晏「好服婦人之服。」也並不是特別出奇；婦人也有習男子之裝，如木屐是江南特有的鞋具，開始男女制式不同，婦人頭圓，男子頭方。到晉太康（公元二八〇—二八九年）初年，皆履方頭，「與男無異別也。」[41]從晉開始，時尚胡物，胡服亦其一。太康中，流行用胡族出產的氈作絈頭、絡帶、衿口，從頭到腳都是胡服，當時的百姓開玩笑說：「中國必為胡所破也。」[42]這種預測不是沒有道理，人們對胡服的接納在一定程度上是對胡文化的心理認同，文化的認同必定會在某種程度上消弭民族之間的壁壘。此時有相當多的胡人混居中原，從而為北朝的出現準備了基礎。

由於時尚美飾，一般人並不在意是否合乎禮教規範，士庶之間的區分也日益模糊，上行下效之風盛行。當時婦女尤喜裝飾，這可能與當時社會欣賞女性之美的風氣有關，美飾既是婦女表現自己天性的手段，也是向社會展示魅力的方式，女為悅己者容。同樣當時婦女也欣賞著男性，並且敢於公開表露，如潘嶽「妙有姿容，好神情」，他年少時出遊，

39 《梁書・卷二十八夏侯亶傳附夏侯夔》，頁四二一—四二二。
40 《晉書・輿服志》，頁七六六。
41 《宋書・五行志》，頁八八八。
42 《宋書・五行志》，頁八八七。

婦女在路上遇見，「莫不連手共縈之。」魏晉以來男女隔離狀態的改變，是婦女衣飾趨美的動力之一。頭飾是婦女最看重的地方，頭飾時常變化，時急束髮向後梳髻，時束髮松緩，「發披於額，目出而已。」晉太元（公元三七六－三九六年）中，公主婦女「必緩鬢傾髻，以為盛飾。」於是人們發明了「假髻」，或名「假頭」。這種假髻頭飾，流行社會，人們紛紛仿效，「至於貧家，不能自辦，自號無頭，就人借頭。」[43]六朝時服飾唯新唯美，犯禮逾制之事，十分平常。劉宋時，周朗上書稱：「故凡厥庶民，制度日侈，商販之室，飾等王侯，傭賣之身，制均妃後。凡一袖之大，足斷為兩，一裾之長，可分為二，見車馬不辨貴賤，視冠服不知尊卑。尚方今造一物，小民明已睥睨。宮中朝制一衣，庶家晚已裁學。侈麗之源，實先宮閫。」[44]雖然此論不無誇大之處，但基本上反映了當時的社會情形，因為這種變化在魏晉時已經成為一種難以遏制的趨勢，衣飾已逐漸喪失了等級規範的象徵意義，服飾的色彩與款式成為社會上下層共享的生活資源。

近年來考古資料也證明六朝確實在服飾制度上並沒有嚴格的等級色彩，考古人員發現「在同樣大小或相同地位身分的墓葬中，處於相同位置的陶俑，其服飾可以不同；而處於不同位置或不同地位身分墓葬中的陶俑，其服飾卻有完全相同的。」[45]此種情形以實物說明了六朝的服飾生活的一般情況。

歲時節日服飾自然更是五彩繽紛，據《荊楚歲時記》記載：元日「長幼悉正衣冠」，人日剪綵戴勝，立春飾彩燕，三月三，新服祓除于水濱。五月五，以五彩絲系臂等。時人只要有一定的安定環境，就會尋找自己的歡樂，南齊高帝時，十多年中，「百姓無犬吠之驚，」都邑興盛，人們是「歌聲舞節，袨服華裝，桃花淥水之間，秋月春風之下，無往非適。」[46]雖然這可能是有閒人的生活，但也反映了一般社會生活的趣味。

---

43 《晉書・五行志》，頁八二六。
44 《宋書・卷八十二・周朗傳》，頁二〇九八。
45 羅宗真：《六朝考古》（江蘇：南京大學出版社，一九九四年），頁一九三。
46 《南史・卷七十・循吏傳》，頁一六九七。

食重兼味。六朝食俗基本上傳襲著漢魏的慣習，但亦發生了較大變化。這一時期，不僅因農業社會經濟的發展，給人們提供了物質享受的基礎；而且因民族文化與地域文化的交融，六朝的飲食豐富多樣。又由於六朝人重視對生活的品味，他們對飲食的烹調、口感及花色品類較為講究。特別是貴族社會，豪華奢侈，「日費萬錢，猶曰無下著處。」[47]並且當時南北士人都有誇示美味的風氣。自號節儉的梁武帝在素食時，也是「變一瓜為數十種，食一菜為數十味。」一般平民因生活水平的限制，自然不能與貴族王家相比，但人們亦在可能的範圍內，使生活豐富化，如荊楚地區仲冬醃制鹹菜，南人將糯米熬熟弄碎，調以胡麻汁，放入所醃的蔓菁與冬葵之中，再用石具壓上，使它慢慢醃熟。這樣醃制的鹹菹「既甜脆，汁亦酸美。」[48]由此普通的菜肴加工可見南朝人對食物美味的看重。

六朝時，人們的主食是飯、餅、粥、羹等。南方以稻米為主，多食米飯、米粥、菜羹；北方以麥粟為主，多食麥飯、粟飯、面餅、麥粥。隨著南北食俗的交流，北人食米，南人食餅也較常見。六朝時期，南方飲食生活十分豐富，北人南來自然傳入了不少北方食俗，其中最有特色的是各色麵食，如胡餅、燒餅、湯餅等。據王隱《晉書》記載，王文長被徵召為州官，王佯狂不仕，人們在成都市找到他時，他正「蹲地齧胡餅」。可見胡餅成為市肆中尋常食品。在六朝食餅成為時尚，不僅有眾多文士作《餅賦》（晉．束晳）、《餅說》（梁．吳均）之類時文頌之，而且從皇家到百姓都以餅作為節令食品或祭祀食品。荊楚地方「六月伏日，並作湯餅，名為辟惡。」（《荊楚歲時記》）湯餅是一種水煮的麵食，當時將面片之類的麵食通稱為餅。因為在傳統食俗中人們大多是粒食，麥子雖然很早就有種植，麵食和加工麵粉的磨具也較早出現了，但是麵食成為社會風行的食品是在晉代以後，因為晉代加工麵粉的石磨得到重大改進，將傳統石磨輻射狀磨齒改進為分區斜槽形磨齒，這是最成熟的古代磨型。這樣大大提高了麵粉的生產率。從而為餅食習俗的發展準備了條件，[49]麵食較粒食精細可口，也適應了六朝人的口味需要，因此餅食成為流行食品。麵食的可口反過來也在一定

47 《晉書．卷三十三．何曾傳》，頁九九八。
48 宗懍：《荊楚歲時記》。
49 王仁湘：〈餅食起源考〉，見《飲食考古初集》（北京：中國商業出版社，一九九四年），頁一六九－一七七。

程度上促進了小麥在江南的推廣。

當時還有吃粥的食俗，粥即糜粥，有米粥、麥粥、豆粥等，六朝人食粥習俗較為普遍，無論是上層社會還是民間都有食粥的習慣，當然粥的配料會不一樣，既可以是石崇、王愷比富式的精細豆粥，也可能是民間粗糲的麥粥。六朝時人們以特殊的粥食作為節令食品，正月十五作加了油膏的豆粥祭門戶之神、蠶神；寒食節特製加餳（飴糖）的大麥粥作為寒食禁火期間的節俗食品；冬至日的赤豆粥卻是一種驅厲的具有巫術意味的食物。[50]僅食粥一項，六朝人就有如此多的食用方法，可見六朝飲食生活的豐富。

羹是日常飲食生活中常用的佐餐食品，南方人喜好羹湯，由來已久，《楚辭・招魂》記載了多種美食，其中有數種羹類食品，「和酸若苦，陳吳羹些。」吳羹至六朝時仍為名品，甚至成為南人思鄉的情感寄託。張翰從江南到了洛陽，一日，秋風吹動了鄉愁，他思念起家鄉的蓴菜羹、鱸魚膾等，於是說「人生貴得適志，何能羈宦數千里，以要名爵乎！」於是命駕南歸。由張翰這一舉動，可以窺見當時士人的生活態度。正是有了這樣一批講究飲食的食客，才促進了六朝飲食文化的傳承與發展，中國飲食文化的豐富多樣是與中國的文人士大夫的品味、嗜好有著密不可分的關係。當然一般百姓因生活條件的限制，不可能常有肉羹、魚羹（節日期間可能會有），他們主食的是菜羹、豆羹。當時南方食羹習俗還遠傳北方。北朝學者賈思勰在《齊民要術》中就收錄了十幾種羹湯的做法，如豬蹄酸羹、胡羹、瓠葉羹、雞羹、鴨羹、膾魚蓴羹、菰菌魚羹等等，說明北方食羹的習俗也相當普遍。正如南齊人崔祖思在席間見到羹膾時所說：「此味故為南北所推。」[51]

六朝時的副食相當豐富，上述考究的羹湯應該說是副食。副食的主要品種自然是魚和肉，由於南北民俗物產的差異，人們對副食的取用有不同的側重與嗜好，如張華在《博物志》中所說：「東南之人食水產，西北之人食陸畜。食

50 宗懍：《荊楚歲時記》。
51 《南史・卷四十七・崔祖思傳》，頁一一七一。

水產者，龜蚌螺蛤以為珍味，不覺其腥也；食陸畜者，狸兔鼠雀以為珍味，不覺其膻也。」[52]東南副食以水產品為主，魚是最普通的水產，當時不僅有海魚、河魚，還有人工養殖的池魚。襄陽習家魚池，自漢末開鑿，晉末成為嬉遊之地。江南大族在自己的莊園裡，一般都有魚池，謝靈運的《山居賦》中就描繪了他養魚品種的豐富，「魚則鱿鱧鱮，鱒鯇鰱鯿，魴鮪魦鱖，鱨鯉鯔鱣。輯采雜色，錦爛雲鮮。」梁有《陶朱公養魚法》，養魚有了專門的技術方法，可見養魚業的進步。當時食魚的方法多樣，有幹魚片、魚酢、魚羹、蜜制魚等。此外，蝦、蟹也是常食水產。北方食魚主要在沿海地區，或適應南朝降人生活的地區。他們肉食為主，主要是牛羊等畜肉。如北魏宗室元暉業，「唯事飲啖，一日三羊，三日一犢。」六朝時園藝業發展，果有梅、甘、橘、瓜、甘蔗、荔枝、檳榔、枇杷等，襄陽、荊州一帶盛產甘桔、枇杷，有人賣桔一年得絹數千匹，「家道富足。」蔬菜品類也有增多，如潘嶽在《閒居賦》所說：「菜則蔥韭蒜芋，青筍紫薑，堇薺甘旨，蓼葰芬芳，蘘荷依陰，時荷向陽，綠葵含露，白薤負霜。」當時很多菜南北都有，如韭菜，石崇以冬天食韭誇富；南齊的庾杲之雖官至尚書吏部郎，仍以「清貧自業」，食菜有韭菹，蘥韭、生韭等雜菜，人們因此戲稱「誰謂庾郎貧，食畦常二十七種。」（以「三韭」為「三九」的諧音）。副食的豐饒，反映了六朝人整體生活水平的提高。

茶與酒是六朝人特別是士族階層飲食生活中的重要飲品。飲茶之俗主要在南方，《齊民要術》將茶視為非中國物（當時北朝自稱中國），並引《荊州地記》說「浮陵茶最好。」茶已出現名品，說明當時茶業有一定的發展。茶在漢代才漸有記載，《爾雅・釋木》：「檟，苦荼。」晉人郭璞在為注釋本條中說：「樹小似梔子，冬至生葉，可煮作羹飲。今早采者為荼，晚采者為茗，一名荈，蜀人名為苦荼。」晉朝茶已是待客的飲品，來人一般要上茶果招待，南朝時茶成為人們生活中的必需品，南朝人即使到了不嗜飲茶的北方，也保持著飲茶的習慣，南齊王肅出仕北魏後，不食羊肉與酪漿，常吃鯽魚羹飲茗汁，魏人亦備茶招待，魏人也有慕王肅風度，專飲茶茗。（《洛陽伽藍記》）由此看出南人對茶的嗜好。齊武帝生活儉樸、信佛，死時遺詔，在他的靈位前千萬不要用犧牲作祭，「唯設餅、茶飲、乾飯、酒脯而

52 張華：《博物志・第一卷　五方人民》（上海古籍出版社，一九九〇年），頁六。

已。天下貴賤，鹹同此制。」[53]死後以其日常所好設供，是齊武帝臨終的遺願，並且要國人一體遵循，可見茶飲之俗已很普遍。茶在中國的社交與人生儀禮中有著獨特的功用，這種功用在六朝時已經開始顯露苗頭。六朝飲茶風氣的形成，還與六朝人的精神生活有一定的聯繫，茶有提神助興的功能，六朝士人與僧人在清談與講法禪坐中都離不了茶，茶益智醒腦，解煩祛困。道家將飲茶視為服食養生之道，壺居士《食志》稱：「苦茶久食羽化；與韭同食令人身重。」陶弘景《新錄》曰：「茗茶輕身換骨。」由此看來，在六朝人眼裡茶有仙藥一類的作用。六朝人的飲茶風尚，是六朝物質生活的新方式，它為唐朝茶業的大發展奠定了基礎。

好酒是六朝人飲食生活的又一特點。酒與茶一樣也是興奮神經的飲品，但酒的歷史更加久遠，漢人有「酒者，天之美祿。」之說，但漢人並沒有沉迷於酒。漢末大亂之後，天下紛爭，人生無常，人們不時發出「人生幾何，對酒當歌」的慨歎。孫權父子好酒，經常與臣下共飲。六朝人已很少建功立業的理想，酒成為他們生活的慰藉。魏晉名士的風流大都離不了酒力，魯迅先生對此曾有專文論述。竹林七賢均為好酒之輩，山濤是七賢中最理智的一位，他飲酒適量而止，至八斗方醉；而劉伶、阮鹹等為著名酒徒，劉伶自稱：「天生劉伶，以酒為名。一飲一斛，五鬥解酲。」[54]阮鹹飲酒不用杯觴，就大盆而飲，曾與豬共飲，醉即臥豬圈中。當時的官員也好酒，宋人孔覬為江夏內史，「醉日居多。」普通士卒同樣好飲，東晉吳君太守庾冰咸和二年（公元三二七年）因亂出逃，只有一郡卒為其撐船避難，郡卒還借醉酒騙過搜查，救了庾冰。庾冰在事平之後，報答郡卒，問他需要什麼，郡卒說：自己出身低微，不想要什麼職位，只是自己從年少時就辛苦幹活，總沒有痛痛快快地喝過酒，因此「使其酒足餘年畢矣，無複所須。」[55]村里百姓亦飲酒，百姓飲酒自然不能如士人那樣放任，他們一般在歲時節日中飲酒，如荊楚年節時的家人共飲的椒柏酒、屠蘇酒，社日村人聚飲的

53 《南史・卷四・齊本紀上第四》，頁一二六。
54 劉義慶：《世說新語・任誕》。
55 《世說新語・任誕》。

社酒，及臘日驅儺的臘酒。[56]酒，除了個人的消費享受外，在六朝社會生活中也發揮著重要的作用，人們出行要祖餞於道，聚首宴飲於室，往來吊賀亦需有酒。酒在人們的生活中必不可少。

居求適意。隨著六朝經濟的發展與人們精神的活躍，人們開始注重自己的生存狀態，從《荊楚歲時記》的記錄看，時人特別注意家居的安全。六朝人在居處方面也經歷著一種承上啟下的變化，居處習俗在這時向尋求安逸的方向發展。如呂思勉先生所述，「晉南北朝之世，貴富之家，居室頗侈，而平民之居，仍甚簡陋。」士大夫尋常居宅，大都有屋數十間。民間居屋此時仍多為「蓬室柴門」的草舍，[57]但人們已開始用磚瓦結構替代古舊的茅舍，《宋書・后妃傳》記，明帝陳貴妃家在建康縣界，父親以屠宰為業，「家貧，有草屋兩三間。」一日，明帝出行，偶見草屋，問身邊的人，「禦道邊那得此草屋，當由家貧。」賜錢三萬，令起瓦屋。可見，當時人們有錢就會換去草屋。晉人傅鹹上書請皇上擯棄奢靡之風，他說：「古者堯有茅茨，今之百姓競豐其屋。」[58]特別是城市建築，為防止頻繁出現的火災，人們在街居房屋建築時多使用磚瓦。城牆用磚始自六朝，現今的考古材料已證明了這一情況。[59]

六朝時室內的居處用具發生了較大變化，這種變化甚至影響了中國人的居處習慣。居處用具的變化主要體現在坐臥用具的分離與胡床的傳入上。魏晉以前，人們在居處用具上坐臥不分，床就是這樣的一種居處用具。《釋名》說：「人所坐臥曰床。」六朝時坐臥用具開始分離，出現了一種專用坐具，這種坐具仍稱為「床」，為了與睡覺的大床相區分，故特稱小床。《太平御覽》引《晉書》載：「陶淡字起靜，好道養，年十五六，便絕穀，設小床常獨坐，不與人共。」當然坐臥用具的分離並沒有影響人們的「跪坐」的習慣，而胡床的傳入，卻對中國傳統的坐姿發生了重要的影響，胡床

56 《南史・卷五十五・曹景宗傳》記曹「為人嗜酒好樂，臘月於宅中作邪呼逐除，遍往人家乞酒食。」

57 參看呂思勉：《兩晉南北朝史・第二十一章　晉南北朝人民生活》。《隋書・高熲傳》記隋帝問高熲取陳之策，高說：「江南土薄，舍多竹茅。所有儲積，皆非地窖，密遣行人，因風縱火。」

58 《全晉文・卷五十二》傅鹹「上書請詰奢」。見全上古三代秦漢三國六朝文・中華書局，一九五八年・一七五八年

59 羅宗真：《六朝考古・第二章　城市遺址》。

腳高（類似今天的馬紮子，凳面穿以繩條，「斂之可挾，放之可坐。」[60]），人們的臀部直接坐在胡床上，兩腿下垂踏地，比跪坐簟席等坐具舒適。漢末靈帝喜好胡床胡飯胡舞一類胡人風習，所以「京都貴戚皆競為之。」[61]東晉南朝胡床亦是流行坐具，《世說》記太尉庾亮在武昌城樓「因便據胡床，與諸賢士竟坐。」而劉瓛習慣在出訪時帶上胡床，「唯一門生持胡床隨後，主人未通，便坐門待答。」[62]侯景攻佔建康後，在宮殿中的坐床上常設胡床，「著靴垂腳坐。」[63]生於北地胡人之中的侯景，在篡奪梁朝皇位後，仍改不了他的胡坐習慣。這種「胡坐」的坐姿雖在六朝時不占主導地位，但它在中古之後逐漸取代了傳統的跪坐方式，改變了中國人的居處習慣。

行思安逸。六朝時因政治、軍事、經濟及旅行的需要，內部交通發達，交通工具與交通設施齊備。當時陸行主要是車，車有牛車、羊車、鹿車（一種人力小車）。漢代以馬車為貴，出於貶抑商人的國策，規定：「唯賈人不得乘馬車。」牛車在漢代是不為人看重的交通工具，人們不得已時才退而求其次。如犢車，「漢諸侯貧者乃乘之。」（《宋書·禮志五》）但魏晉以後風氣大變，在追求安逸的六朝人看來，車速平緩的牛車更適合他們的閒情逸致，因此乘坐牛車成為時尚。自然，這與江南馬少也有關係。當時還流行人力抬杠的肩輿，這是轎子的早期形態。肩輿輕便，為士大夫的出遊提供了便利，這是適宜南方地理環境的創制，江南多山，不便行車處較多，而人們喜山水之樂，又不想步行，因此肩輿盛行其時。北齊顏之推在談到南朝士大夫的優閒時說：「梁世士大夫，皆尚褒衣博帶，大冠高履，出則車輿，入則扶侍，郊郭之內，無乘馬者。」[64]為了適應官宦、商賈遠行的需要，六朝境內道旁客舍林立。在晉朝，潘嶽就針對有人認為「逆旅逐末廢農，」應予廢止的議論，提出自己的意見，認為逆旅的設立，這既是舊俗，也是使旅行者旅途愉快

60 司馬光：《資治通鑑·卷二百四十二》唐穆宗長慶二年胡注交床。
61 《後漢書·五行志》，頁三二七二。
62 《南史·卷五十·劉瓛傳》，頁一二三七。
63 《梁書·卷五十六　侯景傳》，頁八六二。
64 顏之推：《顏氏家訓·卷第四·涉務第十一》。

的好事，它符合了民眾需要，應予肯定。[65]南北朝時，道路館舍甚多，公私俱有。梁武帝就曾下詔整理館舍，這從另一側面說明了館舍的眾多。

六朝區域內水系發達，水路交通便利，因此船運業發展，孫吳時期舟船往西溯江而上，進入蜀地貿易；並從海路北上遼東，南下交廣及東出夷州（今台灣）。當時建業是一繁華都會，江海舟船會聚，正如左思《吳都賦》所詠：「水陸浮行，方舟結駟。唱棹轉轂，昧旦永日。」東晉南朝時船運業進一步發展，官船、民船規制宏大，如身歷南北兩朝的顏之推所說：「昔在江南，不信有千人氈帳；及來河北，不信有二萬斛船。」[66]民間舟船的興盛。當時長江上下商旅往來多依舟船，江陵、揚州是商旅活動的中心區，隨著商客的集散，在這兩地興起的西曲、吳歌也隨著江水流之四方，「大艑載三千，漸水丈五餘。」[67]「上水郎擔篙，下水搖雙櫓，四角龍子幡，環環江當柱。江陵三千三，西塞陌中央。但問相隨否，何計道路長。」[68]這些歌謠反映了當時的江上旅行情形。南朝海上交通十分活躍，海船遠至南洋諸國。

交通工具的改進與交通方式的多樣，方便了國內外人員的往來移動，也加強了各地之間的經濟與文化聯繫，同時為習俗的傳播提供了有利的物質條件。

六朝社會經濟的進步與精神文化的變化，使時人有條件也有興趣追求生活的色彩，因此在衣食住行等物質生活方面在一定程度上突破了傳統的生活方式，顯現出新的生活面貌。人們更重視生活的質量，無論條件優劣，人們希冀的是生活的安樂。人們正是依賴著享受生活的態度，才將平凡的日常生活過得有聲有色。

65 《晉書・卷五十五・潘嶽傳》，頁一五〇三。
66 《顏氏家訓・卷第五　歸心十六》。
67 《樂府詩集・臧質・石城樂》（中華書局，一九七九年），頁六八九。
68 《樂府詩集・宋・隨王誕・襄陽樂・古今樂錄》記宋隨王誕始為襄陽郡。元嘉末，仍為雍州刺史，夜間（聞）諸女歌謠，因而作之。（中華書局，一九七九年），頁七〇三。

（二）公共空間的萎縮與私人空間的擴展

公共空間指公眾共享的公共生活領域，在這一人文空間中人們可以形成公共意見，人們能夠在不受強制的情況下，對有關國計民生等普遍而重大的社會問題發表自己的意見，可以自由地結成集團或組織，進行對話與交流。[69] 私人空間指以個體情感、利益為中心的私人活動範圍，它與公共空間既相區別，又相聯繫。公共空間與私人空間共同構成人們的生活世界，但在傳統社會中，二者受到國家政治的強烈影響，它們的範圍寬狹取決於國家社會的性質。漢魏六朝時期，公共空間與私人空間經歷了一個較大的變化。

（1）心憂天下的兩漢士人

戰國秦漢是以自由民為主體的古代社會，[70] 古代社會仍在一定程度上保持著上古社會的治政精神，雖然出現了以帝王為核心的專制政體，但人們有著較強烈的國家社稷意識，忠於王室與忠於國家一致。因此重視現世事功、剛健有為的儒家思想在漢代中期取得獨尊地位，儒家思想成為在社會上占主導地位的意識形態，學校教育、學術研究及人才選拔均以通曉儒家學說為標準，在這種文化精神的浸淫之下，文人士大夫也就汲汲然以天下為己任，因此有人說「（漢）武帝以後政治舞台上最活躍的是儒生。」[71] 漢武帝以前主要是出身並不顯赫的開國功臣與文吏、出身軍功者和以貲候選的富人。西漢政權基礎較為寬闊，地方宗族豪強常遭抑制。西漢末年，中央統馭力下降，地方勢力抬頭，在反抗王莽統治與平息農民起義的武力鬥爭中，地方豪族利用自己的軍事經濟實力，爭得了一定的政治地位。但這些地方豪族的領頭人大多是有一定文化修養的儒士大夫，他們起事也大都有維護社稷的用意。清人趙翼在《廿二史箚記》卷四中專列「東漢功

---

69 這裡借用尤根・哈貝馬斯有關公共領域的理論，參看汪暉、陳燕谷主編：《文化與公共性》（北京：三聯書店，一九九八年），頁一二五。中國古代向來有「處士橫議」的傳統，士人公開發表自己的社會政治見解，在政治公共領域相當活躍，這與自由民為主體的戰國秦漢社會性質相關。

70 何茲全《魏晉封建說》專題講座，一九九八年十月三十日，北京師範大學。

71 唐長孺：《魏晉南北朝隋唐史三論》，頁四二。

臣多盡儒」一條。這些人構成了東漢新政權的中堅力量。地方豪族與中央政權的結合，開啟了東漢以後較長時間內的國家政治的矛盾格局。一方面，威重一方的豪族與中央政權的合作有利於國家對地方的控制，另一方面地方豪族勢力擴張不僅與國家爭奪土地人口，而且自然會滋生離心傾向、對皇權構成威脅。政治的穩定有賴於中央政權自身的力量與對矛盾調控的能力。東漢時期地方勢力開始增長，地方大姓「世仕州郡」，但處於形成期的士族在當時與王室有著榮損與共的關係，並且東漢王室在加強中央集權的同時，注意協調與地方豪族的關係，採取種種方式汲納名士。漢光武帝劉秀特重儒學，重儒生、尚節義，在人才選舉上，除前代的賢良方正、孝廉秀才外，又增設敦樸、有道、賢能、直言、獨行、高節、質直、清白、敦厚等名目。以儒家倫理規範作為取士任賢的選拔標準，因此在社會上培植出重視修身惜名的風氣，如後人所評論：東漢雖無事業之人物「而德行之君子，乃雲蒸霞蔚，幾於比屋可封。可謂中國歷史上之倫理時代。」[72]在儒學盛行的時代，儒家倫理思想已基本上內化為人們立身處世的生活準則，因此造就了一大批享有社會聲譽的名士。在東漢名士中雖不乏沽名竊譽「以贍其私」者，[73]但名士作為社會公眾人物，一般還是珍重名譽的。他們以特有的方式存在於當時的社會之中。名士社會價值的體現是他們勇敢地承擔起社會評判的責任。以心憂天下為職志，而且它同時亦為聚族忠君的精神力量。因此東漢時期在人們的一般理念中，仍然一如前代，忠君即忠於天下。東漢名士直接介入國家公共生活之中。

兩漢時期文人士夫是國家政治的主導力量，在東漢末期以前，文人士夫大多通過道德、學術的聲名與學問（所謂「經明行修」）進入政府，直接參政議政。並且利用自己的聲名與地位操縱鄉論、主持選舉。在國家政治生活中發生著實際的影響。東漢時最有名的人物批評家是郭泰、許劭，「天下言拔士者咸推許郭。」許劭與從兄許靖在汝南對鄉黨人

72 鄧子琴：《中國風俗史》，頁一三—一四。
73 《後漢書・卷四十三・朱穆傳》、《後漢書・卷八十二・樊英傳》論「漢世之所謂名士者，其風流可知矣。雖弛張趨舍，時有未純，于刻情修容，依倚道藝，以就其聲價，非所能通物方，弘時務也。」頁二七二四。

物是每月一評，俗稱「月旦評」。[74]他們對人物的品評直接關係到人才的選拔。因為在以儒家禮教治國的時代，人的品行是第一考慮要素，而人在出仕之前的道德實踐只能在家族與鄉里的活動中體現，所以宗族鄉黨的評論即「鄉論」非常重要。而主持鄉論的就是許劭這樣的名士。[75]

但是也有一批賢士，採取與政府疏離的政策，在地方薦舉甚至公府辟舉中他們並不就職，而且這種現象在東漢中期之後逾來逾多，如賀純「十辟公府，三舉賢良方正，五征博士，四公車征，皆不就。」[76]東漢人這種辭退推舉的行為在當時為民間輿論所推許，反映了當時的一種社會觀念，人們無論是否應聘他都會因朝廷重視而獲得名譽，有可能最後需皇帝特別徵聘，落得更大的聲名。如張楷，「家貧無以為業，」常乘驢車到縣邑賣藥，州郡選舉他為茂才，授長陵令職，張不赴任，「隱居弘農山中，學者隨之，所居成市。」後五府連辟，舉賢良方正，仍不就。漢安元年（公元一四二年），漢順帝特下詔，說張楷「輕貴樂賤，竄跡幽藪，高志確然，獨拔群俗。」認為張之所以不赴任是地方官員「優賢不足」，因此要求州郡「以禮發遣」。[77]由此可見，當時的士人是在以曲求伸。他們希望以自己的德行引起社會更大的重視。

東漢末年，王室腐敗，宦官專權，從而引發了一系列社會政治問題。首先，宦官勢力左右朝政，引起了在朝士人的強烈不滿。文人士夫為了社稷利益與樹立名節的需要，在不與宦官勢力合作的同時，對腐敗專斷的政府進行了激烈的批評。「逮桓、靈之間，主荒政繆，國命委於閹寺，士子羞與為伍，故匹夫抗憤，處士橫議，遂乃激揚名聲，互相題拂，品核公卿，裁量執政，悻直之風，於斯甚矣。」[78]在與宦官及外戚勢力的鬥爭中，形成了在野的民間士人與在朝名士之間互相聲援的批評力量，他們自立於政府之外，利用講學及其他手段「品核公卿，裁量執政」，引導、推動社會輿

74 《後漢書．卷六十八．許劭傳》記許氏兄弟「俱有高名，好共核論鄉黨人物，每月輒更其品題，故汝南俗有月旦評焉。」頁二二三五。
75 參看唐長孺：《魏晉南北朝隋唐史三論》，頁四二。
76 《後漢書．卷六十三．李固傳》注解引謝承書．頁二〇八二。
77 《後漢書．卷三十六．張霸附張楷傳》，頁一二四三。
78 《後漢書．卷六十七．黨錮傳序》，頁二一八五。

論，形成了一股強健的「清議」風氣。其次，宦官擅權還阻斷了一般士人的晉升之路。在人才選拔上，漢朝向以征辟、察舉為入仕的兩種途徑，但宦官把持政權後，任人唯親，「非其子弟，即其親知。」出現「釋賢取愚」的惡劣結果。[79]因此給本為政府後備人才的太學諸生造成了入仕的困難，諸生不能按正常途徑進入仕途，意味著滿懷政治熱情的太學生被無情地剝奪了參政的權利，他們自然會產生強烈的反抗情緒，也就很容易成為一種社會批判的中堅力量。於是在東漢末年的政治格局中出現了執政與非執政、官方與民間、中央與地方的緊張對立。桓帝延熹九年（公元一六六年），因名士河南尹李膺處死了犯罪的宦官張成，宦官集團惱怒，張成弟子牢修誣告李膺「養太學遊士，交結諸生徒，更相驅馳，共為部黨，誹訕朝廷，疑亂風俗。」於是天子震怒，頒令全國，逮捕黨人，並佈告天下。這是有名的黨錮之禍。但文人士夫並沒有屈服，反而共相標榜，以「天下名士」為榮譽。推出了一批俊傑人望，如一世所宗的「三君」，人之英「八俊」，德之引人的「八顧」等等，李膺、陳蕃、王暢尤為人傑。當時太學傳言「天下模楷李元禮，不畏強禦陳仲舉，天下俊秀王叔茂。」這些名士不避權貴，勇於直言，在社會上有著很強的影響力；史稱：他們「並危言高論，不隱豪強。由公卿以下，莫不畏其貶議。」[80]但挾持皇帝的宦官利用手中的權力採取了更為嚴厲的手段，大興黨獄，最終將敢於發言的文人士夫黨人死徙廢禁者六七百人。幾年之後，宦官又利用靈帝下詔，將黨人門生故吏，父子兄弟在位者一律免官禁錮，黨禍遍及全國。通過兩次大規模的黨獄，最終將敢於發言的文人士夫扼殺殆盡。「在朝者以正議嬰戮，謝事者以黨錮致災。」從此正直廢放，邪枉當道，社會風氣為之改變，人們不再以德行學問為本，專以趨勢交遊為務。[81]人們對民族國家公共生活的興趣大為衰減，關乎世事民情的清議流為虛名無實的清談。正如著名史學家翦伯贊先生所說，「當時有氣節的知識分子幾無遺類，中國的文化也為之凋殘。」[82]

79 趙翼：《廿二史劄記・卷五・宦官之害民》。
80 《後漢書・卷六十七・黨錮傳序》，頁二一八六—二一八七。
81 《三國志・魏志・董昭傳》。
82 翦伯贊：《中國史綱・第二卷　秦漢史》（上海大孚出版公司，一九四七年），頁六〇二。

（2）六朝私人空間的顯著擴張

在東漢末年錮人禁言的殘酷打擊之下，氣節之士凋零，文人士夫開始從公共生活中退隱，由此產生了兩個新的變化趨向，一是儒生從經術干祿的故途轉向民間私人講學與研修，學術發展擺脫了作為國家意識形態所帶來思想局限，向更廣更深的層次擴展；一是人們已開始放棄群體認同互相標榜的方式，轉而尋求「一種更個人性的獨立與自由的精神境界。」[83]伴隨著東漢帝國的崩潰，已經朽敗的儒學體系更加支離破碎，魏晉以後失去儒學束縛的人們自覺地實踐著上述兩方面的內容。精神信念的變化與現實的苦難改變了人們的生活態度，人們不再有激揚聲名的政治熱情，從處士橫議轉向清談老莊，從品核公卿治政德行轉向品味個人才情風神，從關心國家朝政大事轉向關心個人的感官享受，因此注重社會等級身分的名教，自然成為必需去除的束縛，人們要求「去自拘束之累」（東晉・張湛語），「越名教而任自然」（嵇康語）。對過分道德化的儒學精神的逆反在當時成為一種普遍的社會趨勢，社會上層如曹操選拔人才「唯才是舉」，即使不仁不孝，只要有治國用兵之術，亦「得而用之」。[84]魏晉文人士夫中常有「蔑棄典文，不遵禮度」之人。[85]何晏、阮籍「口談玄虛，不遵禮法。」王衍之徒「不以物務自嬰，」犯禮逾制蔚成風氣，因此名教的捍衛者「深患時俗放蕩，不遵儒術。」[86]但亦無可如何。南朝社會繼續向著「任情適性」的方向發展，正如東晉士人張湛所論：「故當生之所樂者，厚味美服、好色音聲而已耳。而複不能肆性情之所安，耳目之所娛，以仁義為關鍵，用禮教為衿帶，自枯槁于當年，求余名於後世者，是不達乎生生之趣也。」（列子注・楊朱篇注）張湛直白地表露了當時士人的一般心態；而號稱「江東步兵」的張季鷹（張翰）在有人問他：您縱適一時，難道就不考慮留名於世？張答：「使我有身後名，不如即時一杯酒。」（《世說・任誕》）二張的這種放棄遠大人生理想，把握現實生活的人生態度，是南朝社會普遍看重生活質

83 葛兆光：〈七世紀前中國的知識、思想與信仰世界〉，《中國思想史》第一卷（復旦大學出版社，一九九八年），頁四三七。
84 《三國志・卷一魏武帝紀》，頁三二。
85 《晉書・卷七十五》范汪子范寧傳中論王弼、何晏之罪・頁一九八四。
86 《晉書・卷三十五・裴頠傳》，頁一〇四四。

量的心理動因。在社會動盪，戰禍連綿，生命有如朝露的時代，人們對生命意義的認識要比和平安定時代人深刻得多，珍視生活，品味生活成為人們追尋的目標，我們從前述六朝人的物質生活情形中就可直接感受到這一點。

六朝私人空間擴張具體有如下三種表現：

（1）重家室個人，輕君國天下。兩漢士人憂心國事，前仆後繼，「往車雖折，而來軫方遒。」[87]魏晉以後，政入私門，國士不以國事為重，「乃以趨勢遊利為先。」[88]結黨營私，取士用人，專注於私情私利，門閥世族當政者以朝政為家務，信用私人，南朝社會是典型的家族統治，從朝官到鎮守地方的刺史大都是皇族成員，所謂「上品無寒門，下品無勢族。」[89]既然國事為私人包攬，那麼游離於政事之外的名士大姓就無需關心國事，「經世致用至此轉化為逍遙抱一」（湯用彤語[90]）他們或「獨學弗肯養眾」，或清談交遊，或追逐個人享樂，出現「蔑禮法而崇放達，視主之顛危若路人」[91]的政治冷漠。而鄉村社會亦隨著禮教秩序的破壞，有著較強教化意味的里社行政組織已開始演變為民眾自願自主組織的村社，村社生活向民間化、私人化發展。[92]南朝鄉村的歲時生活就體現了這一變化，如社日，四鄰結合為社，開展社祀活動，沒有了里正主持的行政色彩。南朝人雖不盡忠但很盡孝，十分在意家庭孝道，在社交往來中注重家諱，太保王弘熟悉《百家譜》「弘日對千客，不犯一人之諱。」[93]王因此為人讚譽。觸犯名諱是人之大忌，蕭琛與梁武帝是老交情，

87 《後漢書・卷六十一・左周黃列傳論》，頁二〇四三。
88 《三國志・卷十四・董昭傳》。
89 《晉書・卷四十五・劉毅傳》，頁一二七四。
90 湯用彤：〈魏晉玄學與文學理論〉，見《中國哲學史研究》，（一九八〇年），頁一。
91 顧炎武：《日知錄・卷十三》。
92 參看齊濤：《魏晉隋唐鄉村社會研究》（濟南：山東人民出版社，一九九五年），頁四七—四八。
93 《南史・卷五十九・王僧孺傳》，頁一四六二。

一次偶犯武帝偏諱，武帝馬上變了臉色，琛說陛下不應如此在意，武帝說「各有家風。」[94]可見南朝人家族觀念的濃厚。與盡孝相關的是對喪事的重視，從皇室到平民如遭重喪無不痛悼，如昭明太子母喪不食，會稽郭原平「傭賃養母」，母親去世「毀脊彌甚」。[95]南朝人重視親情，如果說南朝人重喪的話，更準確地說是他們重視對亡故親人感情表達。顏之推說：「江南凡遭重喪，若相知者，同在城邑，三日不弔則絕之；除喪，雖相遇則避之，怨其不己憫也。」就是說在遭喪事哀痛時，人們不即時前來弔唁，主要不是禮儀問題，而是說缺乏同情心。南朝人的感情敏感而細膩，不僅死別如此，生離亦然。「江南餞送，下泣言離。」與北方風俗大不相同，「北間風俗，不屑此事，歧路分離，歡笑分首。」[96]

（2）重簡捷適意，輕名教禮法。漢末動亂之後，傳統的禮法秩序崩解，人們以方便簡易為原則，對傳統禮儀程序進行簡化，並不嚴格遵循一定之規。傳統的婚禮一般要行「周公六禮」，即經過六道禮儀程序才能完婚，這六道程序是納采、問名、納吉、納徵、請期、親迎。魏晉以後，婚禮程序大為簡化，當時有拜時婦、三日婦之說。拜時婦是因遇吉時或新年，將女子接來拜見舅姑，表示成禮。事畢，女子再回娘家，以後可以隨時迎娶。即使遇到喪期，也可照常迎娶。這樣就無形地突破了居喪不婚的禮制。三日婦是因喪亂的原因，男女同住幾日後，雖未見舅姑，亦算成禮。[97]上述兩種婚姻形式都省去了六禮的繁瑣程序，唐人杜佑認為捨棄六禮，簡易成婚，是「隳政教之大方，成容易之弊法。」[98]但這種婚俗在當時流行，連「知禮達識」的王肅、張華等人也不以為非。杜佑對此感到費解，其實這也是合乎現實的選擇，在當時動盪的環境下，人們不可能繁文縟節，只要能保證家嗣的傳衍，其他可以不去計較。規範的禮制只有在太平社會才具有現實意

94 《南史·卷十八·蕭琛傳》。世說新語中亦記有不少觸犯家諱的故事，可見當時是重視祖先名諱的。
95 《南史·卷七十二·孝義傳上》，頁一八〇一。
96 顏氏家訓·卷第二·風操第六
97 鄧子琴：《中國風俗史》，頁六七—六八。
98 杜佑：《通典·五十九·議婚禮事》。

義。不僅婚姻程序簡化，就是夫妻關係亦隨意、不拘禮法。東漢是夫尊妻卑，妻對夫應舉案齊眉，夫對妻則有七去之法。[99]班昭《女誡》宣稱「夫有再嫁之義，女無二適之文。」婦女在家庭中的地位是低下的。但魏晉以後婦女較少禮法局限，夫妻關係親昵隨意，上層女性尤為主動。《世說新語》曾記下這樣一則故事：王安豐（戎）婦常稱安豐為卿，安豐覺得不太合適，因為卿一般是君王對臣下、長者對晚輩的禮稱，因此，安豐說：「婦人卿壻，於禮為不敬，後勿複爾！」安豐婦卻有自己的道理，她振振有辭：「親卿，愛卿，是以卿卿；我不卿卿，誰當卿卿？」名士王戎自然通達，「遂恒聽之」（《惑溺》第三十五）。當時女子妒風甚盛，宋明帝曾讓人作《妒婦記》。這種妒風也反映了婦人保護自身的要求。南朝的喪禮亦尚簡易，社會上下多各以己意行之，「時人間喪事多不遵禮，朝終夕殯，相尚以速。」[100]喪葬之禮從速從簡，成為風尚，「衣衾棺槨，以速為榮。」致使官員上書皇帝呼籲「請自今士庶宜悉依古，三日大斂，如其不奉，加以糾繩。」民間禮儀需要政府干預，可見當時喪儀的移易。一些士人還預先安排自己的後事，以合乎自己生前的情性。劉宋時的張融在病重時遺令：不設祭，讓人拿著麈尾上屋招魂。並特別吩咐「吾生平所善，自當凌雲一笑。三千買棺，無制新衾。左手執《孝經》、《老子》，右手執小品《法華經》。妾二人哀事畢，各遣還家。」[101]劉杳臨終遺命：死後喪事從簡，「隨得一地，容棺而已。」不設靈筵及祭奠。其子遵行。[102]諸如此類的事例，屢見於《南史》，隨意簡約成為當時喪葬習俗的突出特徵。

（3）重個體情味，輕公共關懷。修身齊家治國平天下是傳統社會士大夫的人格理想，兩漢士人以此為標榜，東漢末年雖然士人大多失之於狂狷，但其有著強烈的家國情懷。可是，在專斷政府的政治高壓下士人的政治

99 七去之法是：不順父母者，去；無子，去；淫，去；妒，去；有惡疾，去；口舌，去；盜劫，去。樂府・焦仲卿妻詩・所記之事，即此。
100 《南史・卷第六十・徐勉傳》，頁一四七九。
101 《南史・卷三十二・張邵傳》，頁八三七。
102 《南史・卷四十九・劉杳傳》，頁一二二四。

信念被國家暴力所揉碎；在無情的現實面前，六朝人半是無奈半是自願地退出公共生活，他們不再注目於政治，熱衷於玄學清談，推崇老莊自然無為思想，注重的是個人對生活的品味、個人的情感體驗、個人的情志發舒，達到「無避無應，盡用其情」的目的。因而六朝人拋棄了政治情結，脫去禮法的束縛，淡漠於公共關懷，[103]由社會返回自然，人們各自尋找著適合於自己趣味的生活方式，擴展著自己的私人空間。六朝人通過兩種方式回歸自然：一是以放縱性情的方式回到人性的自然，一是以優遊林下的方式回到山水清幽的物性自然。首先看第一種人，阮籍、劉伶為代表。阮籍本來想作一番事業，但在當時環境下，他為了保全自己，選擇了離開「世事」之路。《晉書》本傳說：「籍本有濟世志，屬魏晉之際，天下多故，名士少有全者，籍由是不與世事，酣飲為常。」阮籍一改前代名士清議的習慣，清談玄遠，不評論時事，不臧否人物，[104]終日縱酒求樂。劉伶亦不問世事，嗜酒如命，自述「天生劉伶，以酒為名。」他著《酒德頌》，稱讚「兀然而醉，豁爾而醒」的生活。有時劉伶「脫衣倮形」於室中，有人見了不以為然，他說：「我以天地為棟宇，以屋室為褌衣，諸君何為入我褌中。」劉伶以屋室之內為自己的隱秘空間，在這一空間內他擁有充分的自由，外人是不應該進入這一私人空間的，劉伶的這種私人觀念在當時有一定的代表性。沉溺於個人的情欲生活之中，自然不會再有社會責任感與公共關懷的意識。一如當時人所說：「酒，正使人人自遠。」[105]這是放浪形骸一類。其次是遁跡山林一類，以陶淵明、謝靈運為代表，他們遠離喧囂的塵世，面對的是無言的山水，在靜謐的自然中體味生活的情趣。陶淵明的隱居生活自得適意，「采菊東籬下，悠然見南山。」謝靈運亦樂在山水之間，他在《山居賦》中說，「仰前哲之遺訓，俯性情之所便，……謝平生于知遊，棲清廣於山川。」以自

103 《晉書・卷九十一・儒林傳序》說：「有晉始自中朝，迄于江左，莫不崇飾華競，祖述虛玄，擯闕里之典經，習正始之餘論，指禮法為流俗，目縱誕以清高。遂使憲章馳廢，名教頹毀。」頁二三四六。

104 《世說新語・德行篇》注引《魏氏春秋》晉文王說：「天下之至慎者，其唯阮嗣宗乎！每與之言，言及玄遠，而未嘗評論時事，臧否人物。」

105 《世說新語・任誕第二十三》。

然為鄰、以山水為友，體現了南朝人避世隱逸的生活情趣。「性愛山水」的蕭子顯，在追憶平生時說，每當他登高目極，臨水送歸，見風動春朝，月明秋夜，早雁初鶯，開花落葉等情景時總是情滿於懷，不能自已。所以他深有感觸地說，「雖在名無成，求心已足。」[106]上述兩種退隱方式，在魏晉時是無奈的選擇，但到了南朝時代，人們因沉溺已久，將其視作自然而然的生活方式，喝酒並不為消愁，喝酒是為了快活，當時把痛飲稱為「酣暢」。[107]如袁粲雖「位任隆重，」但他依然保持著「愛好虛遠」的稟性，不以公務為念，「獨步園林，詩酒自適。」家居，也是「杖策逍遙，當其意得，悠然忘返。」[108]南朝士人情系山水，為了朝暮欣賞，有的即山為舍，有的在私人庭院內模山范水，私修園林不僅說明世族生活的奢華，同時它亦表明了園主的情趣與公共社會分隔的意識。除縱酒、逍遙山水之間外，六朝人還喜歡清談調侃，圍棋盤馬，賭博等。關注個體的情味，是南朝民眾生活的突出表現。在前述物質生活方面也有較多的說明。

公共空間與私人空間的區別為傳統社會人們的進與退、仕與隱提供了方便法門，六朝社會私人空間擴張，私人感受替代了禮法制度，個體情趣淹沒了公共關懷，人們將生活的重心轉向了家庭，家庭成為人們身心的依託，與家有關的民俗活動較前代活躍，愛戀家鄉成為士民普遍具有的情結。這種生活態度的變化是宗懍注意描述故土家族生活的精神動因。

（三）民眾信仰多元化

魏晉南北朝時期是中國歷史上的特殊時段，民眾精神生活發生了重要變化。伴隨著秦漢帝國的崩潰，附麗於帝國政權的儒家思想體系亦因之瓦解，人們擺脫了禮教的束縛，社會風俗發生了巨大的改變，所謂「時俗放蕩，不尊儒術。」社會上下普遍具有不同程度的精神生活自由，因此信仰的多元選擇成為可能。而當時的歷史情境是令人憂傷的，長期的

106 《南史・卷四十二・蕭子顯傳》，頁一〇七三。
107 參看蕭艾：《世說探幽》（長沙：湖南出版社，一九九二年），頁二三四。
108 《南史・卷二十六・袁粲傳》，頁七〇四。

分裂戰亂，使人們在顛沛流離中飽嘗生活的艱辛，體味到生命的脆弱，人們常常發出生命有如「朝露」的歎息。[109]失去精神支撐的六朝人或縱酒狂放、或離群索居，人們普遍感到人世的無助與前途的迷茫，在心靈的煎熬中，人們渴望得到安撫與慰藉，而道、佛二教的興起與傳入猶如甘露滋潤著民眾那久已乾涸的心田，無法面對現實苦難的人們，終於有了精神的出路。在東漢時期已經出現的道、佛二教，這時獲得了全面發展的歷史機緣。正如一位佛教學者所說：「從歷史發展的角度來說，那個時期並不是佛教文化影響中國歷史局面的轉變，實在是因為政治的轉變，和戰爭的影響，使佛教文化變成那個時期中國人的應時禮品。」[110]從魏晉南北朝之後中國民眾的精神生活有多樣而複雜的形態。

（1）佛教信仰

魏晉南北朝時期佛教得到廣泛傳播，佛教信仰成為社會的主導信仰。佛教認為人生是苦，只有脫離肉身狀態，人的靈魂才能從苦海中昇華出來，進入極樂世界。佛教的來世說與天堂說對處在亂離格局下的人們來說無疑是一劑清涼方，飽受苦難的人們對於虛幻的來世抱著切實的期待，佛教因之廣為流行。

魏晉南北朝時期佛教風行大江南北，從佛教流傳的具體情況看，南北佛教有著不同的際遇與風格：北方佛教重視宗教行為，注意心性的清修，與儒家的心性之學接近。北方少數民族統治者為了標榜儒、道，經常排抑佛教。南方佛教注重義理探討，迎合了南朝士人的玄學口味，僧人與士人一拍即合，「便形成了遁世而逃入佛法的風氣。」（南懷瑾語）佛教在南朝一帆風順，一度還被宣布為「國教」。在統治者的提倡與扶植之下，佛教成為南朝社會的重要宗教力量，梁朝襄陽郭祖深在給梁武帝上疏中指出：「都下佛寺五百餘所，窮極宏麗，僧尼十餘萬，資產豐沃。所在郡縣，不可勝言。道人又有白徒，尼則皆蓄養女，皆不貫人籍，天下戶口幾亡其半。」[111]梁朝寺廟情況有人作了專門考證，「梁世合

---

109 《太平御覽・卷八百四十六・飲食部四》引《魏書・夏侯道遷傳》曰：「（夏侯道遷長子）史與南人辛諶、庾遵、江文遙等，終日遊聚。酣飲之際恒相謂曰：『人生局促，何殊朝露？坐上相看，先後間耳。』」

110 南懷瑾：《中國佛教發展史略》（上海：復旦大學出版社，一九九六年），頁七四。

111 《南史・卷七十・郭祖深傳》，頁一七二二。

寺二千八百四十六，南都下乃有七百餘寺。」[112]一個寺廟就是一個信仰的集中點與傳播點，由寺廟的數量可知佛教在南朝影響廣泛與深入，佛教信仰成為南朝人的精神生活的重要組成部分。

從社會上層看，名士世家乃至帝王大多信奉佛教。當時許多朝野名士與佛教結下不解之緣，名士與僧人在談空說無中有許多共同的話題與理趣。佛教信仰豐富了士人的精神世界，甚至改變了他們的人生態度。他們看淡了現世功業，注重佛性的修持與佛理的討論。如謝靈運等人對《涅槃經》的研習與整理，蕭子良等人對《成實論》的討論整理，奠定了南朝佛教的理論特色。南朝士人在與僧人討論佛教教義時，儘量調和儒佛道，陳人徐孝克與諸僧討論釋典，「遂通三論」，每天講學兩次，「旦講佛經，晚講禮傳，」聽眾廣泛，「道俗受業者數百人。」[113]當時較明顯的取向是援儒道入佛，使佛教文化融入中國文化背景之中。梁武帝是南朝最崇奉佛教的皇帝，他倡導「三教同源」說，認為儒佛道三教之間理論上可以互相貫通，實踐上可以相互為用。梁武帝雖然有時將孔子、老子、釋迦牟尼總稱為「三聖」，提倡儒家孝道，親自注解、講授儒家典籍，尤其重視《孝經》，認為對父母盡孝和祭祀祖宗神鬼等是人的善性，也是成佛的基本方法和途徑。但他更推崇佛教，他說儒道二家同源於佛教，佛教居主體地位。梁武帝根據佛教信仰，禁殺眾生，作《斷酒肉文》，不僅自己「日止一食，膳無鮮腴，惟豆羹糲飯而已。」[114]而且下令改革自周秦以來的祭祀制度。他強調佛教「去殺」之義，「於是祈告天地宗廟，以去殺之理，欲被之含識。郊廟牲牷，皆代以面。」宗廟大祭，向用三牲，如果棄牲牢不用，在一般人看來這就意味著「不復血食」，也就是說，棄絕了祖先。當時朝野譁然，梁武帝堅執己意，「雖公卿異議，朝野喧囂，竟不從。」[115]其後宗廟祭祀供品用麵食與時令蔬菜果品，史稱：「自是訖於台城破，諸廟遂不血食。」[116]在梁武帝之前，宋文帝、齊武帝都崇奉佛教，齊武帝已開始改變祭祀使用犧牲的做法，他在病重時下詔說：

112 據沈曾植《南朝寺考序》引《釋迦氏譜》。參看張成宗等主編：《六朝史》（南京：江蘇古籍出版社，一九九一年），頁九九。
113 《南史・卷六十二・徐摛附徐孝克傳》，頁一五三七。
114 《南史・卷七・梁本紀中》，頁二二三。
115 《南史・卷六・梁本紀上》，頁一九六。
116 《隋書・禮儀志二》，頁一三四。

「祭敬之典，本在因心，靈上慎勿以牲為祭。祭惟設餅、茶炊、乾飯、酒脯而已。天下貴賤鹹同此制。」齊梁帝王對祭儀的改革在當時是一個很大的舉措，對南朝社會生活產生了較大影響。南朝士人受佛教影響，在對喪事的安排上顯示出通達灑脫的態度，死不再是可怕的事情，它只是新的輪迴的開始。劉宋張融病卒，臨終遺言，「吾生平所善，自當淩雲一笑。三千買棺，無制新衿。左手執《孝經》、《老子》，右手執小品《法華經》。妾二人哀事畢，各遣還家。」[117]他們亦貫徹著「去殺」之義，祭儀儉樸，重在心敬。姚察遺命薄葬，「不須立靈，置一小床，每日設清水，六齋日設齋食菜果，任家有無，不須別經營也。」[118]由南朝入北朝的顏之推亦立下遺囑，「朔望祥禫，唯下白粥清水幹棗，不得有酒肉餅果之祭。」並提及七月半盂蘭盆事。[119]由此可見佛教信仰已深入人生儀禮之中。

在帝王倡導之下，佛教挾政治優勢迅即傳播開來，普通百姓亦無不受其薰染，「於是人人贊善，莫不從風。或刺血灑地，或刺血書經，穿心燃燈，坐禪不食。」[120]南朝時期，佛教信仰已深入鄉村坊市，並成為民眾生活的有機組成部分。佛教在社會基層的傳播與在上層不同，它不需要講高深的教義，只要靈驗的法術與淺顯的道理。因此僧人在宣講佛法時通常以上天堂或下地獄及因果報應等引誘或脅迫百姓，正如僧人慧琳在《黑白論》中所說「敘地獄則民懼其罪，敷天堂則物歡其福。」面對現實生活的苦難，人們渴望得到精神的解脫，佛教的命定說與輪迴說，給人們提供了解釋與希望。如顏之推所記：「今人貧賤疾苦，莫不怨尤前世不修功業。」[121]因此佛教在南朝、北朝贏得了大批信眾。南朝佛教的流傳區域主要集中在長江的下、中、上游三個地區，江東、荊州、成都是南朝僧尼的主要活動基地。[122]江東的建康

117 《南史・卷三十二・張邵附傳》，頁八三七。
118 《南史・第六十九・姚察傳》，頁一六九一。
119 《顏氏家訓・卷第七・終制第二十》。
120 《南史・卷七・梁本紀中》，頁二二五。
121 《顏氏家訓・卷第五・歸心十六》。
122 周振鶴等《中國歷史文化區域研究・第二編》從僧人分布密度的角度對魏晉南北朝時期佛教文化區域進行了討論，因而得出了令人信服的結論。

是南朝的首都，亦是佛教活動的中心城市，劉宋時建康僧尼眾多，如法師慧靜「每法輪一轉，輒負帙千人。」[123]梁朝由於武帝的倡導，寺廟林立、僧尼數目大超宋代，僅法師慧約「弟子著籍者四萬八千人」[124]。梁武帝常舉行大規模的講經會，一次聽經的僧俗人數就達三十一萬九千六百四十二人。[125]荊州為南朝西部重鎮，地當南北交通要道，南方佛教與北方佛教於此交匯，因此該地佛法十分興盛，出了不少名寺名僧。在南北朝之初，佛家即有「荊楚之民，回邪歸正者十有其半」的說法。[126]梁元帝定都江陵時「僧眾奏集千餘人」[127]。可見荊州佛徒的眾多。襄陽是北方佛教南傳的重要基地。東晉時期，佛圖澄弟子釋道安為播揚佛法，在南陽分張徒眾，他命弟子竺法汰、曇壹、曇貳等四十多人東下建康，自率慧遠、慧持、慧永等徒眾南下襄陽，道安在襄陽整理佛經，講授佛法，造塔鑄像，佛事活動開展得有聲有色。襄陽名士習鑿齒對道安推崇備至，他在給謝安的信中說：道安「師徒數百，齋講不倦。」[128]道安在襄陽傳法十五年之久，直到苻堅攻破襄陽道安被俘往長安為止。在襄陽淪陷前，道安又分徒眾，慧遠等人南下廬山等地。開闢了長江中游新的傳教基地。道安在襄陽留下了深遠的影響，劉宋時襄陽僧徒眾多，元嘉初雍州刺史劉粹為「簡役愛民」，在襄陽、新野二郡一次「罷諸沙門二千餘人」以供吏役。由此可見襄陽一帶佛教的規模。成都是長江上游佛教活動的中心，北周僧崖在成都燒身，「道俗十餘萬擁輿而哭。」[129]成都佛教信仰盛況可見一斑。當時佛教僧徒不僅在城市廣立寺廟，講經說法，而且深入鄉村，傳揚佛教。在鄉村，人們不在意佛理如何，只看它能否驅邪祈福，僧人也正以驅邪法術顯示佛法的威嚴，以贏得信眾。據《高僧傳》記載，晉義熙中，新陽縣鬧虎災，每天晚上都有一兩個人喪身虎口，因此村民很早就閉

123 釋慧皎：《高僧傳・卷七・慧靜傳》（中華書局，一九九二年），頁二七〇。
124 《續高僧傳・卷六・慧約傳》。
125 《廣弘明集・卷十九》。
126 《高僧傳・卷七・慧觀傳》。
127 《續高僧傳・卷十・法京傳》。
128 引自羅弘曾：《魏晉南北朝文化史》（成都：四川人民出版社，一九八八年），頁一六五。
129 《續高僧傳・卷二十五》。

門安歇。僧人釋法安行遊至此，暮宿村中社樹之下。清晨，「村人追虎至樹，見安大驚。謂是神人，遂傳之一縣，士庶宗慕，虎災由是而息。」釋法安偶然的歷險，為佛教的傳播提供了神祕的助力，村人「因改神廟，留安立寺，左右田園皆舍為眾業。」（卷第六）這則故事生動地描述了佛教如何在鄉村取代傳統神祀的過程，村民以傳統的心態接納佛教信仰。還有僧人自稱能「使鬼治病，令婦人多子。」[130]佛經亦具有神祕的靈力，《法苑珠林》稱晉人董吉「奉法三世」，常齋戒誦《首楞嚴經》，拯救村人疾病，「村人有病，輒請吉讀經。」並降伏山中妖魅（卷十八）。佛教在村落生活中與巫道一樣成為一種有著實際功用的民俗信仰，六朝民眾對佛教採取的是接受態度。在民眾的歲時節日體系中已融入佛教因素，如四月八的浴佛節、七月半的盂蘭盆會都是六朝時興起的佛事節日，其他傳統節日中也有佛教的影響，如荊楚臘日，村人戴胡頭，扮金剛力士作驅儺儀式。佛教信仰已深入民眾日常生活之中。

六朝時期佛教全面進入中國社會，無論是宮廷貴族，還是鄉野庶民，大到宗廟祭祀，小至個人名號，無不受到佛教影響。正如一位研究者所說「佛教不僅對上層社會產生深刻影響，對底層社會也有潛移默化之功，無論民風、民俗、生活方式、思維方式，無不受其薰染。」[131]從此以後佛教成為中國民眾精神生活的重要內容。

（2）道教信仰

道教是中國本土宗教，它是先秦黃老思想與神仙方伎的糅合。道教以人為中心，注重現實生活。佛教說人生是苦，追求西方極樂淨土的超生境界，道教的最高目標是在現世得道成仙。東晉釋道安在《二教論》中說，「佛法以有生為空幻，故忘身以濟物；道法以吾我為真實，故服餌以養生。」道教的現世追求，體現了中國傳統文化的實用特性。

道教創立於東漢後期，它的出現與東漢末年的社會危機有關，兩次大規模的「黨錮之禍」後，文士書生覺得世事已不可為，相繼退隱山林，求仙學道。創教人張道陵本為太學諸生，博通五經，晚年入山修道，在巴蜀地區創立「五斗米

130 呂思勉《兩晉南北朝史》記述宋初沙門曇無讖事（上海古籍出版社，一九八三年），頁三七四。
131 馬西沙・韓秉方：《中國民間宗教史》（上海人民出版社，一九九二年），頁三六。

道」，自任教主，稱為天師，其後張家世傳天師職位。但道教在開始只是地方群眾自治互助的組織，影響範圍有限。魏晉之際，道教隨著人口的流徙向全國擴布，道教中心亦由西南的巴蜀轉到東南的吳越，道教在江南得到迅速的發展。當時有不少世家大族信服道教，據陳寅恪先生在《天師道與濱海地域的關係》一文中考證，琅琊王氏、高平郗氏、陳郡謝氏、會稽孔氏、吳郡杜氏、義興周氏、吳興沈氏、以及丹陽地區的葛氏、許氏和陶氏等都信奉五斗米道。[132]他們世代信教，而且十分虔誠。謝靈運幼時，謝家為了他成長的安全，曾將他寄養在天師道的治所。而王凝之之死，是世族子弟沉迷道教的顯例。據《晉書・王羲之傳》記載，「羲之次子凝之，為會稽內史。王氏世事張氏五斗米道，凝之彌篤。」在孫恩攻打會稽時，他的佐吏請作戰備，「凝之不從，方入靜室請禱，出語諸將佐曰：『吾已請大道，許鬼兵相助，賊自破矣。』既不設備，遂為孫恩所害。」南朝宋時帝室、臣僚信奉道教者不少，如宋文帝諸子中多信道教，借道術爭權奪利；劉宋新安太守羊欣，「素好黃老，常手自書章，有病不服藥，飲符水而已。」[133]齊梁之後王家雖多崇信佛教，但對道教也並不排斥，齊明帝「潛信道術」[134]，梁武帝「弱年好事，先受道法，及即位，猶自上章，朝士受道者眾。」並且傳之地方，延之後世，「三吳及邊海之際，信之逾甚。陳武世居吳興，故亦奉焉。」[135]道教在南朝自由發展，並分出了許多道教門派，如葛洪開創金丹派，楊羲、許謐的上清派，陸修靜的靈寶派等。陶弘景是早期道教的集大成者，歷經宋、齊、梁三朝，梁朝時為梁武帝所信任，有「山中宰相」之稱。陶弘景兼通儒佛，他在整理道教神學體系時，注意吸收儒佛思想，對道教的神仙學說作了總結和改造，將人世的等級秩序引入道教，為道教建構了一套神仙譜系，從此神仙亦有了三六九等。並受佛教善惡、輪迴影響，認為世界有三層，「上則仙，中則人，下則鬼。」人處兩極之中，為善可上升為仙，作惡下降為鬼，仙謫或鬼福都可重新為人。「鬼法人，人法仙，循環往來，觸類相通，正是隱顯小小之隔

132 《金明館叢稿初編》，〈天師道與濱海地域之關係〉（上海古籍出版社，一九八〇年）。
133 《宋書・卷六十二・羊欣傳》，頁一六六二。
134 《南齊書・卷六・明帝紀》，頁八三。
135 《隋書・卷三十五・經籍志四》，頁一〇九三。

也。」（《真誥》）道教經此整理之後，宗教意識更為濃厚，宗教理論更為完備，加強了其教化色彩。在陶弘景之前，北魏道士寇謙之假太上老君之命，自任天師之職，「清整道教，除去三張偽法，租米錢稅，及男女合氣之術。」以儒家倫理思想整頓道教，「專以禮度為首」[136]。經寇謙之、陸修靜、陶弘景等人的大力整頓之後，南北道教從此具有了完備的宗教體系，成為與佛教抗衡的正式宗教。道教在北方還一度作為國教，勢力凌於佛教之上。

道教在南朝社會雖不如佛教那樣流行，但它在社會的上下層都有自己的信眾。如前所述，這種重視個人修煉的宗教，在南朝的退隱風氣中頗受文人士大夫的青睞，而文人士大夫的入教，又促成了道教內部改造，如葛洪、陸修靜、陶弘景等都是頗有素養的文士，他們依儒家傳統意識不斷地使道教純潔化。道教逐漸改變了早期的叛逆性格，成為純粹的社會宗教組織。當然這是就道教的主要發展情形而言，事實上道教驅邪捉鬼、符咒治病的原始形態，在民間社會一直流傳，這也是道士在下層社會的主要事務。就連以著《夷夏論》抨擊佛教聞名的道士顧歡亦在村中為人除病，「山陰白石村，多邪病，村人告訴求哀。歡往村中，為請老子，規地作獄。有頃，狐狸黿鼉，自入獄者甚多，即命殺之，病者皆愈。」[137]寇謙之在北方整肅道教，去除祭酒之號時，南朝道士仍以祭酒身分活躍於鄉村。宋人劉齡，居晉陵東路城村，本奉佛法，元嘉九年三月二十七日，父暴病身亡，「鄰家有道士祭酒，姓魏名叵，常為章符，誑化村里，語齡曰：『君家衰禍未已，由奉胡神故也。若事大道，必蒙福佑，不改意者，將來滅門。』齡遂揭延祭酒，罷不奉法。」當時參與其事的祭酒有二十來人，作法時「被發禹步，執持刀索」[138]。由此可見南朝鄉村道教的一般情形。道教信仰在六朝時已介入喪葬習俗之中，在陰宅地券中，常見與道教有關的文字內容，如晉元康元年李達墓地券，「今從天買地，從地買宅，東極甲乙，南極丙丁，西極庚辛，北極壬癸，中英（央）戊己，買地買宅，雇錢者三百，華巾三尺，任知者，東王公、

136 《魏書．釋老志》。
137 《南史．卷七十五．顧歡傳》，頁一八七五。
138 《法苑珠林．六十二》引《冥祥記》。

西王母，若後志宅，當詣東王公、西王母是了，如律令。」[139]東王公、西王母是道教神仙，如律令是道教常用的咒語。當時道教還西傳西域地區，一九六〇年在新疆魏晉南北朝墓葬中，發現一張道教符籙，這張符籙上繪有一位左手執大刀，右手握長叉的天神，符紙下端寫有咒文。咒文最後也是「急急如律令也」[140]在其他墓葬中也出土了有關道教的衣物符記。道教信仰在歲時節俗方面亦有著明顯的影響，魏晉南北朝時期節日時序的系統化顯然與道教信仰有著內在的關聯，主要節期確定在一、三、五、七、九等奇數月日上，這與道教的避忌觀念、祭祀活動有著明顯的配合關係。在節俗內容上也有著諸多道教因素，節日中驅邪的法術儀式，服食方法等，都帶有一定的道教色彩。如元日飲椒柏酒、屠蘇酒，食五辛盤，生吞雞子煉形，佩卻鬼丸等，[141]就典型地反映了當時道教修煉法術在節俗中的濃烈影響。

魏晉南北朝時期佛道二教風靡中國，佛道信仰影響到社會的各個層面，中國民眾生活出現了與前代顯著不同的變化，六朝人淡出公共生活領域，固然是因為儒家理想受到現實生活的抑制，但也不能不說是佛道的宗教意識使人們找到了個人身心的安頓之處。佛道的興起，不僅使民眾的精神生活空間得到有效的填充，同時也刺激了民眾固有的神靈觀念，民間巫教信仰也因之活躍。

（3）民間方神信仰

漢魏六朝時期，因歷史、社會的原因神靈信仰十分發達，除佛道二教外，自古相傳的鬼靈信仰獲得前所未有的發展。[142]誠如魯迅先生所說：「中國本信巫，秦漢以來，神仙之說甚行，漢末又大暢巫風，而鬼道愈熾；會小乘佛教亦入中土，漸見流傳。凡此皆張皇鬼神，稱道靈異。」[143]當時的歷史現實是社會分裂動盪，門閥世族壟斷政權，寒士庶民上

139 引自羅宗真：《六朝考古・第二章　墓葬遺物・第二節・地券》（江蘇：南京大學出版社，一九九四年）。
140 〈新疆吐魯番阿斯塔那北區墓葬發掘簡報〉稱在編號為三〇三墓門洞中發現此符，《文物》，第六期（一九六〇年）。
141 見周處《風土記》、宗懍《荊楚歲時記》。
142 《宋書・卷十七・禮志四》記魏文帝黃初五年（二二四年）十一月詔曰：「叔世衰亂，崇信巫史，至乃宮殿之內，戶牖之間，無不沃酹，甚矣其惑也。」
143 魯迅：《中國小說史略・第五篇・六朝之鬼神志怪書》（北京：東方出版社，一九九六年）。

升無望，[144]如左思所詠歎「世胄躡高位，英俊沉下僚。地勢使之然，由來非一朝。」（《詠史》）儒家的倫理思想在殘酷的社會現實面前顯得蒼白無力，因而儒學地位一落千丈，「自魏正始以後，更尚玄虛，公卿士庶，罕通經業。」晉末社會動亂，傳統儒學再受重創，「中原橫潰，衣冠道盡。」儒學一蹶不振。自東晉以迄宋齊，國學時開時閉，鄉里「莫或開館」，向以傳道授業為思想傳遞方式的儒學，這時格外蕭條，「朝廷大儒，獨學弗肯養眾，後生孤露，擁經無所講習。大道之鬱也久矣乎！」[145]儒學幾乎被社會遺忘，自然也就更談不上對社會精神的統馭力。雖然南朝後期帝王一再作出復興儒學的姿態，但並無實效。失去了思想權威的六朝社會，在精神上處於分裂而自由的狀態，人們既無依靠，也無束縛，因此這既給佛教、道教及民間信仰的興起準備了精神空間，同時也為民眾提供了自我撫慰的精神資源。

六朝控制的地區主要在江淮以南，即古代的楚越之地。荊州、揚州是六朝的中心地區。這一地區一直傳承著楚越巫覡文化傳統，《隋書．地理志》從民間信仰的角度記載六朝時期區域民俗表現：揚州「其俗信鬼神，好淫祀。」荊州「率敬鬼神，尤重祠祀之事。」西部的漢中地區也是「好事鬼神，尤多忌諱。」由此可知，六朝社會存在著濃厚的巫鬼信仰。這種巫鬼信仰不僅為佛道的傳播準備了心理基礎，並且佛道的鬼神理論張大了民間神靈世界，六朝民間推出了大量的地方神，包括山神、水神、植物神、動物神與人神等，其中人神最多，許多傳說人物、歷史人物及當代官吏，甚至普通百姓都被奉為神明，這在前代是少見的。顯然，六朝時期是中國神靈譜系的重要締造期，這一時期醞釀推出的具地方色彩的人神，很多傳之後世成為普遍性的神靈。人死為神源於原始的祖靈崇拜，人們對民眾生活作出重大貢獻者或特殊事件中的強有力者都心存敬意。這在因俗制禮的古代禮制中可以得到說明，《禮記．祭法》稱：「夫聖王之制祀也，法施於民則祀之，以死勤事則祀之，以勞定國則祀之，能禦大菑則祀之，能捍大患則祀之。」名人賢德，死則祀之的古風至漢轉甚，漢代無疑有不少人神，但記錄不足。六朝時期人神數量與性質又有新的發展，且大多被記錄下來。人神在漢魏以後的大量出現，顯然與道教的興起有關。如前節所述，道教認為世界有三重，人居天地之間，上有天神，下有地

144 《南史．卷五十．庾易附傳》稱：「近代用人，皆取甲族有才望者。」
145 《南史．卷七十一．儒林傳》，頁一七三〇。

鬼，人神鬼之間可以相互循環，循環的趨向依善惡的倫理原則為基準。人、神、鬼之間「觸類相通，正是隱顯小小之隔也。」人、神之間的相近相通，為人的神化提供了便利。因此在道教信仰的影響下，六朝將古已有之的人神祭祀推衍開來，無論是歷史上的賢臣、暴君、謀反者，還是當朝的官吏或社會底層的小民，都能成神，並顯示靈異。道教認為人神只有小小之隔，為六朝民間神的大量出現鋪平了道路，但什麼樣的人物成為神靈卻是歷史文化的選擇。六朝人神信仰具有明顯的新的歷史特點，它不以傳統的偉大、崇高為取捨標準，更重視歷史與當代的悲劇人物、反叛人物及弱者，這裡就顯現出六朝人思想情趣的變化。因此看似混亂的人神信仰，卻有著自己內在的歷史邏輯。

從當時人神類型的分析看，六朝人神信仰具有地方化、民間化、世俗化三個特點。

首先看地方化，地方化是相對於全國的普遍性而言，地方化是六朝民間信仰的首要特徵。六朝時期不僅在外部與北方分立，內部也因為政治經濟生活的家族化（門閥統治與莊園經濟）、社會生活的私人化及精神生活自主化的原因，六朝社會缺乏緊密的一體性的政治經濟文化聯繫。而地方居民大多聚族而居，家族社會與鄉里社會關係密切，因此家族的頭面人物，往往是地方的鄉賢前輩，他們一方面在與國家發生聯繫時維護地方與家族利益，另一方面注意發掘地方文化資源，以增強鄉族的凝聚力量。在這些家族權威與地方權威的影響之下，六朝民眾地方意識、鄉土觀念顯著增長。從正史、雜著中我們常能見到時人留戀鄉土的故事，如晉張翰自江南至洛陽，見秋風起，頓生故鄉之思，於是舍官南歸。[146]齊人丘巨源，少舉丹陽郡孝廉，後齊武帝任命他作武昌太守，他「不樂江外行」。武帝問之，巨源說：「古人雲，『甯飲建業水，不食武昌魚。』臣年已老，寧死建業。」[147]同樣荊楚人也不願意去江東，梁元帝時的遷都之爭在較大程度上是地方意識之爭。六朝時期還出現了一大批記述地方風土、鄉賢事蹟、世族譜牒的專門著作，如周處的《陽羨風土記》、蕭繹的《荊南地志》、吳均的《吳郡錢塘先賢傳》等。這些著作既是地方文化的張揚，也是鄉土情懷的表露。這方面的情況後面有專門論述，此不具論。民間方神的湧現，即是這種地方意識影響的結果。民眾對出身於本土的人物

146 《晉書·卷九十二·張翰傳》，頁二三八四。
147 《南史·卷七十二·文學傳》，頁一七七〇。

或在本地活動過的人物往往有一種天然的偏愛心理，德行高尚者如此，不符合傳統道德規範的人物同樣如此。屈原，楚國的忠臣義士，楚地百姓立廟祭祀。據劉敬叔《異苑》記：「長沙羅縣有屈原自投之川，山明水淨，異于常處。民為立廟。」並且在楚地還形成以紀念屈原為主題的節日，傳說屈原五月五日投汨羅，「楚大夫屈原遭讒不用，是日投汨羅江死，楚人哀之，乃以舟楫拯救。端陽競渡，乃遺俗也。」[148]雖然競渡是起源於古老的驅疫活動，但在六朝時卻與紀念屈原聯繫到一起，「使它具有歷史的和倫理的意義。」[149]在屈原身上凝聚了荊楚百姓的情感與希望。項羽號稱西楚霸王，率江東八千子弟西上滅秦，後在與漢王劉邦爭戰中兵敗自殺，是「力拔山兮氣蓋世」的悲劇人物。因此江東父老對項羽一直銘記於心，[150]梁吳興郡有項羽廟，「土民名為憤王，甚有靈驗。」於是在郡府公廳安設神位，「公私請禱」。[151]劉邦同樣受到故鄉人的崇敬，在徐州沛郡的蕭縣、沛縣等地都有漢高祖廟。[152]秦始皇在位時，他曾巡視過會稽，並為整頓會稽風氣，刻石昭告郡民。給會稽人留下了深刻印象，「會稽舊祀秦始皇，刻木為像，與夏禹同廟。」[153]歷史上的暴君與傳說中的聖王共受香火，可見地方百姓有著自己的歷史觀念。他們根據生活經驗看歷史，與本土有瓜葛的名人，總是受到善待。一如現實生活中的人情關係，沾親帶故者，自然親切。民眾的這種地方觀念可謂源遠流長。

其次，民間化。民間化是六朝時期與地方化緊密相關的信仰特徵，有時二者難分難解，這裡主要是就它與官方正統觀念的不一致甚或對立而言。六朝時期由於儒學的式微，傳統價值觀念動搖，社會精神分裂，社會上下層聯繫鬆弛，社會控制放鬆，民間思想因之興起，自然論、無君論流行一時。在這種社會精神狀態之下，民間信仰自然不會顧忌正統的

148 吳均：《續齊諧記》。
149 鐘敬文師：《話說民間文化》，〈節日與文化〉篇（北京：人民日報出版社，一九九〇年），頁五三—五六。
150 江東人敬重項氏還有一個重要原因，那就是，楚將項梁曾與其侄項羽「避仇與吳中」，「吳中賢士大夫皆出項梁下。」（《史記・項羽本紀》）。
151 《梁書・卷二十六・蕭琛傳》，劉宋時項羽在吳興已頗有影響，據《南史・卷二十七 孔靖傳》記「先是吳興頻喪太守，言項羽神為卞山王，居郡聽事，二千石常避之。」
152 《魏書・地形志中》，頁二五三九。
153 《三國志・魏書・王朗傳注》，頁四〇七。

評判，人們各行其是。如道士于吉在吳會傳教，「製作符水以治病，吳會人多事之。」吳主孫策覺得于吉危及自己的威權，不僅殺了于吉，而且懸首於市。但「諸事之者，尚不謂其死，而雲屍解焉，複祭祀求福。」[154]蘇峻是東晉的叛將，曾一度攻下首都建康，就是這樣的人物，在劉宋時還受到民間祭祀，並且位居唐堯廟內。[155]袁雙，東晉人，其父袁真隨桓溫北伐失利，桓溫歸罪於袁真，將其貶為庶人。袁真不滿，暗地結好於前秦苻堅等，為桓所殺，袁雙失蹤。太元中，袁雙顯靈於丹陽，求百姓為其立廟。當時丹陽正鬧虎災，百姓於是立廟祭祀袁雙，於是虎暴平息，此後「道俗常以二月晦鼓舞祈祠。」[156]南朝江淮以南虎災嚴重，當時人們認為虎暴是一種災異，《南史》對此頗多記述。人們為了生存的安寧，即使是叛臣之子，只要有靈，也照常奉祀。六朝時期名氣很大的蔣神，最初也是一個民間神。據《搜神記》載，蔣子文，東漢廣陵人，曾任秣陵縣尉，其人「嗜酒好色，佻達無度」，後戰死在鐘山之下。孫吳時期，疫災頻仍，民間盛傳蔣之靈異，百姓「頗有竊祀之者。」但在開始官方並不以為然，後因火災大發，「火及公宮」，吳主才同意冊封蔣神，立廟祭祀。蔣神由民間神擴大為官民共享之神，「百姓遂大祀之。」劉宋時期，蔣子文祠一度被廢，宋武帝劉裕下令：「蔣子文祠以下，普皆毀絕。」[157]但在武帝之後，蔣祠不僅恢復，而且加封為王。此後蔣神成為南朝的特殊的保護神。可見，民間信仰在中國傳統社會中經常面臨著兩種情況，要麼被視為淫祀，遭到禁止，要麼被改造利用成為官方正神。六朝時期，由於社會文化的原因，統治者對民間信仰一般採取利用的政策，因此神靈信仰在民間得到較為充分的發展。

最後，世俗化。人神信仰的世俗化是六朝神靈信仰的一個明顯的特徵。六朝時期，不僅歷史名人、當代官吏可以成為人神，一般平民甚至婢妾也能成為神靈，並且這些神靈與民間的日常生活有著緊密的聯繫。人與神，神與人之間的距離並不遙遠，人們與神靈有著密切的交往關係，六朝的人神大多是不遇於時的人物，很多人是非正常死亡，這些人神

154 《三國志・吳書・孫策傳注》引《江表傳》，頁一一一〇。
155 《南齊書・卷二十八・崔祖思傳》。
156 《太平廣記・卷二九四》引《異苑》。
157 《宋書・卷十七・禮志四》，頁四八八。

是苦難、憂憤的化身，生活多艱的底層的社會民眾認為他們有共同的不幸，他們同樣有追求美好生活的願望，因此平民百姓將他們的思想情感投射到這些神靈身上，從而推衍出一批出身低微的世俗神靈，並與民間節俗結合，確定了具體神靈紀念日，這是六朝信仰的新特點。紫姑，是後世流傳頗廣的女性神。據劉敬叔《異苑》記載，紫姑本是一家的小妾，後因不堪大婦虐待「感激而死」，六朝民間將她奉為神靈。荊楚地方在正月十五晚迎紫姑，「以卜將來蠶桑，並占眾事。」[158]丁姑，是六朝時期的另一位女神。幹寶在《搜神記》中記述了她的事蹟，丁姑本丹陽丁氏女，十六歲嫁給全椒謝家，婆母嚴酷，「使役有程，不如限者，仍便笞捶不可堪。」九月七日，丁氏自縊身亡。後顯靈民間，並讓巫祝代言，「念人家婦女，作息不倦，使避九月七日，勿用做事。」此後江南人皆呼丁氏為丁姑，以九月七日為休息日，丁姑受到人們「所在祠之」的待遇。丁姑的傳說與丁姑信仰的流行，反映了當時民眾對家庭倫理的關注及對濫用家長權威的不滿。人們已覺察到自己的處境，並對這種倫理秩序產生了一定程度的懷疑，但人們在現實生活中又無法顛覆或動搖傳統家庭倫理觀念，於是藉助神靈的威力，來實現心中的願望，傳說是神托巫祝代言，事實恰恰相反，是巫祝以神靈的名義，表達民眾的意見，並對不平等的現實生活作局部調整。誠如美國思想史家斯高特（Scott, James C.）所說，民眾的這種表達方式，是一種「手中無權的弱者的武器」和「農民日常抵抗的形式」[159]此外，由於當時生活條件的局限，現實生活中有諸多缺憾，人們在不幸與痛苦中，將希望寄託在神靈的佑護與賜福上。六朝時期，由於戰爭與疾病的頻繁發生，造成人口急遽減少，人們十分關心人口的繁衍與身體的健康。因此各地有不少賜子祛病的神靈。建康附近慈姥山的慈姥廟裡供有送子神，南齊的張敬兒曾到廟裡為妾祈子。[160]當時還有通神的女巫，梁彭城地方，曾有一年輕女子，居武窟山石室中，人呼為聖姑，「就求子往往有效，造者充滿山谷。」[161]豫章戴氏女同樣也是一為人療疾的女巫，並自設戴侯

---

158 宗懍：《荊楚歲時記》。

159 Scott, James C.1985.Weapons of the Weak: Everyday Forms of Peasant Resistance. New Haven: Yale University Press. 轉引自（美）歐達偉：《中國民眾思想史論》，董曉萍譯（北京：中央民族大學出版社，一九九五年），頁二一—二二。

160 《南齊書・卷二十五・張敬兒傳》，頁四七四。

161 《南史・卷五十一・梁宗室上》，頁一二六四。

祠。丹陽邙山的張母祠祭祀的也是「有神術，能愈病」的張母。對於六朝人求神祛病的社會根源，劉宋的周朗作出這樣的分析，「針藥之術，世寡複修，診脈之伎，人鮮能達，民因是益征於鬼，遂棄於醫。」[162]儘管魏晉南北朝時期醫藥技術達到了相當的高度，但其傳播並不普遍，廣大平民百姓依然是缺醫少藥，因此不得不乞求神靈。神靈對在生活中充滿缺憾的底層百姓來說，無疑是精神補助的良方。[163]即使前代官方崇奉的聖王賢人，此時也被賦予世俗的神性，人們前往求取神福。如張良的老師黃石公，在西南地區被百姓立祠奉祀，該神「問來人何欲，既言，便具語吉凶。」至晉時依然如此。[164]

六朝時期，除人神崇拜外，還流行各色器物神、自然神的信仰，鬼神無處不在，無所不有。如時人所論，「鬼道惑眾，妖巫破俗，觸木而言怪者不可數，寓采而稱神者非可算。」[165]六朝位居楚越故地，楚巫故習餘風猶存，加上東漢末年佛、道、讖緯神學三者的相激相蕩，六朝神異之風盛行。正是在這樣的神異風氣之下，六朝志怪故事流行。志怪故事既是當時民間信仰的記錄，也是六朝民眾社會心態的反映，講述者與記錄者大都抱著誠信的態度，「非有意為小說」（魯迅語）。六朝的鬼神志怪書為我們研究六朝的民間信仰提供了豐富而生動的文本。《荊楚歲時記》就是南朝荊楚民眾的生活記錄，因此書中有不少巫道內容，所以有人將它稱作「巫術集成」[166]，也就算不得奇談怪論了。

六朝沿著漢末的歷史軌跡朝著脫離古代社會秩序的方向發展，在民眾生活中出現了一系列新變化，這種變化促成了個性的張揚與文化的繁榮。同時也帶來了社會主導力量的薄弱、社會聯繫鬆懈的後果。南朝社會最後的覆亡雖然有諸多因素，但與南朝社會精神的分裂與渙散大概有一定的聯繫。

162 《宋書・卷八十二・周朗傳》，頁二一〇〇。
163 參看梁滿倉：〈論六朝時期的民間祭祀〉，《中國史研究》，第三期（一九九一年）。
164 幹寶：《搜神記・卷四》。
165 《宋書・卷八十二・周朗傳》。
166 胡健國：《巫儺與巫術》（海口：海南出版社一九九三年），頁九九。

第三節　民間著述的興起

正是因為六朝人脫離了儒學藩籬，所以其性情得以發抒，其精神得以擴張，人們蘊蓄已久的創作活力與創作靈性，終於有了噴發的良機。民間著述蔚然成風，幾乎「家家有史，人人載筆。」[167]在自由、多元的著述風氣之下，六朝人勤於思考，勇於創新，在融匯古代文化傳統的基礎上，六朝學者推出了一批頗具建設性意義的文化著作。六朝人的文化思考與文化建設為中古中國文化傳統的更新作出了巨大貢獻。

中國素有私家著述尤其是私家著史的傳統，但在漢魏以前，私家著述只是官家的補充，私家撰史有時被視為非法。太史公的《史記》就曾被誣為「謗史」遭官府查禁。秦漢時期的私家著述，可謂涓涓細流。這種涓涓細流經過時間的累積之後，終於在六朝這片鬆軟的土地上匯成了浩蕩江河，洋洋大觀，民間著述傳統在六朝時期獲得前所未有的擴張與發展。促成六朝私家著述興盛的原因，據筆者分析有以下三點：

第一、政治、思想環境的變化。六朝時期儒學體系崩解，人們基本上沒有了思想的束縛，甚至可以公然「非湯武而薄周孔」[168]。人們有了難得的思想自由。同時，由於把握中央政權的世家大族的玄學旨趣，他們並不太注意政權建設，政治控制相對鬆懈。因此六朝的文人士大夫與前朝的同仁比較起來既沒有那麼嚴密的思想軟控，也沒有很強的外在制約，有了較為自由的著述環境。並且由於世家大族壟斷了政權，一般士人上進無路。考試取士之制，久廢不修。[169]在傳統社會中，讀書本為干祿之道，但在六朝門閥制度之下，讀書與升官沒有了必然的聯繫，人們不得不將人生的興趣投向它方，而著述通常是文士的首要選擇。這不僅因為文人作文是其本業，更重要的是他們可以通過文字表達自己的學術立

167 高似孫：《史略．卷三》。
168 嵇康：〈與山巨源絕交書〉，《文選．卷四十三》。
169 葛洪：《抱樸子．審舉篇》談到這一情況時說：「今太平已近四十年，尤不複試，所以使東南儒業，衰於昔也。」

場及對社會人生的看法。金毓黻先生在談到六朝史學發達時說：「學士大夫有志撰述者，無可抒其蘊蓄，乃寄情乙部，一意造史。」[170]金先生雖只是就史學而言，但也說明了當時文人著述的一般情況。

第二、社會文化教育的新變化。六朝時期形成了較濃厚的社會文化氛圍，文化研究取得了多方面的成果。六朝文化的全面發展，既是六朝特殊社會環境的產物，也是歷史積累發展的結果。兩漢以來文化教育日趨發達，特別是東漢時期，官學、私學得到較大的發展，僅太學生員的數字變化就頗能說明問題，漢武帝時太學生員只有五十人，漢末在千人左右，到東漢質帝即公元一四六年時，太學諸生已達三萬餘人。[171]這些儒生學成以後，散處各地，開館講學，促成了私學教育的發展。如清人趙翼所說：「及東漢中葉以後，學成而歸者各教授門徒，每一宿儒，門下著錄者，至千百人，由是學遍天下矣。」[172]東漢末年私學教育的擴大，為文化知識的傳播提供了有利條件，也在一定程度上促進社會文化總體水平的提高。這正是六朝文化繼續發展的社會基礎，六朝時期，儒學地位淪落，官學蕭條，私學從規模上看亦不及前朝，但文化教育有了新的變化發展，變化發展的標誌有兩點：一是家庭教育的興起。這是適應六朝世家大族的經濟生活與社會政治生活的一種新的教育形式。它不同於前代的私家講學，私家講學面向社會，「有教無類」。家庭教育只服務於一族一姓，因此門第教育與家庭倫理教育成為家庭教育的主要內容，其中尤為重視孝悌的教育。自司馬氏倡導以孝治天下以來，六朝社會重孝成為時尚，以孝道為齊家治國的最高標準。[173]帝王家重孝，齊高帝即位之初，召劉瓛問以治政之道，答曰：「政在《孝經》。宋氏所以亡，陛下所以得之也。」高帝感歎，「儒者之言，可寶萬世。」[174]梁武帝不僅佞佛，而且提倡孝道，他親自為臣下講授《孝經》[175]。世家大族以孝為家族倫理的核心，庾孝卿，五歲讀《孝經》，手

170 《中國史學史・第四章》（北京：中華書局，一九六二年），頁七〇。
171 參看顧頡剛：《漢代學術史略・第十一章》（北京：東方出版社，一九九六年）。
172 趙翼：《陔餘叢考・卷一六》「兩漢時受學者皆赴京師」條。
173 參看羅宏曾：《魏晉南北朝文化史・第一章　儒學與教育》》
174 《南史・卷五十・劉瓛傳》，頁一二三五－一二三七。
175 《南史・卷六十二・朱異傳》載「帝自講孝經，使異執讀。」

不釋卷。有人勸他說此書內容不多，不必那麼用功，他說「孝，德之本，何謂不多。」王僧孺也是五歲，「初讀《孝經》。」昭明太子「三歲受《孝經》。」可見六朝的童蒙教育中是以《孝經》為發蒙讀本的。重視童蒙教育是六朝家庭教育的特色之一，而童蒙教育的中心就是孝道教育。為此，六朝還樹立了眾多孝行的榜樣，如臥冰求鯉的王祥，為母負土成墳的山濤，孝感飛鳥的甄恬等。[176]在家庭教育中婦女教育也受到重視，六朝時期出現了一批才識卓著、光彩照人的女子[177]，雖然這集中在士族家庭。但婦女受到教育這畢竟是文教事業的新發展。二是文化教育旨趣的多元取向。六朝時期，儒學的支配地位動搖，學者大多擯棄儒家經典，「祖尚玄虛」。[178]南朝雖曾一度想復興儒學，但儒學只列為四科之一，並且位居玄學之下，宋明帝時設「玄、儒、文、史四科，科置學士各十人。」[179]這就是中國學制史上的「四館學」。四館學的設立，打破了儒學壟斷國家教育的局面，從制度上確立了學科的多元發展。國學如此，民間私學更為自由，因為不為考試取士準備，不以注經謀生，更是注重知識的傳播與興趣的培養，六朝時期，在史學、文學、書法、音樂、繪畫、醫學、天文曆法等多門學科上取得了巨大的成就，六朝文化事業的全面開展與巨大進步，與六朝教育體制及教育目標的轉變有極大的關係。

第三、物質條件的改善。物質條件的改善是六朝著述興旺的物質基礎，這裡從人與物兩方面理解其間的關係。首先，社會為精神文化的生產者提供了物質生活保障。在流民與江南土著的共同努力下，東晉南朝時期的南方社會經濟獲得了較大的發展。社會生產的進步，物質財富的積累，使社會能夠負載起較大數目的有閒階層，部曲、佃客的辛勤勞動，支撐著六朝文人士夫的物質消費與精神創造，優裕的生活、閒適的心情培植了六朝的學問與文章。其次，造紙技術的進步為書籍的大量印製提供了便利條件。自東漢以後，造紙技術漸趨進步，以紙張為書寫材料的紙寫本出現；東晉南

---

176 根據梁朝孝道盛行的情況，唐人在編修梁書時專設了孝行傳。
177 蕭艾：《世說探幽・中篇・第十節》《世說》有關婦女記載（湖南出版社，一九九二年）。
178 《晉書・卷九十一儒林傳序》。
179 《南齊書・卷十六・百官志》，頁三一五。

朝，造紙技術得到普遍推廣，造紙原料的來源擴大，除傳統的麻紙外，三吳地區用藤皮造紙，藤紙質地勝於麻紙，所以東晉范甯令所屬官員，作文書一律用藤角紙。當時紙的生產量大，王羲之任會稽令時，謝安向他要紙，王「檢校庫中，有九萬箋紙」，都給了謝安。[180]南朝時，民間已掌握了造紙技術，盛宏之《荊州記》說，棗陽蔡子池附近人「多能造紙」。劉宋的書法家張永是私人造紙的高手，「紙及墨皆自營造。」皇帝自歎為皇家造紙者所不及。[181]當時的紙張已制得相當精美，梁蕭詧《詠紙詩》說：「皎白猶霜雪，方正若布棋。」（《全梁詩》卷三）還有彩紙，江洪有詩為證，「雜彩何足奇，惟紅偏作可，灼灼類蕖開，輕明似霞破。」[182]由此可見六朝造紙的技術水平。由於紙業的發達，紙書逐漸取代了竹簡，東晉末年，桓玄曾下令說，「古無紙，故用簡，非主於敬也。今諸用簡者，皆以黃紙代之。」[183]以紙印書，在當時成為常事。隋滅陳後「檢其所得，多太建時書，紙墨不精。」可見當時紙寫書的情況。紙寫本的出現與流行，不僅增大了書籍的信息容量，使人們思想、情感能夠較為自由地表達，（這在竹簡時代是不大可能的，人們表達的簡練在一定程度上說是由於物質條件的限制，六朝文辭的富麗，志怪故事的記錄，私人修史風氣的盛行，雖然有多方面的因素，但無疑與紙寫本這一新的書籍形式有著密切的關係。）而且紙寫本便於攜帶，這樣就加快了文化傳播的速度，使人們能夠較為迅捷地交流思想與共享文化資源。左思《三都賦》成，「洛陽為之紙貴」的文化現象只能在中古時期發生。紙寫本的出現，從技術上推動了文化的巨大進步，書法藝術是其直接的結果，無庸置喙。紙寫本有如上諸技術方面的優勢，它對文化人的著述欲望無疑是有力的刺激。

六朝時期，文化呈加速發展的態勢，私家著述興旺，推出了一批承上啟下的具總結性意義的文化成果。文學理論方面有劉勰的《文心雕龍》、鍾嶸的《詩品》，史學有範曄的《後漢書》、裴松之的《三國志注》，宗教學有佛教僧祐的

180 歐陽詢：《藝文類聚・卷五八》引《語林》
181 《宋書・卷五十三・張茂度傳附張永傳》，頁一五一一。
182 《全梁詩・卷十二》江洪・為傳建康詠紅箋。
183 徐堅：《初學記・卷二一・紙》引桓玄偽事。

《弘明集》、慧皎的《高僧傳》，道教葛洪的《抱樸子》、陶弘景的《真誥》，文字學有顧野王《玉篇》、郭璞《爾雅注》，目錄學有李充《四部書目》、阮孝緒《七錄》，譜牒學有王僧孺《十八州譜》、《百家譜集鈔》，方志學有常璩《華陽國志》、盛弘之的《荊州記》，蒙學有顧愷之的《啟蒙記》、周興嗣的《千字文》，天文學有何承天的《元嘉曆》、祖沖之的《大明曆》，數學有祖沖之的《綴術》，醫藥學有葛洪的《肘後救卒方》、雷斆的《雷公炮炙論》等等，幾乎在社會各領域都有集成性的成果出現，這不能不說是中國文化史上的一大奇觀。

六朝私家著述雲蒸霞蔚，洋洋大觀，但從當時著述的傾向看，民間著述主要集中在著史、修志、記錄異聞三個方面，這是六朝民間著述的新變化。

著史。中國向有重史的傳統，歷史不僅僅是過去事件的記述，歷史記載的取捨褒貶都表達著人們的文化理念，歷史具有它特有的威嚴。所以，古人有言：欲滅其國，必先去其史。那麼要保其國其家，自然要寶愛國史家史。東漢末年，天下大亂，「史官失其常守，博達之士，愍其廢絕，各記聞見，以備遺亡。是後群才景慕，作者盛眾。」[184]六朝文人士夫，既外不能立功於邊關，內不能直言於朝廷，他們不滿意於國家政治現狀又無能為力，於是著史顯志，希望發揮歷史的特殊規範功能，「式規萬葉，作鑒於後」[185]。當時的歷史撰述集中在近代與當代，紀傳、編年二體是主要史書體裁。史家通過正朔的強調以維護國家的統一利益，如習鑿齒的《漢晉春秋》；通過史書的論贊以「正一代之失」，書美彰善，記惡垂戒，如範曄的《後漢書》。六朝人撰寫當代史成為風氣，各人根據自己的見聞作史，「一代之記至數十家，傳說不同，聞見舛駁。」[186]幾乎「家家有史，人人載筆。」這是國史。當時還重視家史的修纂，「家乘譜牒，一家之史也。」[187]在六朝門閥制度下，家世、門第是決定社會地位高低的重要依據，因此敘述族姓源流的譜牒之學興盛，據阮孝

184 《隋書．卷三十三．經籍二》，頁九六二。
185 《宋書．卷一零零自序》，頁二四六七。
186 《隋書．卷三十三．經籍二》，也九九二—九九三。
187 章學誠：《文史通義》「州縣請立志科議」。

緒《七錄緒目》記有一〇六四卷，其中齊、梁時期為多。

修志。地志的撰述是六朝民間著述的重要特點，它既可以視為修史風氣的延續和擴大，因為一方之志，往往就是一方之史，但同時它又是地方意識與地方觀念的體現，一如譜牒服務於家族觀念一樣，地志也在於發掘地方文化傳統，服務地方社會。地志中凝結著濃郁的鄉土情感。地志大略分兩類：山川風土記與地方人物傳記。地志作者一般是本鄉本土的文化人，或負守土之責的地方官員。他們對地方風物、地方人情有直接的體驗與感受，同時，由於地方經濟文化的自足與地域相對隔離的關係，人們的眼界受限「不能及遠」，而且人們在意識上也偏重於自己身邊的世界。因此可以從一定程度上說是鄉土意識與地方眼界促成了地志的繁榮。東晉南朝的地志主要集中在長江中下游的以荊州為中心的荊楚地區與以揚州為中心的吳越地區。荊州與揚州是當時的經濟中心地區，也是地方文化的發展區。東晉有顧長生《三吳土地記》，顧夷的《吳郡記》，孔曄的《會稽記》，范汪的《荊州記》，袁山松的《宜都山川記》，羅含的《湘中記》，華融的《廣陵列士傳》，張方的《楚國先賢傳》，習鑿齒的《襄陽耆舊記》，高範的《荊州先賢傳》，劉彧的《長沙舊傳贊》，鐘離岫的《會稽後賢傳》等；南朝劉宋有王僧虔《吳郡地理記》，劉澄之的《揚州志》、《鄱陽記》，山謙之的《丹陽記》、《吳興記》，單子發的《續風土記》，謝靈運的《永嘉記》，盛弘之的《荊州記》，庾仲雍的《荊州記》、《湘州記》，郭仲產的《荊州記》、《南雍州記》、《湘州記》，雷次宗的《豫章記》，郭緣生的《武昌先賢傳》等；南齊有陸道瞻的《吳地記》，虞願的《會稽記》，黃閔的《武陵記》等；梁有鮑至的《南雍州記》，蕭繹的《荊南地志》、《江州記》，庾詵的《江陵記》，鮑堅的《江陵記》，伍安貧的《武陵圖志》，顧憲之的《衡陽郡記》，宗懍的《荊楚歲時記》，吳均的《吳郡錢塘先賢傳》等；陳有姚察的《建康記》，顧野王的《建安地記》等。此外益州也有一批地志著作，如東晉常璩的《華陽國志》，任預的《益州記》，袁休明的《巴蜀記》，梁李膺的《益州記》等[188]。從這些登錄在籍的書目中，可見人們著述地志的熱情，記錄地方風物成為一時的風氣。

[188] 參看《隋書・經籍二》。李學勤、徐吉軍主編：《長江文化史》（江西教育出版社，一九九五年），頁三九七—三九八。

記錄異聞。異聞的記錄包括兩方面的內容，一是民間流傳的奇聞異事；一是文人階層中傳誦的軼聞趣事。二者都有增長見聞，以助談資，勸世喻世甚至警世的效用，這些故事傳說並不都是到六朝時才有的[189]，但六朝人對它發生興趣，並利用當時著述的便利將它們大量記錄下來，這種記錄不僅為後世小說準備的重要的樣式，而且為我們研究六朝乃至此前的文化歷史，提供了細緻而生動的資料。六朝時期，因信仰的關係，民間有關神仙鬼怪的傳說十分流行，因此記錄這方面內容的志怪小說不少。其中代表性的作品有東晉王嘉的《拾遺記》，幹寶的《搜神記》，託名陶潛的《搜神後記》，劉宋王琰的《冥祥記》，劉敬叔的《異苑》，劉義慶的《幽明錄》，東陽無疑的《齊諧記》，梁吳均的《續齊諧記》，任昉的《述異記》等。文人軼事小說，記錄了六朝文人的風流韻事，展示了六朝文士的精神風貌。代表作品有東晉裴啟的《語林》、宋劉義慶的《世說新語》、梁沈約的《俗說》、殷芸的《小說》等。劉知幾曾發表評論說：「自魏晉以降，著述多門。《語林》、《笑林》、《世說》、《俗說》皆喜載調諧小辯，嗤鄙異聞。雖有識所譏，頗為無知所悅。斯風一煽，國史多同。」[190]

著史、修志、記錄異聞三者雖然著述目標各異，但其精神實質相通，它們與六朝人的現實生活有著密切的關係。甚至有近似的寫作手法，民間傳說、軼事趣聞，入史入志，表現出生動、自由、隨意的民間著述風格，它們共同促成了六朝私家著述的繁榮。

南北朝時代，北方少數民族政權在漢化過程中，復興了古代社會的禮法制度；南方漢族社會沿著漢末破壞古代社會秩序的方向繼續發展，在物質生活、社會生活、精神生活方面出現了一系列新的變化。人們的生活目標不再是經國濟民的宏偉事業，人們更看重個人情趣與日常生活，同時也注重家族榮譽與地方榮譽，具體可感的生活經驗，培育著六朝人

189 李學勤在《放馬灘簡中的志怪故事》文中將天水放馬灘一號秦墓竹簡中記述的人死複生的故事與《搜神記》同型故事作了比較，認為前者是後者的濫觴。見《文物》，第四期（一九九〇年）。

190 劉知幾：《史通・書事》。

的鄉土情結。在這樣的社會大背景之下，《荊楚歲時記》的問世有其歷史的必然，同時它肯定又成為一面歷史的鏡子，從中我們能夠獲取大量有關六朝文化的寶貴信息。

第三章 《荊楚歲時記》解題

成書於公元六世紀中葉的《荊楚歲時記》，在學術分類中歸屬何處，在學人的知識譜系中佔有何種位置，一直處於動態的變化之中，不僅古人對它的認識有一個歷史過程，即使今人也有不少將它視作有關風物故事的古體散文。這種理解不僅在於讀者的知識問題，也由於《荊楚歲時記》內容的豐富。但是無論如何我們應從《荊楚歲時記》內容主旨出發，去闡釋它題中應有之義。本章將對《荊楚歲時記》的作者、注者、文本傳承情況及本書的題名的限定意義作梳理與解說，為後文的討論準備基礎。

第一節 作者、注者及版本源流

《荊楚歲時記》現今通行本，一卷，宗懍著，杜公瞻注。由於本書亡佚較早，現存本為輯佚之作，對於本書局部內容的詳略與編排序次，以及正文與注文的關係，人們都有不同的看法，下面就具體討論這些問題。

一、作者的家世與生平

宗懍，字元懍，又字懷正。[1]南朝梁人。約生於公元五〇〇年，卒於公元五六三年。[2]祖籍南陽涅陽（今河南鄧縣），在西晉永嘉年間，八世祖宗承因軍功封柴桑縣侯，授職宜都郡守，不久死於官任之上，他的子孫因而在江陵定居下來。自西晉末年至南齊末年，時間已經歷了近兩個世紀，僑居江陵的宗家除了宗譜上有關遠祖的歷史記述外，大概已經不再有客居的感覺，應該說宗家已是地道的荊州土著。宗氏家族在南朝宋齊梁三代，代有聞人，直到宗懍的父親宗高之，仍任梁山陰縣令、南台侍御史。宗懍就出生在江陵這一官宦世家之中。

宗懍少年時聰穎明敏，又喜好讀書，史稱其「晝夜不倦」，與人交談常引經據典，鄉里人因此稱他為「小兒學士」。看來宗懍很早就是一位名聞鄉里的博學少年。在「敦悅詩書」的梁代，才學就是晉身仕途的資本，宗懍因為家風薰陶，加上個人天賦及勤苦努力，他具備了進入主流社會的一切條件，只等時機的到來。

梁武帝普通六年（公元五二五年），宗懍二十六歲，被地方舉為秀才。[3]次年，梁武帝將鎮守西土荊州的重任委派給第七子湘東王蕭繹（公元五〇八－五五四年），蕭繹自幼即以好學為梁武帝所鍾愛，年齡稍長後，更為好學，有「博

1 《周書》卷四十二、《梁書》卷四十一、《北史》卷七十均有宗懍傳，確定宗懷正為宗懍別字的是現代著名學者余嘉錫，他根據《北齊書．顏之推傳》載顏之推《觀我生賦》自注中有與「吏部尚書宗懷正」一同校史部書的事實，推論「懷正當是懍之字」。因為宗懍曾任職北周，在麟趾殿「刊定群書」，而顏亦在北周校書，餘氏論斷可取。

2 據《周書》本傳，宗懍「保定中卒，年六十四」。保定是周武帝的第一個年號，時間為公元五六一－五六五年，取其中間年份，自然以五六三年為合適。由此逆推六十四年，即是宗懍出生的年代，所以我將其約定為公元五〇〇年。關於宗懍的生卒年代，還有一些不同的推算，但前後不過兩三年的差別，無關大局，本文不一一具論。

3 《北史》本傳記為梁大同六年（公元五四〇年），是明顯的誤記。因為宗懍舉秀才在其任湘東王府職事之前，而據《梁書》卷三載普通七年（公元五二六年）冬十月湘東王蕭繹始由丹陽尹改為荊州刺史。

綜群書，下筆成章，出言為論，才辯敏速，冠絕一時」之譽。[4]勤學又富有才名的蕭繹出鎮荊州時不過十八九歲，正意氣風發，來到荊州不久，就尋訪地方才俊，他對長史荊州人劉之遴說，「貴鄉多士，為舉一有意少年」。劉之遴馬上推薦了宗懍，湘東王聽說有這樣一位與自己有同樣嗜好讀書的年輕人，迫不及待，「即刻引見，令兼記室」。（《北史》卷七十）宗懍曾應湘東王之命，連夜撰作龍川廟碑，「詰朝呈上，梁元帝（蕭繹）歎美之」。不同的出身，卻有同樣的稟賦予才情，從此二人情好三十年。宗懍由此開始了他的仕宦生涯。

大同六年（公元五四〇年），蕭繹移鎮江州，宗懍隨往，任刑獄參軍，兼掌書記。歷任臨汝（江西臨川）、建成（高安）、廣晉（鄱陽）三縣縣令，後因母親去世，離職服喪。據史書記載，宗懍還是一位至誠的孝子，喪母的悲痛使他「哭輒嘔血」，昏死數次，在提倡孝道的梁朝，這種苦孝受到人們的關注，「時論稱之」。（《周書》本傳）

太清元年（公元五四七年），蕭繹再牧荊州，以宗懍為荊州別駕、江陵令。在近知命之年，回到故鄉，任父母官，對於有濃厚鄉土情懷的宗懍來說，是十分愜意的。在後來梁元帝的遷都之議中，宗懍不願離開荊州。承聖元年（公元五五二年）蕭繹在江陵即皇帝位，是為梁元帝。梁元帝即位後，更加重用宗懍。據《周書》本傳記，梁元帝手詔：「昔扶柳開國，止曰故人，西鄉胙土，本由賓客。況事涉勳庸，而無爵賞？尚書侍郎宗懍，亟有帷幄之謀，誠深股肱之寄。從我於邁，多曆歲時。可封信安縣侯，邑一千戶」。由此可知，宗懍是對元帝有著重要影響的人物。此後，宗懍的官職一升再升，由吏部郎中、五兵尚書，至吏部尚書。[5]

但此時的梁朝，已處於末世，宗懍的升遷不僅不能幫助他建立功業，相反，他捲入了政治鬥爭的漩渦，宗懍以其文弱之軀承擔了不可承受的社稷江山之重。太清二年（公元五四八年）秋八月，侯景叛亂，十月，兵鋒直指梁都建康。太清三年（公元五四九年）三月，建康城破，五月，梁武帝餓死台城。蕭繹指揮梁軍反擊侯景，公元五五二年平定侯景

4 姚思廉：《梁書・卷五・本紀第五》（北京：中華書局，一九七三年），頁一三五。
5 《梁書・卷四十一・王規附宗懍傳》。

之亂。經此大亂之後，梁朝元氣大傷，加上西魏的進逼，梁朝時有覆國之虞。當時江陵正處於梁魏交兵的前線，梁元帝在還都建康或是定都江陵上猶豫不決，因此在朝廷上引發了去與留的爭議，並形成了政見相左的地域派別。主張移都建鄴（即建康）者多數為江東人，如周弘正、王褒等；堅持定都江陵者多為荊州人，如宗懍、黃羅漢、胡僧佑等。主張還都建鄴者認為，百姓以帝都在建鄴，如果皇帝不入建鄴城，「便謂未是天子」，如同列國諸王一樣，因此要使天下歸心，「不可不歸建鄴」。堅持定都江陵的認為，「建鄴王氣已盡」，又與北朝只有一江相隔，萬一出現變故，「悔無及也」！況且荊州已有出天子的祥瑞。宗懍是力主定都江陵的，史稱「梁元帝議還建鄴，唯懍勸都渚宮，以鄉在荊州故也」。[6]但這種委過於宗懍一人的說法有欠公允。事實上，當時多數荊州籍官員不同意移都建鄴，這與他們私人利益自然也有關係，但最主要的恐怕是鄉土觀念在起作用。即使是主張還都的江東人，也同樣有這方面的因素，宗懍等曾說東人：「仰勸東下，非為國計」，這種說法也不是沒有它的根據。江東人留戀舊籍在漢魏六朝時表現得比較突出，三國東吳時，也曾想定都武昌（今鄂州），遭到江東人的普遍反對，當時有：「寧飲建鄴水，不食武昌魚；寧在建鄴死，不止武昌居」的民謠（《三國志・陸凱傳》），表達了江東人的堅決態度。江東人這種安戀故土的習性，在齊梁時依然如此。[7]關於留居江陵的問題，客觀來說，荊州籍士人是起了一定的作用，宗懍是首倡者之一，他自然有部分責任，但最應該負責的是梁元帝，我們不能以誇大臣下罪過的手法去諱言帝王的過錯。荊州是梁元帝發跡之地，他在此前後經營近三十年，有較厚實的物質基礎；而此時的江東地區在侯景之亂後，「千里絕煙，人跡罕見，白骨成聚如丘隴焉」；[8]同時他所依靠的幕僚多為楚人，就是他的部將和士卒也同樣多為荊楚人，這是他的政權基礎。上述兩點決定了梁元帝態度的傾向性。《南史》評述說：「時朝議遷都，但元帝再臨荊陝，前後二十餘年，情所安戀，不欲歸建業。兼故府臣僚皆

6 李延壽：《北史・卷七十・宗懍傳》（北京：中華書局，一九七四年），頁二四三四。

7 《南史》卷十二文學傳・記南陵人丘巨源官拜武昌太守，不願赴任，齊武帝問之，巨源曰：「古人雲，『寧飲建業水，不食武昌魚』臣年已老，寧死建業。」

8 李延壽：《南史・侯景傳》（北京：中華書局，一九七四年），頁二〇〇九。

楚人，並欲即都江陵，」於是「元帝無去意」。因此說我們不能將梁朝傾覆的帳都記在宗懍的身上，當江陵被圍，梁軍戰敗，朱買臣按劍請斬宗懍、黃羅漢「以謝天下時」，元帝說了句公道話：「曩實吾意，宗、黃何罪！」

承聖三年（公元五五四年）十一月，江陵被西魏攻破，十二月梁元帝遇害。宗懍與百姓男女數萬人一起被俘往長安。在長安宗懍受到西魏太師宇文泰即後來的周文帝的特別優待，「周文帝以懍名重南土，甚禮之」。[9]有心於統一華夏的北國政權，特別注意招徠人才，收買人心。因此對於南方的文人士大夫採取善待的政策。宗懍在這種處境中，生活了近十年時間。在周孝閔帝時還被拜為車騎大將軍、儀同三司。周世宗即位後，宗懍又與王褒等在麟趾殿刊定群書。「數蒙宴賜」。宗懍此時的生活表面上看，安逸而平靜，但作為遠離故土的俘臣，他的內心是不平靜的。從宗懍的少量存詩中，可以讀出他的憂鬱和淒涼。「日暮春台旁，徙倚愛春光。都尉新移棗，司空始種楊。一枝猶桂馥，十步有蘭香，望望無萱草，忘憂竟不忘。」（《春望》，徐堅《初學記》卷三）在另詩中有「遊客傷千里，無暇上高台」。（《早春》）因此，回憶故里的生活成為他晚年的精神排遣，在這種思想動機之下，宗懍有心將江漢故里的日常生活記述成文，《荊楚歲時記》很可能成於這一時期，雖然我們還沒有直接的證據。

北周保定年間（公元五六一－五六五年），宗懍在長安辭世，時年六十四歲。有文集二十卷行於世。[10]文集雖已不存，但一部《荊楚歲時記》足以使宗懍聲名不朽。

二、注者的家世與生平

《荊楚歲時記》的今天面目，除了宗懍的原著外，還有杜公瞻的注文，杜公瞻對本書的補注，是《荊楚歲時記》得以在世間廣為流傳的有力保證之一，杜公瞻功不可沒。杜公瞻，中山曲陽人，生卒年不詳，曾任隋朝安陽令。由於史無

---

9 《南史・卷三十四・周弘正傳》。

10 《北史・卷七十》，頁二四三五。另《隋書・經籍志》記為十二卷。

專傳，杜公瞻的事蹟甚略，我們只能力所能及的作一簡短的陳述。

杜公瞻的家世與宗懷類似，同樣是世代官宦之後。六世祖杜彥衡曾任淮南太守，祖父杜弼，在北齊為官，曾任衛尉卿，封爵為侯。杜弼長於筆劄，且「性好名理，探味玄宗」，注老子《道德經》等。杜弼性格直率，敢於批評朝政，最終招致殺身之禍。父親杜蕤，字子美，在北齊曾任大理少卿、吏部郎中。隋開皇中，任開州刺史。叔父杜台卿，字少山，好學博覽，有很好的文學修養，在北齊位至中書、黃門侍郎，參修國史。北周平齊後，歸鄉著述講學。隋開皇初，被征入朝，奏上《玉燭寶典》一書，拜著作郎。[11]

杜公瞻成長於北朝這樣一個難得的文官世家，「少好學，有家風」，[12]其閱讀面及知識貯備顯非一般人可比，他有為《荊楚歲時記》作注的資格和能力。杜公瞻在隋朝作過安陽令，並卒於任中。

作者、注者一南一北，時間上前後相續，相距不過數十年，注文不僅解釋原作，而且南北民俗相互比照。《荊楚歲時記》本文與杜氏注文一道為我們勾勒出了六世紀前後中國歲時民俗圖景。

三、《荊楚歲時記》版本源流

（一）《荊楚歲時記》的最初流傳

《荊楚歲時記》成書於六世紀後期，由於本書寫定於北朝，因此其最初流傳的範圍大概限於北朝，自然它也就首先為北朝學者所注意。身歷北齊、北周的隋著作郎杜台卿在其著作《玉燭寶典》中首次引錄了《荊楚歲時記》的部分內

11 《北史・卷五十五・杜弼及附傳》，頁一九九〇－一九九一。

12 魏征：《隋書・卷五十八・杜台卿傳》（北京：中華書局，一九七三年），頁一四二一。

容，而《玉燭寶典》的成書年代大概在北周滅齊（公元五七七年）之後，隋代周（公元五八一年）之前。[13] 與《荊楚歲時記》成書僅隔二十年左右。《玉燭寶典》是一部月令體的著述，主要目的是給當政者參考。因為當時承四百年分裂之後，周秦以來的文化傳統多有斷裂，為了恢復古代禮制，隋初一些儒臣提出一系列復興古制的建議。如禮部尚書牛弘就曾上書文帝，請依古制，修立明堂。認為明堂月令是「聖王仁恕之政也」。[14] 所以杜台卿在開皇初年，以自己新成的《玉燭寶典》，上奏給新朝帝王，是有他的用意，也正合隋文帝的口味。因此，杜受到獎賞，《玉燭寶典》一開始就受到世人矚目。而《荊楚歲時記》的出世卻是另一番情形，它是南人客居北方的述舊之作，問世之初，就沒有進獻的打算，自然也不會得到朝廷的禮遇。因此，《荊楚歲時記》的流傳在開始是通過民間渠道的方式，這是本書性質決定的。所以，本書流傳的範圍是有限的，杜台卿顯然在民間得到了宗懍的這本著作，但當時書名尚未確定。

關於《荊楚歲時記》最初的書名問題，研究界有不同的看法。一般人認為《荊楚歲時記》即是本名，無需多論。但細心的研究者還是提出了這樣的問題，為何《玉燭寶典》在引用本書時稱《荊楚記》而不是《荊楚歲時記》。日本的守屋美都雄博士在他的《中國古歲時記之研究》一書中專門討論了這一問題。他認為《荊楚記》是最初的書名，在杜公瞻給該書作注之後，才使用了今名。但是我們有理由認為宗懍這本專記荊楚歲時的著作無論是否明確以歲時標題，它都具有記述歲時的實在意義。因為在其自序中就有如下明白的文字：「傅元之朝會，杜篤之上巳，安仁秋興之娛，君道娛蠟之述；其屬辭則已洽，其比事則未弘。率為小說，以錄荊楚歲時，自元日至除夕凡二十餘事。」這樣一本記錄荊楚歲時的著作，它以歲時記名書，是相當自然的事。

13 《隋書》卷五十八・杜台卿傳有「（杜台卿在北齊任中書黃門侍郎）性儒素，每以雅道自居。及周武帝平齊，歸於鄉里，以《禮記》、《春秋》講授子弟。開皇初，被征入朝。台卿嘗采《月令》，觸類而廣之，為書名《玉燭寶典》十二卷。至是奏之，賜絹二百匹。」可見杜台卿在隱居講學期間，仿《禮記・月令》體裁作《玉燭寶典》。

14 《隋書・卷四十九・牛弘傳》，頁一三〇〇—一三〇五。

（二）隋朝杜注《荊楚歲時記》

在《荊楚歲時記》的流傳過程中，隋人杜公瞻有著突出的貢獻。隋朝大業中年，朝廷「普詔天下諸郡，條其風俗物產地圖，上于尚書」。[15]估計這是杜公瞻為《荊楚歲時記》作注刊佈的現實動因，我們從本書杜注常以南北民俗比照方面不難明白杜氏這一用意。杜公瞻是一位有家學淵源的博學之士，他遵循宗懍現實記述、文獻溯源的方法，結合北地風俗對本書進行全面的注釋與補正。使本書民俗記述更具有歷史的層次及地域特點，從而提升了本書的地位，「把荊楚一個地方的風俗志變為聯繫中國古今的、橫亙於整個中國地域的風俗資料集成」。[16]這裡，不妨試舉一例：在《荊楚歲時記》元日條下有「以錢貫系杖腳，回以投糞掃上，雲令如願」的祈禱習俗。宗懍的這種簡略記述不免會給後人留下疑問，杜公瞻為了讓人們理解這一頗有意味的民俗，就引用了《錄異傳》中的一則故事來解釋說明這一民俗事象，商人區明在得到彭澤湖青洪君的婢女如願後，一切如意，區明逐漸因富生驕。正月初一，如願起晚，商人杖打如願，如願走入糞中，一去不返。由此留下打糞堆求如願的習俗。《錄異傳》的這種解釋很可能在有了此民俗現象之後才出現，但它反映了當時的民眾思想，並有利於此項民俗的流傳。杜公瞻接著記述了北方的此項民俗情況，「今北人正旦夜立于糞掃邊，令人執杖打糞堆，以答假痛」，當時人認為這就是由如願故事而來。[17]在杜公瞻這種引證古今的注釋之後，《荊楚歲時記》的民俗內容更生動、飽滿。在杜注之後，《荊楚歲時記》由隱而顯，日益受到世人的重視，得到廣泛的傳播，在唐朝發生重大影響。

15 《隋書・經籍志二》（北京：中華書局，一九七三年），頁九九八。

16 守屋美都雄：〈荊楚歲時記解說〉，見《荊楚歲時記譯注》（東京：日本平凡社東洋文庫三二四，一九七八年），頁二七六。

17 本材料用《寶顏堂秘籍》本，《廣漢魏叢書》本記為「今北人正月十五夜」。魯迅校錄的《錄異傳》中有「今世人歲朝雞鳴時，轉往捶糞，雲使人富也」。見《古小說鉤沉》（齊魯書社，一九九七年），頁二五五。

（三）《荊楚歲時記》在唐宋時期的流傳

《荊楚歲時記》在唐初已有較大影響，成書於唐武德七年（公元六二四年）的《藝文類聚》（歐陽詢主編）不僅在書中專列出與天地州郡並行的「歲時」門類，而且對《荊楚歲時記》多所徵引，這是《荊楚歲時記》作為書名在後代文獻中的首次出現。其後徐堅的《初學記》（成書於唐玄宗時代）亦在「歲時」部中大量引錄《荊楚歲時記》的有關節俗內容。令人費解的是唐初撰修的《隋書・經籍志》卻未明確著錄《荊楚歲時記》，筆者認為這一方面可能是編者的疏忽，同時也有可能已收入宗懍集中，不需另外注明，因為《經籍志》中有「後周儀同宗懍集十二卷並錄」的記載。由於宗懍集早已亡佚，其真實情形很難確定。不過，《荊楚歲時記》在唐朝已得到較大範圍的傳播是毫無疑問的。並且遠傳海外，據日本學者考證，在奈良朝初期，《荊楚歲時記》就已傳入日本。在天平勝寶五年（公元七五三年），就有日人參照《荊楚歲時記》寫成風俗記事的勘奏文。公元十世紀日本惟宗公方（明法博士）著述的《本朝月令》，現存四至六月一卷，其中五月五日節會事條下，引《荊楚記》雲，內容較《玉燭寶典》與《太平御覽》詳細；在六月晦日大祓事條下，引《荊楚歲時記》雲：「以黃犬祭之，謂之黃羊，陰氏世蒙其福」。與《玉燭寶典》卷十二引《荊楚記》的文字完全一致。[18]在日本寬平年間（公元八八九－八九八年）成書的《日本國見在書目錄》雜傳家部中記錄「《荊楚歲時記》一卷」，反映出宗懍的《荊楚歲時記》流傳於日本的情況。

而在中國本土的史籍著錄中，最先明確著錄《荊楚歲時記》的是後晉劉眴《舊唐書・經籍志》，在該書雜家類中有：《荊楚歲時記》十卷，宗懍撰。又二卷，杜公瞻撰。宋歐陽修《新唐書・藝文志》農家類：宗懍《荊楚歲時記》一卷。杜公瞻《荊楚歲時記》二卷。從新舊唐書著錄情況看，在唐代《荊楚歲時記》有兩種版本：一種是宗懍的原本，另一種是杜公瞻的注本，二者並行於世。《舊唐書》記《荊楚歲時記》為十卷，從本書的內容看，這很可能是抄錄的訛

18 守屋美都雄：〈荊楚歲時記解說〉，見《荊楚歲時記譯注》（東京：日本平凡社，一九七八年），頁二七七。

誤。並且在《舊唐書》成書之前的五十年左右，傳入日本的《荊楚歲時記》也明白地記為一卷（見上文）。所以說「十卷」的說法是不可信的。入宋以後，宗懍的《荊楚歲時記》與杜公瞻注本合而為一。從宋代的目錄書中我們可以清楚地獲取這一信息。王堯臣、歐陽修的《崇文總目》、尤袤的《遂初堂書目》、晁公武的《郡齋讀書志》、陳振孫《直齋書錄解題》、馬端臨的《文獻通考》等都只著錄《荊楚歲時記》，卷數多則六卷，少則二卷。一般都署名宗懍撰。杜注本已融進宗懍原書，因此無需再提杜注本。只有鄭樵在《通志略》月令類明白地記錄：《荊楚歲時記》二卷，宗懍撰，杜公瞻注。《荊楚歲時記》在宋代受到人們的珍重，宋太平興國二年至七年（公元九七七－九八四年）間李昉等編撰成書的《太平御覽》引錄《荊》書達六十條；陳元靚的《歲時廣記》收錄《荊》書內容五十三條；祝穆輯《古今事文類聚》亦收錄二十一條。這是擇其要者，它書收錄《荊楚歲時記》的也不少。[19]上述引錄情況反映了《荊楚歲時記》在宋代流播的廣泛，同時也為後代留下了珍貴的資料。

（四）《荊楚歲時記》在元明時期的亡佚與輯佚

一度在宋代為人廣泛徵引的《荊楚歲時記》，入元以後寂然無聲，只有陶宗儀《說郛》中引錄八則（元脫脫《宋史・藝文志》農家類錄宗懍《荊楚歲時記》一卷，可能是據此而言），瞿佑的《四時宜忌》引《荊楚記》、《荊楚歲時記》數條，很可能轉引自前代類書。由此看來，《荊楚歲時記》亡佚於宋元易代的動盪之際。

明代中後期，由於經濟文化的發展，人們在思想觀念上也有了新的變化，出現了文化平民化的趨勢，人們開始注重精神的需求，因而刻書業興旺起來。為了適應這一社會需要，書商開始翻印古籍，一些文化人也藉此對亡佚名著進行輯佚整理。在這種文化背景下，《荊楚歲時記》獲得重新出世的機緣。從現存的明輯佚本看主要有萬歷年間何允中《廣漢魏叢書》本與陳繼儒《寶顏堂秘笈本》兩種。明代還有祁承業《淡生堂余苑》本，此本世人希見，國內已不存，日

19 參見薑彥稚輯校《荊楚歲時記》附錄二「《荊楚歲時記》參校引錄書籍」（長沙：嶽麓書社，一九八六年），頁六七－七三。

本曾有鈔本（清楊守敬在所著《觀海堂書目》中曾予著錄）。比較而言，依明何鏜版刻印的《廣漢魏叢書》本影響較大，且輯錄較精（輯三十六條），後人多沿用此本。但由於輯錄者態度過分嚴格，因而原本內容多有脫漏。如宋代引錄《荊楚歲時記》七月七日條下，一般引有張騫乘槎至天河見織女得支機石事，[20]《漢魏叢書》本輯者見後人對此事多不以為然，於是徑直刪去此條。事實上《荊楚歲時記》的記載是有所本的，不應簡單刪去了事。在荊楚民間至今還流傳著一位女子在七月七上天河見織女，織女教她織布手藝，並給她一顆五彩織機石的故事。[21]《寶顏堂秘笈》本較前者內容為多（輯四十八條），但不免存在臆誤之處，比如在立春條注中，誤收宋人鄭毅夫詩二句。《秘笈》本同樣存在脫漏的問題。如《玉燭寶典》仲春卷二載「《荊楚記》雲：謝靈運孫名茲藻者，為荊府諮議，雲今世新花並其祖靈運所制」。但《秘笈》本同《漢魏叢書》本均未輯錄。兩個輯本都有不同程度的脫漏，余嘉錫在《四庫提要辨證》中列出十數條，他說「若遍檢唐宋人書所引，則其佚文當猶不止此。蓋此書原本久亡，今本乃明人自類書中輯出，而檢閱未周，罅漏百出。」除脫漏文字較多外，上述兩個明代輯本還有一個共同的問題，就是沒有恢復原本的體例，原本文字與杜氏注文混淆。《荊楚歲時記》原文並不像今本正文那樣簡略，它既有現實記述，也有文獻解說（雖然有的並不詳細）。比如夏至節，原本為「夏至節日，食粽。周處《風土記》謂為角黍。民斬新竹筍為筒粽，楝葉插頭，五彩縷投江，以為辟火厄，士女或取楝葉插頭，彩絲系臂，謂為長命縷。」[22]正文與引文互相配合，說明了食粽習俗的來源。但明代輯本不僅在輯錄中有脫漏，而且將周處以後的文字列入注文，使人難辨原本面目。同樣的例子還有不少，如正月十五條原本對《續齊諧記》的引用、冬至日有關赤豆粥的傳說等，在明輯本中或脫漏或列入注文中。《太平御覽》在引錄《荊楚歲時記》時遵守原書的編排格局，正文用大字排印，注文則用雙行小字，附於本句之下，正文與注文的分別一目了然，由此我們可

20 余嘉錫：《四庫提要辨證・卷八・史部六》對此多有辨證（北京：中華書局，一九八〇年），頁四四〇—四四七。

21 《中國民間故事集成・湖北卷　黃岡地區民間故事集・風俗傳說》「織機石」・郝濟民講述，郝為農民，文盲。一九八七年八月搜集記錄（北京：中國民間文藝出版社，一九八九年），頁二八〇—二八二。

22 據《玉燭寶典》卷五引錄內容恢復。

以看出《荊楚歲時記》在宋代正文與注文合刊時的原貌。

（五）清代以來《荊楚歲時記》的版本及流傳

清代以來，人們普遍沿用的是《廣漢魏叢書》本。在《廣漢魏叢書》之下有三個分支：一是明輯清刻《五朝小說》本，民國十五年（一九二六年）上海掃葉山房石印《五朝小說大觀》本；二是清乾隆時《增訂漢魏叢書》本，民國十二年（一九二三）《湖北先正遺書》本；其後有商務印書館的《舊小說》（一九三五年排印，一九五七年再印）；三是清嘉慶年間刻《廣漢魏叢書》本，民國二十五年（一九三六年）上海中華書局《四部備要》本。《寶顏堂秘笈》本流傳不廣，清《四庫全書》選用此本，民國十一年（一九二二年）上海文明書局石印該本。[23]在清代還出現了一個新的輯本，這就是《麓山精舍叢書》本。湖南善化人陳運溶根據《藝文類聚》、《初學記》及《太平御覽》三部類書所引錄的《荊楚歲時記》內容輯成新本，且有較合理的序次。但他見書太少，仍有較多的遺漏。余嘉錫曾感歎：「安得好事者旁考群書，重加校輯，盡復古本之真面目乎。」[24]

進入本世紀八十年代，隨著古籍整理工作的開展，余嘉錫先生的期望正逐步變為現實。如緒論所述，國內相繼出版了數部校勘與輯補了的《荊楚歲時記》，簡體橫排、標點注釋、及內容的補正與擴充，不僅為本書的傳播、今人的利用提供了極大的便利，而且為對《荊楚歲時記》本文的深入研究準備了基礎。在校注原文、輯補佚文方面做得較好的是薑彥稚的輯校本（嶽麓書社，一九八六年）和宋金龍的校注本（山西人民出版社，一九八七年）。姜本以《廣漢魏叢書》本為底本，參考《廣秘笈》本（即《寶顏堂秘笈》本）等十種刊本，以及三十四種引錄書籍，輯校而成。條目由底本的三十八條增加到七十七條。還按內容分類編排了目錄索引，給讀者的查考提供了方便。宋本以《寶顏堂秘笈》本為底本，將《廣漢魏叢書》本作為主要參校本，麓山本僅作參考，並且從唐宋明清類書和它書中輯出佚文三百條，附在書

23　參見薑彥稚輯校《荊楚歲時記》附錄「《荊楚歲時記》版本考」。
24　《四庫提要辨證・卷八・史部六》（北京：中華書局，一九八〇年）。

後，這是宋氏校注本的主要貢獻，為我們今後的研究工作提供了豐富的資料。當然，關於《荊楚歲時記》的本文整理工作並非已盡善盡美，由於本書亡佚甚久，又可供參考的文獻有限，因此本書正文與杜氏注文混淆的情況很難區分，上述整理本均未能在這方面作出明顯成績，對佚文也未能作有效的考辯，這是《荊楚歲時記》整理方面存在的問題。

第二節　荊楚——一個地域文化概念

《荊楚歲時記》是記載荊楚地方歲時的著作，在對本書作全面研究之前，有必要對本書所限定的「荊楚」概念進行專門的討論。

荊楚，是有著豐富內涵的複合概念，它兼具歷史、地域與文化三種特性。作為春秋戰國時期重要方國的荊楚不僅在地域上曾經擁有南部中國，成為戰國時期疆域最為遼闊的國家，而且創造出獨具風采的荊楚文化。荊楚文化不但是長江中游民眾取之不竭的文化資源，它同時亦參與了中華文化的構建，與中原文化一道成為中華文化的主脈。

一、荊楚的地域範圍

荊與楚是同物異名，荊即楚，楚即荊，它本是一種柔韌性較好的木本植物，《說文》「荊，楚木也。」（卷一）「楚，叢木，一名荊也。」（卷六）在古代荊還作為一種刑具，「負荊請罪」、「大受荊楚」等語由此而生。荊作為地方名稱，最初可能出現在夏朝，禹伐三苗，控制長江中游後，設立了傳說中的古荊州，「荊及衡陽惟荊州。」（《尚書・禹貢》）《周禮・夏官》對夏九州之一的荊州有具體的記述：「正南曰荊州，其山鎮曰衡山，其澤藪曰雲夢，其川江漢，其浸潁、湛，其利丹銀齒革，其民一男二女，其畜宜鳥獸，其穀宜稻。」荊州的丹銀等物產曾作為上貢物品，這些在二里頭文化中已有發現。[25]

以荊或楚作地域方國的政治實體名稱，現在所知是在商代已經出現，甲骨文中雖只見楚而無荊，但在金文《過伯簋》中有「過伯從王伐反荊」，《貞簋》有「貞，從王伐荊。」等說明商周時代荊、楚是互見的。[26]我們從《詩・商頌・殷武》：「維女荊楚，居國南鄉。昔有成湯，自彼氐羌，莫敢不來享，莫敢不來王。曰商是常！」的記述中知道，荊楚已經並聯成為專門的地域名稱。荊楚地區在商代名義上是被納入商王朝統治範圍的，屬南土方國。商文化的確也影響到荊楚地區，湖北黃陂盤龍城就是荊楚地區的著名商代城址。[27]

武王克商以後，承商代遺制繼續將楚視作自己的南部疆域，「巴、濮、楚、鄧，吾南土也。」[28]周成王時為了更有效地控制地方，將有功之臣的後代分封到各地，曾為文王師、「有功於文王」的鬻熊後代自然在分封之列，因此冊封鬻熊重孫熊繹於楚地，「封熊繹于楚蠻，封以子男之田，姓羋氏，居丹陽。」（《史記・楚世家》）丹陽即丹水之陽，丹水曾是苗蠻活動的主要區域，可能是苗蠻與中原連接的重要界點。三代之時，堯率領北方部落聯盟發動了對苗蠻集團的進攻，「堯戰于丹水之浦，以服南蠻。」[29]苗蠻在中原部落的壓迫下，退至荊州一帶。後來虞舜繼續與苗蠻交戰，大禹最後征服了苗蠻。受周室冊封的熊繹，可以說是周王控制南土的代表，有讓其領袖楚蠻的意味。[30]因此，楚正式成為周代封邑之名。不過那時地盤極小，「楚之祖封于周，號為子男五十里。」[31]當時楚子處境艱難，楚靈王時令尹子革

25 周星：〈試論堯、舜、禹對苗蠻的戰爭〉，見《史前史與考古學文》（西安：陝西人民出版社，一九九二年），頁二〇七—二〇八。
26 《三代吉金文存・六・四十七》。
27 湖北省博物館：〈一九六三年湖北黃陂盤龍城商代遺址的發掘〉，《文物》，第一期（一九七四年）。〈湖北黃陂盤龍城商代遺址和墓葬〉，《考古》，第八期（一九六四年）。
28 《左傳・昭公九年》周王使者辭於晉，曰：「我自夏以後稷，魏、駘、芮、岐畢，吾西土也；及武王克商，蒲姑、商奄，吾東土也；巴、濮、楚、鄧，吾南土也；肅慎、燕、亳，吾北土也。」
29 呂不韋：《呂氏春秋・召類》，劉安・淮南子・兵略訓》。另參看周星《試論堯、舜、禹對苗蠻的戰爭》文。
30 《左傳・昭公九年》周景王使者說「先王居檮杌於四裔，以禦螭魅。」而楚史名為《檮杌》二者間關係並非偶然。
31 司馬遷：《史記・孔子世家》（北京：中華書局，一九五九年），頁一九三二。

說起這段歷史：「昔我先王熊繹，辟在荊山，蓽路藍縷，以處草莽；跋涉山林，以事天子。惟是桃弧棘矢，以共禦王事。」[32]封在蠻荒的熊繹不僅要在惡劣的自然環境中求生存，同時要對周天子盡守土之責，並且以桃弓棘箭為王室禳災。在立國之初，無論處境如何的不妙，奉事周室的楚子畢竟有了自己立足之地，有了向南擴展的基礎。其後，楚君熊渠利用王室衰微之機，向江漢進發，並取得江漢蠻族的信任，《史記・楚世家》稱：「熊渠甚得江漢間民和。」熊渠勢力得到擴充後，於是明顯表示脫離周室而自立，宣稱「我蠻夷也，不與中國之號謚。」熊渠遠伐揚越，到達鄂地，封自己的三個兒子為王，「皆在江上楚蠻之地。」但當時楚國的實力還不能與周王朝分庭抗禮，因此周厲王當政時，熊渠害怕周人討伐楚國，「遂去其王號。」楚人的真正發展還得等待時機。

平王東遷後，周王室的統馭力已明顯下降，在西周後期漸趨活躍的楚人，更為主動地向周邊擴展，他們再也不能滿足辟處荊山的狀態，楚人於是走出山林，遷都於郢（今湖北宜城境內），開始向江漢平原拓展。楚莊王將春秋時代楚國霸業推向了頂點，他以楚人特有的自信問鼎周室，飲馬黃河，一度成為霸主。楚國疆域西北到武關（今陝西商南西北），東南到昭關（今安徽含山北），北到今河南南陽，南到洞庭湖以南。面對日以強大的楚國，中原諸國再也不敢等閒視之。

春秋末葉，楚國曾遭受重大挫折。昭王十年（公元前五〇六年），吳國軍隊攻陷郢都，昭王出走。在其後的十來年間，楚都南遷到江漢腹地江陵，仍稱郢。此後直至公元前二七八年秦將白起入郢，楚都東遷。楚國在此定都二百二十年左右，度過了楚國最強盛的時代。戰國時期，楚國在經歷了吳起變法之後國力更為強盛，而中原周室已名存實亡，逐鹿中原成為諸國共同的目標，有著強烈征戰意識的楚人對此傾注了極大的熱情，在東征西討、南下北上的兼併戰爭中，楚人先後攻滅六十餘國（包括春秋時期）。此時楚國的疆域大為擴展，東北已達今山東南部，西南到今廣西西北角，東南到今江蘇、浙江。史稱「楚人地卷沅湘，北繞潁泗，西包巴蜀，東裹郯邳。」（《淮南子・兵略訓》）楚成為「地方五

[32] 〈左傳・昭公十二年〉，見阮元：《十三經注疏》（北京：中華書局，一九八〇年），頁二〇六四。

千里，帶甲百萬」的強盛之國，[33]在戰國七雄中秦楚並稱雄長。所謂「縱合則楚王，橫連則秦霸。」楚人統一了南部中國，又北上聯合諸國抗衡強秦，楚文化亦隨軍事政治強勢向南北擴展，楚文化成為當時的強勢文化，對未來中國的文化統一作了有力的鋪墊。

戰國後期，秦師入郢，楚人將都城北移於陳（今淮陽）。二十五年後，即公元前二四一年，又東徙壽春（今安徽壽縣），直至公元前二二三年楚為秦所滅，建都僅十七年。在楚八百年的漫長國史中，楚人的活動範圍由偏僻的荊山擴張到大半個中國，極盛時期達到今河南大部、山東南部、安徽、江蘇、浙江、江西、廣西北部諸地區，甚至遠及雲貴。[34]但楚國主要活動區域是以江漢為中心的長江中游地區，楚都除了戰國末年因戰爭逼迫遷到淮水流域外，其一直徘徊在江漢之間。今兩湖地區是楚國的腹心區域，因此也是荊楚文化的核心地帶。

戰國之後人們習慣以楚地稱代故楚地區。《史記・貨殖列傳》在討論各區域民俗、物產時，將故楚地區分為南楚、西楚、東楚三個板塊。《漢書・地理志》以戰國初期的國土為依據，將楚地限在今兩湖及漢中、汝南一帶。也即長江中游、特別是以江漢平原為中心的湖北湖南地區，六朝時期，將這一地區（漢朝的荊州境域亦即故楚中心地）稱為「荊楚」。「元嘉中，以京師根本之所寄，荊楚為重鎮，上流之所總。」[35]晉室南渡之後，荊楚地區成為南北對立的前沿，荊楚既是軍事重鎮，也是南北經濟文化交流的重要地帶。因此南朝異常看重荊楚。「荊楚」成為當時常說的名詞，如「荊楚用武之國。」[36]龔祈是武陵漢壽人，他「風姿端雅，容止可觀」，時人歎曰：「此荊楚之仙人也！」[37]而喜好遊歷的徐懷簡在任梁湘東王鎮西諮議參軍時，於「荊楚山川，靡不畢踐。」[38]可見以荊楚指代江漢地區是當時的習語。宗

33　《戰國策・楚策》。
34　楚頃襄王時，有將軍莊蹻率部深入雲貴高原，到了滇池壩，變服從俗而為滇王。
35　李昉：《太平御覽・一六七》引盛弘之《荊州記》。
36　李延壽：《南史・卷三十三・何承天傳》（北京：中華書局，一九七四年），頁八六八。
37　李延壽：《南史・卷七十五・隱逸上》（北京：中華書局，一九七四年），頁一八六九。
38　李延壽：《南史・卷七十五・徐羨之傳附》（北京：中華書局，一九七四年），頁四四一。

懍以荊楚地區居民的年度活動為記述對象，所以宗懍的這本歲時著作冠以「荊楚」之名也就十分自然。漢魏以後荊楚是一個地域概念，它有一定的政區範圍，但不嚴格對應行政區劃，它側重地域的文化性，是一種文化區位，所以荊楚有時涵蓋了整個江南地區。

二、荊楚的文化特徵

文化是人類在一定的自然環境與社會環境中為了自己的生存與發展而主動進行的物質創制與精神創制。荊楚文化是荊楚地區民眾創造傳承的文化，它有著悠久的歷史與濃郁的地方特色。

（一）多元與融匯

荊楚位於中國內陸中部偏南地區，在地理條件上是處於南北過渡地帶，因此氣候適中，植被豐富，物產多樣。它溝通南北，連接東西，地理上的居中地位，使荊楚地方不僅在文化上有著接納四方、多元共存的特性，而且在五方雜處中不斷地實現文化的交融與匯通，荊楚文化最終標新立異，獨領風騷。

荊楚文化從其創立之始，就具有一種多元混合的態勢。在荊楚文化生長的腹地江漢地區，早在新石器時代，就有了高度發展的原始文化。從考古發現的文化遺存看，江漢地區的古文化有著自己的文化序列，大溪文化——屈家嶺文化——湖北龍山文化構成了先楚文化的三個發展環節，有人認為這些文化的創造者可能是傳說中的「三苗」。就是在這些先楚文化中也並不單純，考古學家們發現，北方中原文化與先楚文化在大溪文化時期已經發生接觸，這兩支文化的陶器都以紅陶為主，在盆、缽造型上有著相似的形制。[39]屈家嶺文化在其演變過程中也與中原地區的晚期仰韶文化及早期

[39] 參看安金槐：《中國考古》（上海：上海古籍出版社，一九九六年），頁一二五—一二六。

龍山文化發生一定的聯繫。而直接承襲屈家嶺文化的湖北龍山文化在其發展過程中，又曾受到黃河中下游地區的龍山文化，特別是河南豫西地區龍山文化的很大影響。這一時期相當於中原地區的夏代，也就是說江漢文化受到夏文化的影響。從文獻記載和傳說來看，當時夏人曾與苗蠻發生大規模的戰爭，戰爭以夏人勝利、苗蠻南退結束。這一方面說明中原文化與先楚文化有了大規模的接觸，另一方面也說明夏代先楚部落的強大。[40]

殷商代夏後，伴隨著商人「奮發荊楚」的軍事行動，商文化不斷向南擴展，荊楚成為商的「南土」，從考古發現看，商文化已深入到荊楚腹地。湖北黃陂盤龍城商代城址的發掘成果，「使我們第一次知道黃河流域首先發達起來的二里頭期商文化，亦達到長江之濱。」[41]由於盤龍城位於楚人活動範圍內，所以在盤龍城出土的各種遺物遺跡中雖然有著明顯的商文化色彩，但也有著荊楚土著的文化特點，並且還有東南沿海印紋硬陶與原始瓷器，反映出當時荊楚地方的文化交匯。[42]商文化還渡過長江到達湘水與贛水流域，江西清江吳城是江南著名的商代文化遺址，從出土的青銅器、陶器看，商代中晚期的文化已通過荊楚地區與東南越文化有了密切的接觸與交流。[43]商文化對荊楚地區文化有著深遠的影響，它不僅體現在物質文化上，在禮制儀式上亦有著明顯的商文化的烙印。有關亡人的處理方式即喪葬形制最能反映人類的文化觀念。從發掘出的春秋戰國楚系墓葬看，楚墓內有二層台或多層台，一般有墓道，而且墓道也大部分向東，這些與殷墓相似應是對殷墓墓葬禮制的繼承和發展。此外楚人的人殉與車馬殉葬習俗亦為對殷商喪葬禮制的因襲。[44]

進入西周以後，周人明確將楚地視為自己的勢力範圍，熊繹成為周王室分封楚地的最早君長。據《史記．楚世家》記載，作為統治者進入楚地的熊氏集團其遠祖可追溯到祝融，祝融為高辛的火正，是執掌光明的神職。在上古之世，火

40 參看安金槐：〈商代的楚文化遺存及其有關問題〉，河南省考古學會：《楚文化研究論文集》（鄭州：中州書畫社，一九八三年），頁一〇—二二。

41 〈盤龍城一九七四年度田野考古紀要〉，《文物》，第二期（一九七六年）。

42 陳賢一《盤龍城商代二里崗期墓葬陶器初探》對盤龍城出土陶器進行分類，認為陶器可分為A、B、C、D、E五群，分別反映中原商文化、商文化與土著文化融合、土著文化、東南沿海文化等文化類型。該文刊於《中國考古學會第四次年會論文集》（北京：文物出版社，一九八五年）。

43 安金槐主編：《中國考古》（上海：上海古籍出版社，一九九六年），頁二五〇—二五二。

44 黃有漢：〈論商文化對荊楚地區的影響〉，《史學月刊》，第三期（一九九六年），頁一三—一七。

正最重要的職責是觀象授時，長沙楚帛書《四時》篇就記述了炎帝命祝融率領四神，「奠三天」、「奠四極」恢復日月運行的傳說，[45]這很可能是因為曆法與自然季節的偏離或氣候的異常導致自然秩序的混亂，所以需要祝融來重新整飭天文秩序。祝融是楚人的文化遠祖，祝融八姓長期活動在中原地區，作為羋姓楚族直接祖先季連活動俱在河南。周文王時季連的苗裔鬻熊，舉部背棄商朝，「子事文王」，[46]輔佐周室。周成王時鬻熊的後人熊繹受封於楚，因此熊氏集團正式以楚為國名與族名，楚文化真正拉開了序幕。從楚公室文化看，楚文化與周文化關係十分密切，中原政權曾矚目於楚室，《國語・鄭語》史伯對鄭桓公說：「蠻羋蠻矣，唯荊實有昭德，若周衰，其必興矣。姜、嬴、荊、羋實與諸姬代相干也。」楚族雖非王室同姓，但它屬中原文化的子民，楚族深入荊楚，攜帶的自然是來自中原的農業文化，只要我們看看楚人的語言文字，就不難明白這一點。在辟處荊山的艱難歲月中，楚人處在中原文化的邊緣地帶，一方面謹慎奉事周室，另一方面積極平撫蠻夷土著，進而擴展自己的範圍。楚人充分利用位於黃河、長江兩大文明交接帶的地利之便，兼采華夏與蠻夷之長，楚文化有了當時中原文化難以比擬的活力，因此在周室衰落時楚文化卻迅速崛起。周室東遷後，楚人首先東進，制服漢陽諸姬，接著南下相繼攻破或收服百濮、群蠻、百越，並移都江漢腹地，還一度北上問鼎中原。楚人在這種南北擴展的戰爭中，採取了比諸夏開明的民族政策，諸夏嚴守夷夏大防，對非我族類者，是「兼人之國，墮其城廓，焚其鐘鼓，布其資財，散其子女，裂其土地。」而楚人很早就身處蠻中，熟悉蠻夷文化，對它採取的是吸收與利用的懷柔政策。因此在「甚得江漢間民和」的形勢下，楚人進行了一系列的兼併戰爭，但楚人不同於諸夏，楚「兼人之國，修其國廓，處其廊廟，聽其鐘鼓，利其資財，妻其子女。」[47]楚人以其獨有的開闊胸懷，對南方民族文化兼容並包，使楚國在戰國時期已經成為擁兵百萬，拓地五千里的泱泱大國。楚人在政治上結夷夏為一體的進程，亦是在文化上

45 李學勤：《失落的文明・一一二・長沙楚帛書》（上海：上海文藝出版社，一九九七年），頁二四四—二四八。
46 司馬遷：《史記・楚世家》（北京：中華書局，一九五九年），頁一六九一。
47 馬王堆漢墓帛書整理小組：《馬王堆帛書・經法・國次》。

融匯夷夏的進程。[48]楚人既實現了南方民族文化的融合，同時也推進了中原文化與蠻夷文化的交流，「撫有蠻夷，奄征南海，以屬諸夏。」[49]楚人處在南北文化交流的中間地帶，楚文化的類型是與蠻夷文化、諸夏文化不同的第三種類型，她亦夷亦夏，非夷非夏，楚人在處理夷夏關係時常表現出靈活的政策，楚人在崛起之初，有時以蠻夷自居，聲稱：「我蠻夷也，不與中國之號謚。」有時又主動覲見周天子，表示自己還傳承著祖先守土南方的職守，周天子仍囑咐楚王：「鎮爾南方夷越之亂，無侵中國。」[50]楚國雖然因歷史與地理的關係，其國內民族以苗蠻夷越為主體，在風俗文化上有著與中原顯著不同的面貌，所謂：「居楚而楚，居夏而夏。」[51]但是，楚國居主導地位的文化仍與華夏文化密切關聯，並且即使是苗蠻文化他在先楚時代也與中原文化有過接觸與交流。因此，楚國不僅不自異於中國，而且很自然地參與逐鹿中原的兼併戰爭。楚國雖然未能完成統一大業，但匯聚了多種文化成分的楚文化最終成為中華文化的一大幹流。楚人在春秋戰國這一中華文化的軸心時代作出了特殊貢獻。

八百年的楚國歷史，千年的文化傳承，融匯夷夏的開放氣度，鑄就了荊楚文化的輝煌，樹立了影響深遠的荊楚文化傳統。

在後楚時期，由於地理位置的關係，幾乎每一次大的歷史的變動，都會以不同方式在不同程度上影響到荊楚文化，其中最主要的是因戰爭或災荒而導致的人口構成的變化。處於四戰之地的荊楚，在歷史的變動時期，常常面臨大規模的人口遷徙局面，無論是人口南北的縱向移動還是東西的橫向移動，荊楚往往成為移民的過境或居留地帶，巨量人口的遷出與遷入，必定會給荊楚帶來文化上的變化。因此荊楚文化始終保持著多元與融匯的文化特徵。如漢魏之際，中原變亂，衣冠士族與普通百姓紛紛南下避禍，《三國志・魏志・衛覬傳》「關中膏腴之地，頃遭荒亂，人民流入荊州者十餘

48 張正明：《楚文化志》（武漢：湖北人民出版社，一九八八年），頁七－九。
49 〈左傳・襄公十三年〉，見阮元《十三經注疏》（北京：中華書局，一九八〇年），頁一九五五。
50 司馬遷：《史記・楚世家》（北京：中華書局，一九五九年），頁一六九七。
51 《荀子・儒效篇》

萬家。」此外還有河內、河東、潁川、汝南以及荊州北部的南陽等地人民流入荊州，[52]而且流入者有相當部分是具有較高文化素養的人，史稱：「劉表雍容荊州，坐觀時變，自以為西伯可規；士之避亂荊州者，皆海內俊傑也。」[53]襄陽當時也是流民聚集的要區，西北流民沿漢水東下，居留襄陽，襄陽在漢末集中了一批名士，當地有一座山就曾因有郡守、都尉、卿長等數十名士聚處其下而名為「冠蓋山」，名士聚處之鄉里號為「冠蓋里」。[54]在漢末的特定歷史條件下，荊楚地區再次成為文化匯聚地。據統計，東漢末年，荊州人口由西漢時的三五九萬激增至六二六萬。[55]第二次人口大遷徙是西晉末年，由於北方連年戰爭及少數民族入侵，黃河流域的人口大量移向長江流域，據估計南遷人口大約為九〇萬人。[56]荊襄之間亦是流民匯聚之區，「于時流人在荊州十萬戶。」[57]南齊時襄陽是「舊民甚少，新戶稍多。」[58]《荊楚歲時記》所記的民俗文化交融形態就出現在這一時期。唐朝天寶末年的安史之亂造成第三次移民大潮，史稱：「至德後，中原多故，襄鄧百姓，兩京衣冠，盡投江湖，故荊井邑，十倍其初。」[59]中國內部的人口變動再次影響了荊楚區域文化，[60]這是中國歷史上對荊楚地區有較大影響的人口移動。在動盪的時代，荊楚受到移民浪潮的反覆衝擊，荊楚文化得到不斷的混合與更新。除此之外，在安定的統一時代，隨著國內政治經濟聯繫的緊密，處於南北溝通、東西交接的中部地帶的荊楚地區自然是人們必經的要區，「江陵南北道，常有遠人來。」（元稹）日常的官宦、士人、商賈及一般為生計奔走的平民等人口流動也會帶來豐富的文化因素，所謂「俗具五方」，「雜以成俗」。唐初荊州就出現「流庸浮食

52 黎虎：〈六朝時期荊州地區的人口〉，中國魏晉南北朝史學會編：《魏晉南北朝史論文集》（濟南：齊魯書社，一九九一年）。

53 陳壽：《三國志・王粲傳》（北京：中華書局，一九五九年），頁五九八。

54 習鑿齒：《襄陽耆舊記・卷第三・冠蓋山》。酈道元：《水經注・沔水中》。

55 梁方仲：《中國歷代戶口、田地、田賦統計》（上海：上海人民出版社，一九八一年）。

56 譚其驤：〈晉永嘉之亂後之民族遷徙〉，《燕京學報》，第十五期（一九三四年）。

57 房玄齡：《晉書・卷六十六・劉弘傳》（北京：中華書局，一九七四年），頁一七六六。

58 蕭子顯：《南齊書・州郡志下》（北京：中華書局，一九七二年），頁二八二。

59 樂史《太平寰宇記・荊州》。

60 李學勤、徐吉軍主編：《長江文化史》（南昌：江西教育出版社，一九九五年），頁五四一—五四三。

者甚眾，五方雜居，風俗大變」的文化變化。[61]在漫長的歷史歲月中，荊楚文化接受了一次又一次的洗禮，文化面貌有了很大改變，文字統一，方言屬「官話」範圍，生活風俗也大體與全國一致。但是荊楚文化熔鑄五方的文化精神沒有改變，直至近代荊楚文化仍然保持著文化兼容的開明態度。

（二）神祕與浪漫

神祕與浪漫是荊楚文化的鮮明特徵。荊楚地區有著地形複雜、氣候多變、山川怪異的自然景觀與地理概貌，生活其間的人們易於產生奇幻的感覺，莫名的恐懼，神祕的猜測，奇異的遐想，人與自然界發生著微妙的關聯，由於認識水平與生存能力的局限，人們還不能完全將自己與自然界區分開來，因此也就長期保持著神人交通的原始信仰，在這種原始精神支配下，楚文化呈現出詭異神奇的文化特徵。在楚國及後楚時期，荊楚地域文化一直以此種面貌著稱於世。《荊楚歲時記》中所記述的荊楚歲時民俗信仰與神話傳說就是這一文化特徵的具體反映。

楚地素有崇巫尚卜的信仰傳統，這種傳統形成於先楚及楚國時期，並且楚國的上下階層都保持著這一神祕風習。首先從楚國公室看，楚人自稱是火神祝融之後，祝融在傳說時代是高辛氏的火正，「主治火事」，即主管觀測大火星象以確定人事活動的職事，楚族世代傳襲著這一族氏職責，《左傳・昭公九年》說：「火，水妃也，而楚所相也。」在西周時期，楚姓成為方國之主但仍然要為周王「守燎」。柴燎之祭，是古代祭天的重要儀式，在古人心目中天火與地火有著感應關係，因此後代將火正祝融視為人間火神或灶神，楚人守燎之職即由此而生。楚子並以巫職供事周朝，「桃弧棘矢以共禦王事。」始封的楚君熊繹其實身兼大巫。[62]其次，楚地下層民眾多為蠻夷土著，他們有著濃厚的崇祀鬼神的巫教信仰，巫風盛行，「民神雜糅，不可方物，夫人作享，家為巫史。」[63]在這樣一種全社會的普遍性的民眾信仰的

61 《樂史・太平寰宇記・荊州》。
62 張正明主編：《楚文化志》（武漢：湖北人民出版社，一九八八年），頁四〇六。
63 《國語・楚語下》。

歷史背景下，楚國形成複雜的神鬼系統，北方華夏諸神與南方夷越之神及楚人自己信奉的神靈兼容並包，在楚人那裡日月星辰、山川草木俱有靈異，屈原的《離騷》用浪漫的文學筆法描繪了楚人的神仙世界。而人死成仙為鬼也是楚人一般具有的意識，在屈原筆下，死於國事者，精神不死，他們「身既死兮神以靈，魂魄毅兮為鬼雄」（《國殤》）。我們還可以從楚墓出土的帛畫中得到有效的說明：陳家大山帛畫繪有龍鳳及巫女，有人說象徵引魂升天；長沙子彈庫「人物禦龍」帛畫，和楚辭「駕飛龍」句印證，表現的亦是升天意識；稍後馬王堆漢墓出土的帛畫仍沿襲著荊楚文化傳統，對楚人「世敘天地」的神祕觀念作了立體直觀的表達，天界、人間、地界自上而下三位一體，表現了楚人現實與虛幻交融的精神世界。[64]楚人不僅生活在自然之中，而且同時生活在充滿神異的鬼靈世界之中，因此他們的一舉一動都需探知神意，取得神靈的許可，大至邦國政事，小至生瘡長癬，都要祈求神鬼。如楚懷王「隆祭祀，事鬼神，欲以獲神助，卻秦師。」[65]楚共王在選立諸君時遇到難題，於是大祭山川之神，祈禱說：「請神擇於五人者，使主社稷。」[66]王室如此，百姓亦如此，「昔楚國南郢之邑，沅湘之間，其俗信鬼而好祠，其祠，必作樂鼓舞以樂諸神。」[67]既然，人事受制於神鬼，那麼神人之間的溝通就十分重要，這種溝通需要通過一定的法術或儀式才能實現，並不是人人都能掌握通靈的手法，因此人們需要得到具有特殊材質及專業素養的巫覡的幫助與指導，巫是高於常人的特殊職業者，「民之精爽不攜貳者，而又能齊肅衷正，其智能上下比義，其聖能光遠宣朗，其明能光照之，其聰能聽徹之，在男曰覡，在女曰巫。」[68]巫覡的材性素養決定了巫覡在楚國社會中的特殊地位，所以在楚國社會巫師受到特別的重視；楚平王時大巫觀射父就曾被奉為國寶，參與重大國事活動，成為楚王的重要輔臣。正如《楚文化志》在論及楚國風俗與信仰時所述「巫在楚國，

64 饒宗頤：〈道教與楚俗關係新證——楚文化的新認識〉，《饒宗頤史學論著選》（上海：上海古籍出版社，一九九三年），頁一二六—一四一。鐘敬文：〈馬王堆漢墓帛畫的神話史意義〉，《鐘敬文學術論著自選集》（北京：首都師範大學出版社，一九九四年），頁二四八—二七五。

65 班固：《漢書・郊祀志》（北京：中華書局，一九六二年），頁一一八九。

66 〈左傳・昭公十三年〉，見阮元《十三經注疏》（北京：中華書局，一九八〇年），頁二〇七〇。

67 王逸：《楚辭章句・九歌序》。

68 《國語・楚語下》。

享有廟堂之上的榮耀，足以令諸夏的巫相形見絀。」（第四〇六頁）

巫以祭祀與卜筮為職事。楚人崇信鬼神，重視祭祀活動，「信鬼好祠」成為楚國的一般風俗，巫是祭祀活動的主持者，他們作樂歌鼓舞以愉悅諸神，屈原的《九歌》就是代王室祭「東皇太一」等神鬼所作的祭歌，他依據的是沅湘民間的巫歌，[69]屈原在這裡似乎充當著王室大巫的角色。楚人巫鬼信仰與祠祀傳統在楚地影響深遠，成為荊楚民俗文化最突出的外部特徵。《呂氏春秋・異寶》稱「荊人畏鬼，越人信禨。」《淮南子・人間訓》有「荊人鬼，越人禨。」《漢書・地理志》對楚地民俗信仰特徵作了這樣的概括「信巫鬼，重淫祀。」後代論及荊楚文化面貌時幾乎沒有不以此為辭的。六朝巫鬼信仰濃厚，《荊楚歲時記》中有著大量的巫鬼法術習俗記載。唐人總結隋代荊楚地方民俗時說：「大抵荊州率敬鬼，尤重祠祀之事。」（《隋書・地理志》）唐朝巫風不滅，元稹《賽神》詩記述了這一情形，「楚俗不事事，巫風事妖神；事妖結妖社，不問疏與親。」宋朝荊湖北路三峽地區仍然傳承著崇巫重祀的傳統，「歸峽信巫鬼，重淫祀。」[70]明清依然如此，清代湖南仍如《九歌》描述，鬼靈甚多，巫師依然是祭祀活動的主角。「辰、常之間，人多尚鬼，祭必巫覡。」直至近現代在荊楚偏僻山區信鬼好祀之風猶存，有學者對湘西苗族的信仰作了詳細調查，認為苗民「信鬼成俗，相沿至今，」有所謂三十六神、七十二鬼，祭家先、還儺願等祭儀達二十六種之多。[71]可見荊楚巫風的源遠流長。

卜筮是巫覡探知神意、預測吉凶的神祕手段。祭祀主要在於媚神邀福，卜筮在於預知神旨以趨吉避凶；祭祀的舉行有特定的時日，卜筮可隨時進行。由於卜筮需要特定的技術，所以卜筮一般由巫覡執掌。而且楚國的卜者大多出身於巫卜世家，如觀氏世代以卜事服務於楚室，觀射父即是其中的顯赫者。直到漢朝初年，楚人司馬季主曾率弟子數人，「卜于長安東市。」他與博士賈誼等人討論易學，「列吉凶之符，語數千言，莫不順理，」時人大為嘆服。[72]當然這些

---

69 王逸《楚辭章句・九歌序》：「屈原放逐，竄伏其域，懷憂苦毒，愁思沸鬱。出見俗人之禮，歌舞之樂，其詞鄙陋，因為作九歌之曲。」今人林河有《九歌與沅湘民俗》一書對九歌與南楚民俗的關係論述甚詳。

70 《宋史・地理志》。

71 石啟貴：《湘西苗族實地調查報告・第十章第一節・祈禳鬼神》（長沙：湖南人民出版社，一九八六年）。

72 《史記・日者列傳》。又參看張崇琛：〈楚人卜俗考〉，見《楚辭文化探微》（北京：新華出版社，一九九三年），頁一四九—一五一。

都是上層卜者，他們作為王室顧問主要是為楚國當政者排難決疑。如出征、選官、擇嗣、確定祭祀日期或遇災禍等。楚室是每逢要事、大事必卜，有時是一卜再卜，直到如意為止。卜筮的主要方法是龜卜與占筮，所謂「端策拂龜」（《楚辭・卜居》），也就是《史記・龜策列傳》中所說「揲策定數，灼龜觀兆。」從楚人卜筮情形看，龜卜多於占筮，所行之卜，多為龜卜。如靈王即位前，為了預知自己是否能如願以償，就行龜卜，「卜曰：『余尚得天下？』不吉，投龜。」楚繼承了殷商的龜卜方法，並且楚地多龜，所以春秋戰國時期在楚地主流社會中流行的是龜卜的形式。當然筮占的形式也所在多有，它僅次於龜卜，從望山楚簡、包山楚簡的卜筮記錄看，有不少是筮占的結果，貞問的內容大多為墓主的吉凶禍福。包山竹簡中有「本卦」、「之卦」卦象的記述，[73]說明楚人已接受了周人的易占理論與方法，前述司馬季主無疑是一位筮占的高手。民間卜筮雖不如王族觀象定數那樣複雜、正規，但其信奉的程度猶有過之。由於龜卜材料難得，手續繁雜，所以「人的身分越尊貴，所卜問的事越重大，便更多地使用卜法。」（李學勤語）民間自然很難行龜卜之法，但民眾畢竟有自己的智慧，他們採取了變通的方式，從龜卜中發展出了「瓦卜」的方法。唐人元縝有詩為證：楚人「巫占瓦代龜」，元縝自注說，「楚巫列肆，悉賣瓦卜。」[74]《周禮・春官》記三兆之法，其中之一是瓦兆。瓦兆是瓦片燒裂後的紋路，猶如龜裂之紋，因此瓦兆可以得到龜兆之效。直到宋代荊湖民俗仍然「疾病不事醫藥，惟灼龜打瓦或以雞子占卜，求祟所在，使俚巫治之。」[75]民間還盛行草卜、竹卜。草、竹之類易取易用，所以民間流行這些占卜的方法。屈原流落沅湘時就請靈氛（巫者）用此法占筮，「索瓊茅以筳篿兮，命靈氛為餘占之。」（《離騷》）瓊茅、筳篿即是草卜與竹卜，在荊楚故地這種「結草、折竹而卜」的卜法一直流傳，宋人龐元英《文昌雜錄》雲：「余昔知安州，見荊鄉人家多以草、竹為卜，……蓋遺俗之舊也。」周去非在《嶺外代答》中還特地記述了南人的草卜之法「茅卜法」。草卜、竹卜之法至今仍能在湖湘鄉間見到。

73 包山墓地竹簡整理小組：〈包山二號墓竹簡概述〉，《文物》，第五期（一九八八年）。
74 元稹：《元氏長慶集・卷十》（上海：上海古籍出版社影印四庫全書本，一九九四年）。
75 範致明：《岳陽風土記》，影印文淵閣《四庫全書》，第五八九冊。

巫除了執掌祭祀與卜筮的職責外，還兼有醫者的身分，[76]在上古社會，巫醫不分，醫字古作「毉」，這個象形文字，生動地展示了巫與醫的關係，巫醫合一，巫師即是醫師。之所以出現這種情況，是因為在人們的原始觀念中，人的生死與疾患都是由鬼靈作祟，因此要解決致病之癥結非通靈的巫覡不可。《山海經》是一部形成於楚地的「巫書」，[77]在這部書中記有巫咸、巫彭等靈山（袁珂以為即巫山）「十巫」，他們以靈山為「天梯」，「從此升降，百藥爰在。」[78]巫與藥密不可分，藥力即是巫力。《山海經》中記錄了一些藥物，但大都強調其神祕效用，如招搖山上的祝餘草，食之不餓，鬼草服後可以已憂。有的還可以禦凶、禦兵等。在鬼神信仰的支配下，巫醫混雜，服用藥物往往成為施行巫術的一種手段，而且只是一種輔助手段。楚地巫醫結合的情況也很早見之於史籍，孔子曾說：「南人有言『人而無恒，不可以作巫醫』，善夫！」[79]春秋時期的「南人」一般是指以楚人為主的南方人，[80]從孔子的語錄中，可見當時成為巫醫並非易事，巫醫是世代相傳的專門職業。一九七三年長沙馬王堆三號漢墓出土了一批珍貴的醫書，其中的《五十二病方》尤有價值，據古史專家考訂，該書可能為楚人所作，醫方則有不同來源。[81]據統計《五十二病方》收錄了二八三種療法，其中巫祝療法有三十六種，涉及十四種病症。巫祝療法主要是使用咒語，同時輔以神祕行為，如對燒（㶵）

76 《呂氏春秋・勿躬篇》：「巫彭作醫，巫鹹作筮。」韓嬰《韓詩外傳》卷十：「上古毉曰弟父，弟父之為毉也，以莞為席，以芻為狗，北面而祝之，發卜言耳。」此可明證巫醫之關係。

77 魯迅在《中國小說史略》第二篇神話與傳說中認為《山海經》「蓋古之巫書也，然秦漢人亦有增益。」袁珂同意魯迅的觀點，並進一步考訂證實《山海經》的作者是「楚國和楚地的人。」見袁珂〈《山海經》寫作的時地及篇目考〉，載《中華文史論叢》（一九八三年），頁五。

78 袁珂：《山海經校注》（上海：上海古籍出版社，一九八〇年），頁三九六。

79 《論語・子路篇第十三》。

80 楚史研究專家張正明在〈巫、道、騷與藝術〉文中引用孔子這段話後說：「所謂南人，實即楚人。」原文刊於《楚俗研究・第二集》（武漢：湖北美術出版社，一九九五年），頁一一一—一二一。

81 李學勤：〈二十世紀出土中國古醫書集成・導言〉，原刊魏啟鵬、胡翔驊：《馬王堆漢墓醫書校釋（壹）》（成都：成都出版社，一九九二年），頁一—五。

傷作這樣的處理，「熱者，古曰肸詘肸詘，從灶出。毋延。黃神且與言。即三唾之。」[82]黃神是楚地崇奉的神靈之一，據饒宗頤考證，黃神可能與黃帝有關。[83]《病方》還有一則記治療狐疝的法術，「以辛巳日古曰：『賁辛巳日。』三；曰：『天神下幹疾，神女倚序聽神吾（語），某狐叉非其處所，已，不已，斧斬若。』」[84]巫覡以祝詞請動天神驅逐鬼魅，半是祈求，半是威脅，以此達到療疾的目的。巫祝的這種手法在民間長期傳衍，後世楚地的道徒與師公在驅邪逐惡的法事中往往也是採用此種先禮後兵的禳除之法。鬼道與醫術的連結在楚地至今仍有跡可循。[85]

巫覡通過卜問吉凶、治病療疾及主持特定的祭祀等一系列神祕活動，確定了他們在荊楚地方社會中的地位，荊楚地區民眾濃烈的鬼神信仰為巫覡的產生提供了豐沃的土壤，而巫覡的活躍又使民眾中的神祕傳統不斷得到闡釋與強化。在後楚時代的荊楚故地崇巫尚鬼、祀神重卜的風習常盛不衰。巫覡文化在荊楚文化中佔有突出的地位，因而使荊楚文化帶有濃厚的神祕意味。無論是人生儀禮還是歲時節日，人們都離不開神道與法術。異鄉客旅一進入荊楚之地就能感受拂面的巫風，歷代的官宦、文士在他們的詩文集中留下了不少記述這方面內容的文字。[86]

與神祕巫風緊密相連的是楚人的浪漫，浪漫是一種氣質、一種情懷，是生命活力的迸發，是神遊物外的超然。楚人的浪漫與狂放在中國文化史上放射出絢麗的光彩。

荊楚文化的浪漫是發乎至情的生命意識的張揚，它植根於荊楚這一神奇的天地，是荊楚民眾在獨特的地域環境中創造出來的鮮明個性。首先，從楚人生活的環境看：商周時期，在以黃河流域為生活舞台的諸夏民族看來，活動在黃河以

82 魏啟鵬、胡翔驊：《馬王堆漢墓醫書校釋（一）・五十二病方》（成都：成都出版社，一九九二年），頁一二二—一二三。

83 饒宗頤：〈道教與楚俗關係新證〉，見饒宗頤：《史學論著選》（上海：上海古籍出版社，一九九三年），頁一二六—一四一。

84 魏啟鵬、胡翔驊：《馬王堆漢墓醫書校釋（一）・五十二病方》（成都：成都出版社，一九九二年），頁九七。

85 據中央電視台一九九八年三月二十日《焦點訪談》報道，湖北鐘祥縣一盲女被人稱為「仙姑」，她替人治病，在當地頗有名氣，不少人從數十里外趕來求治。筆者的家鄉在鄂東北英山縣，那裡也常有「仙姑」給人治病，一般是在醫院難以治癒的疑難病。人們到「仙姑」那兒，請她指點病人觸犯了哪路神靈，然後採取相應的祈求或禳除的辦法。

86 唐代的元稹、劉禹錫、柳宗元，宋代的歐陽修、蘇軾、范成大，明代的顧景星等都在詩文集中描述過荊楚巫風。

南江漢地區的荊楚族群是南土的蠻荒民族，中原政權對其採取的主要是征伐政策；進入楚地的芈姓楚族，雖然他們是祝融的後裔，秉承著中原文化傳統，但他們南移江漢之後，一方面北方政權對其進行不斷地防範與打擊，另一方面，置身於蠻夷文化的包圍之中，要想生存發展就必須融入土著文化；而土著文化此時尚處於原始階段，氏族社會的風氣大量存在，使他們保持著活潑的感性的自由精神。因此楚族在接受南方土著文化使自己「蠻夷」化的同時，也就汲取了這種與北方理性文化迥然不同的文化特性。同時楚地繁複多樣的自然景觀易於催發人們的奇特想像，楚地不僅有飄渺的巫山、神奇的雲夢大澤、珍異的走獸飛禽，還有那浩蕩的江水，茂密的叢林，以及變幻莫測的風雲。人們生活在這樣的環境之中，不僅使謀生方式多樣化，而且其思想、感情也會自由地發散，變動不拘的生存環境培植著人的多變的情性。清人洪亮吉在《春秋時楚國人文最盛論》中說：「楚之山川又奇傑偉麗，足以發抒人之性情。」楚人在這樣的自然文化環境中，生成神祕、奇幻的浪漫性格是非常自然的。並且楚族本身就有巫官文化的傳統，他們進入巫風盛行的荊楚之地後，如魚得水，大倡巫風。神祕的巫教文化不僅與理性的史官文化劃分出截然不同的文化疆界，（值得指出的是這是中原政權長期視楚國為蠻夷的文化依據。）同時它構成楚人浪漫天性的思想動因。在原始宗教情感的驅動下，人們視萬物為一體，情感自由流注，時空可以置換，天地可以神游，上下四方，往古來今，了無滯礙。楚人的這種浪漫性格主要體現在楚地的神話與文學中。

神話與文學關係密切，但不等於文學，它是上古人們對自然、歷史、社會及人生的一種理解與表述，神話是原始觀念的體現，它與原始宗教意識一道構成了原始文化的精神基礎。楚地有著豐富的神話資源，因為楚人在很長的時期內沉浸在神話世界之中，他們不僅創造著自己的神話，而且吸收保存了相當多的中原神話，可以說楚文獻是中國神話的珍本。楚帛書、帛畫、宗廟壁畫、漢代的畫像石（磚）、漢帛畫與《楚辭》、《莊子》、《山海經》、《淮南子》它們或形象或具體的記述了楚地流傳的神話。

楚宗廟壁畫是楚國神話與歷史的形象展示，它「圖畫天地、山川神靈，琦瑋（譎詭），及古賢聖、怪物行事。」[87]宗廟壁畫早已不存（可能毀於秦人之手），但屈原的《天問》卻從獨特的角度生動地再現了壁畫的主要內容，為我們感受楚國神話提供了絕妙的藍本。從《天問》反映的壁畫內容看，天上有日月星象圖及神怪圖，包括九層天圖，日中有鳥、月中蟾蜍圖，九子母星座圖，嫦娥奔月圖，雨師屏翳圖，風神飛廉圖等。地上有鯀、禹治水圖（或鯀、禹像），昆侖山圖，燭龍圖，雄虺九首圖等。再就是人文始祖、歷史先賢及古帝王圖，有女媧、堯舜、夏禹、夏桀，簡狄、王亥、商湯、商紂，薑嫄、太王、周文王、姜太公、武王、周公等，近至春秋時代的齊桓公等。[88][89]壁畫圖繪天地人三界，神話人物與歷史人物錯雜，雖然我們對其中的神話故事大多只知一麟半爪，不能復原全貌，但已足見楚神話的富麗與神奇。楚宗廟壁畫雖已不存，但這種以神話題材為壁畫內容的傳統卻傳之久遠。深受楚文化影響的漢代，其壁畫也直接傳承了楚文化的風格，壁畫一般畫在畫室、學館、墓壁之上，描繪的內容與楚人幾無差異。《漢書・成帝紀》應劭注畫室「畫堂畫九子母。」與《天問》反映的楚天象神話壁畫內容一致，（《天問》有「夫焉取九子」句）另據《益州學館記》，「（漢）獻帝興平元年（公元一九四年），陳留高眹為益州太守，更葺成都王堂石室，東別創一室。自周公禮殿，其壁上圖畫上古盤古李老等神，及歷代帝王之像。梁上又畫七十二弟子，三皇以來名臣耆舊雲。」[90]巴蜀曾為楚的轄區，益州壁畫明顯的繼承了楚之風格，與《天問》所涉及的內容大略相似，由此也可以聯想到楚宗廟壁畫的情形。近數十年來

87 王逸：《天問章句・序》。

88 參看孫作雲遺作《楚辭〈天問〉與楚宗廟壁畫》，見河南省考古學會編《楚文化研究論文集》，頁一－九。饒宗頤認為「《天問》是屈原見到祠廟壁上的圖畫，有所感觸而作的。」（饒宗頤：《澄心論萃》一一五・「九歌與圖畫」上海文藝出版社，一九九六年。）鐘敬文師則認為《天問》這篇奇文，是一種與南方民族常用在宗教儀式上的問答體歌詞類似的文體，「我們只要知道民族志或民間文學中某些類似的作品，就無需感到怪異了。」（鐘敬文：《話說民間文化》，北京：人民日報出版社，一九九〇年，頁三六。）

89 《益州名畫錄》卷五。引自饒宗頤《〈天問〉與圖畫》文，文中接著根據文獻記載，梳理了益州學館壁畫的歷代修葺與增繪情況。文刊饒著・澄心論萃・頁二八四－二八八。

90 《益州名畫錄》卷五。引自饒宗頤《〈天問〉與圖畫》文，文中接著根據文獻記載，梳理了益州學館壁畫的歷代修葺與增繪情況。文刊饒著・澄心論萃・頁二八四－二八八。

的考古發現，不斷地為人們提供認識漢畫的新依據，[91]其中較為典型的壁畫遺存，是在離陳楚故都不遠的商丘發現的。一九八七年，商丘柿園村民在開山採石中炸開了保安山東側一座大型墓室，此墓與西漢梁孝王墓相對，考古工作者對此墓進行了發掘，發現該墓「主室頂部有面積十七平方米的彩色壁畫，畫上有一條長達七米的巨龍，東朱雀，西白虎，四周雲氣環繞；南壁還有畫有猛豹下山，朱雀展翅，靈芝草、神山等圖案的壁畫，總面積達八十平方米。」[92]雖然此墓壁畫的排列不太合乎一般的方位情況（也可能與報道者的理解有關，因為筆者未見原作，不敢妄斷。），但由此可以獲取漢代壁畫的確實的信息，壁畫的繪製與人們的神靈觀念密切關聯，無論是宗廟、畫室，還是墓室，壁畫都有一種原始的宗教意義，人可以生死，但靈魂不滅，神人活動在同一的時空之中，這就是墓室常畫天象神話的根本原因。[93]此後至南北朝壁畫，雖然已有佛教影響，但大略仍沿襲著楚漢的風格；[94]隋唐時壁畫風格發生了重大變化，壁畫已成為佛教故事的宣傳畫。此外近代出土的漢畫像石（磚），也記述了大量的與壁畫題材相近的神話內容。

楚帛書、帛畫是記錄楚神話的又一載體，由於楚壁畫的不存，人們只能藉助《天問》的文字與漢代的壁畫，推知楚壁畫的內容。因此長沙楚帛書、帛畫的面世對於揭示楚神話有著重要的學術意義。長沙子彈庫出土的戰國中晚期的楚帛書雖只有九百餘字，但卻涉及了廣泛的內容，古史專家根據其書寫的格式將帛書分為甲乙丙三篇。[95]甲篇主要強調民

---

91 參看周到．漢畫研究的回顧與前瞻．《尋根》，第五期（一九九五年）頁一一—一五。

92 《光明日報》一九九六年二月十七日第五版：〈文化瑰寶——商丘出土的漢梁文物〉。

93 洛陽西漢壁畫墓（原編號卜千秋墓）有彩色太陽圖、星雲圖、天象圖和歷史故事圖，以及青龍、白虎、朱雀、玄武等四神像。參看．〈洛陽西漢壁畫墓發掘報告〉，《考古學報》，第二期（一九六四年）

94 南北朝初期遼寧桓仁、吉林集安的高句麗古墓壁畫有日月、北斗七星及青龍、白虎、朱雀、玄武四神像；還有佛教題材的繪畫。雲南昭通後海子壁畫墓有四神圖像。（參看安金槐主編：《中國考古》，頁五八四—五八八。）而山東濟南發現的馬家莊北齊壁畫墓保持著楚漢風格，墓頂部有一幅天象、天神圖，北方繪北斗七星，西南繪南斗六星，西方繪赭色太陽，太陽裡有墨色金烏，東方繪月亮，月裡有桂樹、玉兔、蟾蜍。這是天象神話圖。（羅宏曾：《魏晉南北朝文化史》，成都：四川人民出版社，一九八九年，頁五三五—五三六。）

95 李零：《長沙子彈庫戰國楚帛書研究》（北京：中華書局，一九八五年），頁二九—三四。李學勤將三部分直接名為《四時》、《天象》、《月忌》三篇，一、二篇的位置與李零的甲乙篇正好顛倒，這與二人對帛書閱讀順序的理解有關（《失落的文明》一一二《長沙楚帛書》）。

人要順令和知歲；乙篇講述天象與四時創生的神話；丙篇敘述月之宜忌。帛書的乙篇記錄了楚神話的重要內容，乙篇分三個部分，首先，講天地混沌時期，「夢夢墨墨」、「風雨是於」，伏羲娶女媧，生了四個兒子，分守四方，確定四時；其次，講宇宙秩序的重整。在伏羲及其子嗣將世界由混沌導向秩序之後，過了千餘年，日月出現了，宇宙秩序出現混亂，「九州不平」，山陵傾側，於是「炎帝乃命祝融以四神降，」「奠三天」、「奠四極」，又由帝俊整飾日月的運行秩序。這樣世界又安定下來。第三部分，講共工對時間的計算劃分，推步十日而成「天干」，由天干而四時，再確定置閏，並將一日分為宵、朝、晝、夕。這三段神話雖然有相對的獨立性，但它們實際上給我們留下了一個較為完整的天地開闢、時空創造的神話。而且神話的主角有著明顯的傳承譜系，伏羲、女媧－炎帝－祝融－共工他們構成了前後相繼的時間順序。[96]這種較為完整的神譜與神話形態，反映了楚神話在戰國時期的成熟。同時我們從楚神話中的人物與情節內容看，原屬中原神話的因子已有機地組合進楚神話系統之中，如有關共工的神話。共工在中原神話中是一個叛逆的天神，他「與高辛爭為帝」，撞倒不周山，致使天地失衡，因此受到「宗族殘滅，繼嗣絕祀」的懲罰（《原道》）。[97]但在楚帛書的記述中卻正好相反，共工不僅不是宇宙秩序的破壞者，而是一個人間秩序的整飭者，他計量安排了人賴以生活的時間，共工在楚人心目中無疑是一位文化英雄。由此可見楚神話的地方化色彩，屈原在《天問》中「康回（即共工）馮怒，地何故東南傾？」的疑問應該是隱含深意的發問。楚地還流行靈魂升天的神話。從長沙楚墓發現的陳家大山人物龍鳳帛畫與子彈庫人物禦龍帛畫看，升天者都離不開龍舟與引魂之鳥，龍舟是運載靈魂的工具，鳥是天神的使者，在神鳥的指引下靈魂登上飄渺的天國。屈原在《九章・惜誦》中感歎：「昔余夢登天兮，魂中道而無杭（航）。」屈原夢中登天，但找不到引渡魂靈的航船。此證在楚人心目中靈魂的升天需要有特定的運載工具，船能航行水上，而水流大海，滄海茫茫，海天象連，因此乘船經海登天是古人自然的聯想，[98]由於龍是上天入海、騰雲駕霧的神物，所以龍或龍

96 《山海經・海內經》有炎帝之後生戲器「戲器生祝融，祝融降處江水，生共工。」可與帛書印證。
97 參看呂思勉：〈女媧與共工〉，馬昌儀編：《中國神話學文論選萃（上）》（北京：中國廣播電視出版社，一九九四年），頁四六九－四七八。
98 《苕溪漁隱叢話・前集・卷十一》云：「張茂先（張華）《博物志》曰：『舊說天河與海通。近世有人居海上者，每年八月見浮槎來，不失期，

形船是運送亡靈登天的理想交通工具。三峽地區與南方武夷山區都在水邊山崖上發現了大量的船棺，這種特殊的葬俗與南方民族的靈魂信仰有關。[99]在南方民族風俗中，人死了，要紮一隻紙船，放到河邊燒掉，意思是讓亡靈乘船去祖先住的地方去。帛畫描繪的是與此相近的古俗。[100]楚帛畫與後來的馬王堆漢帛畫都有神鳥引導著亡靈，亡靈歸去的地方往往與太陽發生聯繫，楚國的死者一般東向而葬，以便靈魂回到先祖祝融之處。東方既是海天之際也是太陽升起的地方，「太陽神是引導死去的靈魂去他們新居的嚮導，」因此，「不僅橋或船可以把靈魂送往新居，動物（特別是鳥）也可以召喚來保衛死者進入他們的國土。」[101]楚帛畫中的飛鳥形象正是這一信仰的寫照。長沙馬王堆漢墓帛畫繼承了楚帛畫的描寫神話的傳統，它以細膩的筆法將漢代楚地的神話世界形象地展現出來，天國、人間、地府上下貫通，構成了一個虛幻與現實結合的較為完整的宗教世界。[102]帛畫中出現了不少神話角色，人類賴以立足的大地，是由一個站在鼇背上的力士支撐著，地界中還有多種神獸，人間表現的是貴族生活，天國是神靈的世界，日中有金烏，月中有蟾蜍，在日月之間是一個人首蛇身的大神，這位居天國中間頂部，前有兩條巨龍飛舞，後有鸞鳳和鳴的天國大神，他到底是何種神話人物研究者歷來有不同的看法，其中較有影響的是燭龍說與伏羲說。據神話學家鐘敬文先生在《馬王堆漢墓帛畫的神話史意義》長文中的考訂，這位大神「很可能就是所謂『三皇』之首的伏羲」。[103]伏羲是神話中的創世主神，以他居天國中心是合乎情理的。

齋一年糧，乘之而去。十餘日中，猶觀星月日辰，自後茫茫，亦不覺晝夜。……」此人到了天河。這是漢代的傳說，與楚人觀念大略相似，這說明古人的確有海天象通的神祕聯想。

99 參看蕭兵：〈引魂之舟：戰國楚帛畫與〈楚辭〉神話〉，馬昌儀編：《中國神話學文論選萃（下）》（北京：中國廣播電視出版社，一九九四年），頁二二三—二六〇。

100 林河：《九歌與沅湘民俗》（上海：三聯書店上海分店，一九九〇年），頁一五四。

101 （德）利普斯（Julius E‧Lips）著，汪寧生譯：《事物的起源‧第十三章巫術和不可知的力量》（成都：四川民族出版社，一九八二年）。

102 湖南省博物館、中國科學院考古研究所：《長沙馬王堆一號漢墓》（北京：文物出版社，一九七四年）。

103 《中華文史論叢》，第二期（一九七九年）。

楚地是神話的沃壤，神奇的土地、神祕的巫風孕育與滋養著奇幻的神話，楚人的浪漫主要傾瀉在奇幻瑰麗的神話之中。壁畫、帛書帛畫以確定的實物形象描述楚人的奇思妙想；而《楚辭》為開端的一批誕生於楚地的傳世經典則從文學的角度向人們講述著楚地乃至中國的神話，從奇特的《天問》、汪洋恣肆的《離騷》、到神情飄逸的《莊子》、再到詭異的《山海經》及恢廓博達的《淮南子》這些歷經千古的楚人文學作品中，我們感受到楚地神話的富麗與神奇、清新與浪漫，瑰麗的文辭、奇幻的想像是楚地文學共有的藝術特徵，無論是詩歌、散文，還是民間口傳作品，它們都具有一種激動人心的精神活力。以楚辭為代表的浪漫文學不僅構成了中國文學重要流派，而且還一再給正統文學注入新生活力，從漢魏辭賦到南朝民歌、唐朝的竹枝詞，以致明代中期公安三袁的「性靈」文學，它們都是發端於楚地並最終使中國文學別開生面的重要文學樣式。楚地文學之所以有此不斷創造的昂揚的生命活力，就在於楚人的文學血脈中始終流淌著激情與浪漫，「想像力之偉大豐富」遠非北方文學可比，[104]游離於當日政治社會之外，歌詠自然人生造就了楚文學的不息生機。

荊楚文化是荊楚人民在特定歷史時空中創制出來的獨特的地域文化，它是中原文化與南方民族文化的融匯與複合。這種南北文化的交流持續了數千年，每當中原出現變故，處於南北交接地帶的首當其衝的荊楚地區就成為移民及移民文化薈萃之區，除特殊時期異地文化湧入外，地當「朔南西東」之交的楚地，[105]一直是歷代官宦、商賈、軍士、文人墨客及流人西去東還、北上南下的必經之區，荊楚以其特有天然條件與開闊的胸襟接納消融著四方文化。以江漢平原為中心的荊楚地區有如一巨大的文化調色板，它在漫漫的歷史歲月中不斷地調和著不同時期、不同層面的文化原色，逐漸形成了五彩斑斕的荊楚文化。但值得注意的是在調和四方文化（特別是南北文化）時，荊楚文化的底色仍然留存，荊楚民眾是以自己的生存與發展的需要來接納、吸收異地文化，因此荊楚文化在汲納四方的同時仍保持著自己的文化特色，多元一體，神祕浪漫，荊楚文化博大、詭異，生機勃勃。

104　王國維：〈屈子文學之精神〉，原載《教育世界》（武昌出刊，上海印行）第二三期，總第一三九號（一九〇六年十一月）。今據北京大學哲學系美學教研室編：《中國美學史資料選編》（北京：中華書局，一九八〇年）。

105　歐陽元：〈中興路鄀九老仙都宮記〉，陳詩：《湖北舊聞錄・第五冊》（武漢出版社，一九八九年），頁一三四三。

第四章 周秦以來的《月令》記述傳統與《荊楚歲時記》的開創性貢獻

《荊楚歲時記》的出現，除了前述六朝的文化大背景外，還與中國一向重視時間記述的傳統有關。中國很早就進入了農耕社會，農耕生產與自然時序有著極密切的關係，「在農業社會中，時間的規則是根據自然界的週期變化所決定的，這不僅決定了人要根據季節的更替行事，而且也限定了人們的知識結構。」[1]因此，周秦時代就出現了依照年度自然時序變化的行事記錄——月令。月令是包括社會各階層均需遵守的律令，當然它最主要的是服務於社會上層活動需要，以及從治政者的角度對社會進行規範和指導。月令是時間進程的政令性敘述，這種敘述傳統歷代相沿，一直到明清時期仍有存留，當然它的地位、性質均發生了重大變化。魏晉南北朝時期，不僅中國社會政治面臨著一大變局，在文化觀念上也發生了重大變化，其中突出表現之一，是時間觀念的變化，一統的政令性的時間敘述中斷，傳統月令被新興的地方歲時記代替，歲時記的意義不僅在於它記述了地方民眾的時空生活，更重要的是它改變了時間敘述的性質，從王官之時到百姓日用之時，這是一個巨大的歷史進步。

1 〔俄〕A．J．古列維奇著《中世紀文化範疇》（A.J.Gurevich.Categris of Medieval Culture），龐玉潔、李學智譯．第四章　時間是什麼？（杭州：浙江人民出版社，一九九二年），頁一〇六。

第一節　《月令》記述與王官之時

我們在上章討論傳統中國人的時間觀念時，已看到在中國人的時間觀念中有天時與人時之分，在早期社會，人們循天時而動，人時從屬天時，而王者根據他們對天時的理解、掌握，制訂出生活指南性的月令。所以說月令是王官之時。

如前所述，古代人的時間觀念神祕而具體，人們並沒有抽象的時間概念，人們在日常生活中已觀察到事物的變化，但不能理解，「然而，自從文明開始，人們即不甘心將事件看作互不相關而不可理解的。他們渴求理解世界的根本秩序。」[2]就是說人們從有了自我意識開始，就對人與自然的關係發生興趣，渴望理解其中的聯繫。但在當時的知識背景下，人們只能憑直覺與體悟的方式來理解世界，中國人很早就形成了宇宙互相關聯的整體看法，認為天、地與人之間有一種深刻而神祕的互動關係[3]。人們當時大致覺察到了自然界變化的週期性，及其與天象的關係，並以各種物象作為時間變換的標識。但對於促成時間變化的動因人們按照當時的認知水平推斷，只能歸結為上天。在依賴自然生存的古代，人們俯仰於天地之間，人們從生活經驗中感覺到，地上的景物變換也取決於上天，在古人的心目中，上天是有意志、有價值判斷、有情感的實體，但天又高高在上，可仰觀而不可觸及，可感覺其變化，但不能有效把握。天是神祕之天。因此，人們懷著敬畏之心，琢磨著上天的旨意，所謂「大天而思之」，借用一位思想史研究專家的話說：「中國古代思想界一開始就與『天』相關。」[4]認為天有無言的威力，而從屬「天」的時間，在古人的心目中具有神祕而神聖的意義。「故天有時，人以為正。」[5]因此，「古人立國，以測天為急。」[6]人們通過對生存環境長期的觀測，發現了自然界年

2 〔英〕史蒂芬・霍金著，許明達、吳忠超譯：《時間簡史》（長沙：湖南科技出版社，一九九八年），頁二二—二三。
3 參看葛兆光：《中國思想史・第一卷　七世紀前中國的知識、思想與信仰世界》（上海：復旦大學出版社，一九九八年），頁一五四。
4 葛書第八八頁。
5 《逸周書・卷九　周祝解》（瀋陽：遼寧教育出版社，一九九七年），頁七五。
6 柳詒徵：《中國文化史・第八章　治曆授時》（北京：中國大百科全書出版社，一九八八年），頁四四。

度週期變化的規律，於是人們逐漸形成了時序的概念，人們根據經驗預測年內物候變化，但受氣候條件變化的影響，自然物候有時出現難以預料的變化，自然界的這種變數，使人們對時序變化的預測失去了決斷的信心，因此古人說：「惟聖人知四時」，認為只有通天的聖者才能夠知曉自然時序的變化，聖人掌握著時間，「聖人慎守日月之數，以察星辰之行，以序四時之順逆。」[7]。事實上，這也是古代聖者的職司所在，因為他們為了協調天人的關係，要按季節祭祀神祇，就不能不對一年中的季節變化加以觀測，加以規定[8]。於是壟斷著人間知識的巫官與王者，同時也執掌著對天時的解釋權。為了服務也為了規範社會生活，統治者根據月度進程中的自然物候情況，安排人事活動，這種記述月度自然變化、並對應安排人事的文獻，就是《月令》。所謂月令是紀十二月當行之「令」，這「令」包括兩方面的內容，它既是自然的神祕律令（即時令），也是王者之令（即政令），後者依託前者而愈顯嚴肅。《管子・四時》說：「不知四時，乃失國之基。」可見掌握時序對早期社會的領導者來說是何等重要。正因為月令作為王官之時有服務與規範的功能，因此自周秦以來，月令成為禮制的一部分。其中《禮記・月令》最具代表意義。

《月令》作為政令性的時間指南，在漢代被列入了儒家經典，在《禮記》中緊排在《王制》之後，可見時序在政事活動中的重要性。《禮記》是先秦禮儀的整理與輯錄，《月令》是先秦月令體記述的較完備的文本。在《禮記・月令》之前，有呂不韋的《呂氏春秋・十二紀》，《月令》的文字幾乎與《十二紀》完全相同，而《十二紀》最遲在秦政八年已經成文[9]。由《月令》與《十二紀》的內容看，他們必定有共同的來源，不能簡單地說，後者抄自前者[10]。周代是較發展了的農業社會，也是禮法制度較為完備的社會，農業活動的季節特性，決定了人們對天時的依賴，人們只有以誠敬的態度，主動依順自然時序，才能夠獲得上天的福佑，「敬天保民」成為社會的主導思想。根據這樣一種思想原則，實

---

7 王聘珍：《大戴禮記解詁・卷五　曾子天圓・第五十八》（中華書局，一九八三年），頁一〇〇。
8 參看徐旭生：《中國古史的傳說時代・增訂本》（北京：科學出版社，一九六〇年
9 呂氏在《序意》中說：「維秦八年，歲在涒灘，秋，甲子朔，朔之日，良人請問《十二紀》。」
10 鄭玄說是呂氏所撰，「禮家好事抄合之」，見孫希旦《禮記集解》（北京：中華書局，一九八九年），頁三九九。

行十二月政是有可能的，當然它不會有後世那麼整齊完備。

《大戴禮・夏小正》就是月令的早期形式，當時可能處於部落社會階段，民智未開，政事簡樸，月令對人民的生產、生活有著切實的指導意義。《夏小正》是對整個社會作時序的指導，王家祭祀與政事活動較為少見，由此可見，當時人還處在被動順應自然的狀態，《夏小正》以天上星象的移動，與地上的物候變化，作為時間變化的表徵，安排農事生產與社會活動，如正月，應時而出的動物有：啟蟄、雁北鄉、雉震呴、魚陟負冰、田鼠出、獺獻魚；氣候變化有：時有俊風、寒日滌凍塗；星象有：初昏參中，斗柄在下；人事方面：此時初春，為萬物復甦時節，人們整理農具，「農緯厥耒」，並舉行祭祀農具的儀式，「初歲祭耒」，開始下田勞動，首先去公田，「初服于公田。」說明當時人們尚生活在早期國家階段，這時王官與百姓還沒有出現根本的對立，陰陽家的思想也尚未形成，所以《夏小正》中保持著較為古樸的特色，因此在時間觀念上也沒有周秦以後的神祕威嚴。《詩經》中的《七月》詩，是一首民間時令歌謠，其中的物候與農事、人事活動內容與《夏小正》近似，如「獻羔祭韭」等，但時代似較《夏小正》為晚，大致是西周早期的作品[11]。

《逸周書・時訓解》是《夏小正》的發展形態，物候變化與人事活動結合得更為緊密細緻，《夏小正》只給人們提供日常行事的時序指南，沒有以季節的反常作為對人事的警示。《時訓解》則有明確的王家訓誡意味，有很強的規範意識。原始的曆法，開始成為王官的時政。以正月節令記述為例：立春之日，東風解凍。又五日，蟄蟲始振，又五日，魚上冰。「風不解凍，號令不行；蟄蟲不振，陰奸陽，魚不上冰，甲冑私藏。」驚蟄日，獺祭魚，又五日，鴻雁來。又五日，草木萌動。如果這些物候特徵沒有出現，那就不是好兆頭，「獺不祭魚，國多盜賊；鴻雁不來，遠人不服；草木不萌動，果蔬不熟。」由此可見，在周人那裡自然物候與人事是有嚴格的對應關係，而時令的反常，必然兆示著人事的不吉，「天有四時，不時曰凶。」[12]當時，陰陽五行說尚未形成完整的思想體系，更不用說發生重大社會影響，周人抱持的是傳統的天人相應的思想。

11　參見孫作雲《詩經與周代社會研究・讀七月》（中華書局，一九六六年）。
12　《逸周書・卷三　武順解》（瀋陽：遼寧教育出版社，一九九七年），頁二四。

春秋戰國時代，是陰陽五行思想活躍的時代，人們以陰陽五行的思想框架理解世界，將世界的根本秩序歸結為陰陽五行的運動變化。因此，他們對傳統的月令敘述作了系統的整飾，《管子・幼官》是陰陽、五行結合以說明四時變化的最初嘗試[13]，《呂氏春秋・十二紀》與《禮記・月令》已經是完整地貫穿著陰陽五行思想。自然時序經陰陽家一番整理闡釋之後，變成了神祕而威嚴的宇宙律令，如司馬談在《六家要旨》中引述陰陽家的話說：「夫陰陽四時、八位、十二度、二十四節，各有教令，順之者昌，逆之者不死則亡。」陰陽家依照陰陽五行的變化法則，將傳統的人與天地參的思想系統化、精密化，社會人事活動被納入神祕的自然時空之中。

漢代在武帝之後，神祕思想流行，陰陽五行學說在經師的鼓吹下，愈來愈成為社會主導思想，他們不僅整理了前代的月令，並且明確將整飾後的月令作為國家政治與社會人事活動的指南與規範。漢代的月令與明堂有著密切的關係，所以我們在討論月令時不得不涉及到明堂制度。

明堂問題是中國文化史上的一個重要問題，也是一個聚訟紛紜的問題，自漢朝以後，有關明堂的討論，歷代不斷。漢代有《明堂陰陽》、《周易明堂》、《王居明堂禮》等，歷代討論明堂的重要作品有：蔡邕的《明堂論》，李謐的《明堂制度論》，朱熹的《明堂說》，清人惠棟的《明堂大道錄》是明堂研究的壓卷之作。誠如顧頡剛先生所說，「明堂之說，喧呶二千載，成為古帝王宮室與政事最博大之制度。讀惠棟《明堂大道錄》一書，此制誠無代蔑有，亦無代不包矣。」然顧先生仍對古代明堂是否存在持懷疑與否定態度[14]。事實上，在古代的確存在過類似明堂的祭祀施政的特殊場所。《大戴禮・盛德篇》說：「明堂者古有之也」，並不是托古的虛言。明堂或與明堂類似建築的設立，是基於古人的宇宙觀念。古人認為人間萬物變化的最後根源在於上天，「觀乎天文，以察時變。」[15]因此對天象的觀測與對天神的祭祀，是古代社會的頭等大事。而天象觀測需要有固定的方位，祭祀也不能遙空虛拜，這樣就必定有一個具體的觀象與

13 參看白奚：《稷下學研究——中國古代的思想自由與百家爭鳴》（北京：北京三聯書店，一九九八年），頁二三九—二四九。
14 顧頡剛：《史林雜識・明堂》（北京：中華書局，一九六三年）。
15 《易・賁卦・彖辭》。

祭祀地點。由於觀天象與祭祀密切關聯，因此古代觀象的靈台與祭祀施政的明堂往往並建於一處，在早期很可能就是同一建築物。李約瑟引蘇熙洵（W. E. Soothill）的意見，稱「靈台一開始便是明堂必不可少的一部分」（《中國科技史》第四卷，四四頁。），有人認為「稍失武斷」[16]但我覺得應進一步說，明堂性質的建築物開始是從屬靈台類的觀象建築物。這裡面有主次。明堂最先就是模仿天象的建築。《尚書・堯典》記述了這一情況，「乃命羲和，欽若昊天，曆象日月星辰，敬授人時。」《易・繫辭》中說：「天垂象，見吉凶，聖人象之。」聖人的職責就是根據天象變化以預測政事。古代的智者為了切實地把握天象，於是將天界搬到人間，在地上模擬天圖，並通過樹立表木，測定日影的方法，以確定季節變化。[17]

楚帛書是戰國時期楚地月令與民間曆忌合一的文書，楚帛書將天象的時序變化作了平面的展示，十二月分置四方，作向心的左旋排列，這是古人據「天道尚左」觀念的布置。在圖上四角分別標有青、赤、白、黑四木（在古人看來太陽光芒向四角散射，後述含山玉片的太陽圖即為顯證），四木樹冠向心，青、白二木樹冠左右相對，赤木與黑木樹冠上下相對（見附圖），四木的此種標示無疑向我們表露了一個重要的信息，而這正是目前研究者所忽視的問題。研究者一般只注意到四木領四季這一現象，[18]但對四木何以領四季的問題，並未展開討論，筆者認為這正是我們理解帛書性質的關鍵所在。四木就是古代測定日影的四季表木，這種建標測影的方法直到魏晉南北朝時仍作為訂正曆法的手段。[19]在太陽視運動中，太陽在四季有不同的位置，因此人們以樹木的方式，測量日影，以掌握太陽的季節位移。春與秋太陽照射地

16 江曉原：《天學真原》（瀋陽：遼寧教育出版社，一九九一年），頁一〇二。

17 有關埃及吉薩金字塔的最新研究指出，其佈局與獵戶座帶紋的三顆星辰的相對大小與位置完全吻合，這表明古埃及人也許曾經試圖在地上複製天國。參看克利斯・馬頓・凱瑞・路易斯・托馬斯著：《水晶頭骨之謎》，田力男等譯（北京：光明日報出版社，一九九八年），頁一五三。

18 參看李零：《長沙子彈庫戰國楚帛書研究》（北京：中華書局，一九八五年版。李零：《中國方術考・第三章　楚帛書與日書》（北京：人民中國出版社，一九九三年）。

19 《魏書・律曆志上》記延昌四年（五一五年）冬，清河王元懌奏：「天道至遠，非人情可量；歷數幽微，豈以意輒度。……自非建標準影，無以驗其真偽。」

球的角度相同，但由於地球自身的傾斜，北半球接納太陽光的方向發生對稱變化，這樣就出現日影的左右偏離，所以帛書圖中春秋的表木樹冠左右相對，以示日影的變化。冬與夏太陽照射地球的角度由於地球圍繞太陽公轉的原因，而發生偏南或偏北的變化[20]。古人已知道太陽在冬夏季的上下移動，所以，赤木與黑木樹冠上下相對，以示日影的南北移動。四木樹立，人們依據它們掌握時序變化，表木成為時間變化的空間座標。以杆影測定季節的方法，在保存著較多古代蜀人傳統的涼山彝族地區，直到現代仍有傳承[21]。同時由於表木的對時序變化的昭示作用，在上古人們心目中，似乎有固定時序的作用，表木因之被神化。楚帛書乙篇記述了天象時序由混亂到規範的神話，其中說到：「天旁動，扡蔽之青木、赤木、黃木、白木、墨木之楨。」[22]表木成為四神定位的神物，四神依此奠定了三天。事實上，人們以標木測影的方法，掌握了四季變化的規律與四方的方位，並以此作為整頓曆法的依據，糾正曆法與天象偏離所引起的混亂，使世界恢復秩序。這在古代世界的確是一件了不起的大事，所以楚帛書在記錄月令時要不惜筆墨的傳承這一文化創造的歷史。由此可以肯定的說，古代的建木、若木、扶桑或其他社樹、神樹都與測量日影，標示季節有關。[23]彝語支哈尼族的《年月樹》傳說就是一則很好的口述史料，[24]從這裡我們才能真正理解古代何以盛行樹崇拜的確切意義。

20 《氣象學》（北京：中國林業出版社，一九八一年），頁一九—二〇。

21 巴莫姊妹編著《彝族風俗志》第九七頁，講季節測定時，說到以太陽出沒方位定季節，方法之一是「杆影法」，即在西牆不遠處立一根杆，日落時杆影投射到牆上，觀察西牆上的日影的變化，把重要的農時節令的杆影都在牆上刻畫下來，以後視杆影與某個記號重合時定出種植某種莊稼的節令。見：中央民族學院出版社，一九九二年。另見：劉堯漢、盧央、陳久金：《彝族天文學史》（昆明：雲南人民出版社，一九八四年），頁一一六—一一七。

22 《中國方術考》，第一八二頁，據李零先生釋讀。

23 據《說文》社之古字作袿，從示從木從土。土上樹木，樹木的意義，《禮記・郊特牲》說：「社，所以神地之道也。地載萬物，天垂象，取材於地，取法於天，是以尊天而親地。」《華陽國志・蜀志》載「迄今巴蜀民農時先祀杜主君，（聞一多說社杜古通，杜主即社主）開明位，號曰叢帝。」關於社樹與季節的關係，筆者當作專文論述。

24 王正芳主編：《哈尼族神話傳說集成》（北京：中國民間文藝出版社一九九〇年），頁一六五—一七一。傳說內容如下：起初，哈尼人沒有曆書，不知道怎樣分年月日，天神俄瑪便載下了一棵年月樹，並教會哈尼祖先認年月日，因為年樹有十二節，便把一年分為虎、兔、龍、蛇、馬、

由楚帛書的圖像標示可見，時間與方位是緊密結合的。時間與空間在古代人的觀念世界裡往往是合一的，抽象的時間只能通過具體的空間來表達。楚帛書中記述了古人對四時更替的理解，「四神相戈（代），乃步以為歲。是惟四寺（時）。」以腿腳的跨度的空間距作為測量時間的基本單位，是古代觀測天時時常用的方法，所謂「步五星日月」（《漢書‧藝文志》）。筆者以為，古代以步量地象徵以步量天，這需要嚴格的測算，需要有一定的範圍與特殊的設置，四木與十二月的空間方位安排，就體現了在空間中展示時間變化的模式。「步」在這裡很可能就是步量日影。這裡雖然沒有標示出明堂的情況，但已有了明堂性質的觀念存在。陳夢家認為楚帛書是戰國中期的楚月令是有相當道理的。[25]它成為秦漢月令的源頭之一。

其實，楚帛書只是描摹了實物模型並配上解說文字。據文獻記載，上古已有類似後世明堂的建築，「神農曰天府，黃帝曰合宮，陶唐曰衢室，有虞曰總章，夏曰世室，殷曰陽館，又曰重屋，周曰明堂。」（《尸子》）而且人們在討論明堂的歷史時都要強調它「法天」的意義，劉歆在《七略》中指出：「王者師天地，體天而行，是以明堂之制，內有太室，象紫微，南出明堂，象太微。」當然這是發展了的形態，此前的建築應該說比較簡單，但其「法天」精神實質是一致的。從考古資料看，夏代以前，目前尚無實證，遼寧牛河梁紅山文化「女神廟」是否具有後世明堂性質，有待進一步論證。[26]但中國很早就有了天圓地方、上下四方的空間觀念。在安徽含山凌家灘新石器時代墓葬中出土了一件長方形玉片，玉片中間是一輪太陽，太陽的光芒射向四角，天圓地方概念在玉片上合而為一[27]。對天象的方位區分，在上古墓葬

羊、猴、雞、狗、豬、鼠、牛等十二屬年；看見年月樹有十二枝杈，就把一年分為十二個月；發現年月樹有三百六十片葉子，便把一年分為三百六十天。於是哈尼人便有了年月日的計算方法。

25 陳夢家：〈戰國楚帛書考〉，《考古學報》，第二期（一九八四年）。

26 參看遼寧文物考古研究所〈遼寧牛河梁紅山文化『女神廟』與積石塚群發掘簡報〉，《文物》，第八期（一九八六年）。

27 參看安徽省文物考古研究所：《安徽含山凌家灘新石器時代墓地發掘簡報》。陳久金、張敬國：〈含山出土玉片圖形試考〉，《文物》，第四期（一九八九年）。

中也有體現，在河南濮陽西水坡仰韶文化四十五號墓葬中發現在死者身旁用蚌殼擺置了一龍一虎[28]，可見那時就以青龍白虎為東西方位象徵，這裡還有靈魂升天的意味。將墓室作為天界縮影的葬俗，這時已經出現。商代已有了祭祀上天的專門祭室，甲骨文中有二月宅於東寢，夏巳于南室，九月出於盥室，十二月告於寇寢，還有「勺於中室」的記載，[29]說明商代有五室祭祀的儀式，時序與空間方位協調，這顯然是明堂的雛形，也證明後世文獻的不誣。而四川廣漢三星堆遺址二號祭坑的發掘給我們提供了珍貴的實物資料[30]。遺址當為晚商時期蜀人的一大型祭祀場所，這裡出土了大量的祭祀用品，其中有不少玉瑞。在兩件瑞圭上刻有人像、祭壇、太陽等圖案，研究者稱：「視其為拜天朝日，不為無理。」[31]玉圭本來就是上圓下方的象天法地的祭祀禮器，《周禮．春官》說：「圭璧以祀日月星辰」，「土圭以致四時日月」。祭坑中瑞圭的大量發現，表明了三星堆二號遺址的祀天性質。[32]與天象相關的也是最驚人的發現是銅樹的出土，在遺址中清理發現「至少有銅樹三株以上」。最大的一株銅樹通高達三．九米，不僅是三星堆中最大的一件青銅器，可能也是目前發現的商代前後最高的單件青銅器[33]。銅樹基座為山形，主幹直立，枝幹三層每層三枝，每根枝上立一鳥，枝端各有一桃狀花果，每層枝幹上有一枝分為兩杈，結二果，所以樹上計有十二顆果實。樹下還有三個跪拜人像，背朝樹幹，面向前方。這種奇妙的銅樹無疑如研究者所指出是一種重要的神樹，具有通天的意義，但它不能不讓筆者產生這樣的聯想，三星堆的銅樹與楚帛書的四木是否有性質的關聯？巴蜀與荊楚不僅壤連地接，而且在文化上常常交涉勾連[34]。因

28 參看〈河南濮陽西水坡遺址發掘簡報〉，《文物》，第三期（一九八八年）。馮時：〈河南濮陽西水坡四十五號墓的天文學研究〉，《文物》，第三期（一九九〇年）。
29 引自龐樸：《卜辭中的王者祭五室．薊門散思》（上海：上海文藝出版社，一九九六年），頁四七—四八。
30 參看廣漢：〈三星堆遺址二號祭祀坑發掘簡報〉，《文物》，第五期（一九八九年）。
31 王永波：〈試論廣漢三星堆發現的玉瑞〉，見趙殿增等主編：《三星堆與巴蜀文化》（成都：巴蜀書社，一九九三年），頁一七〇—一八一。
32 參看屈小強等主編：《三星堆文化．「祭天」》（成都：四川人民出版社，一九九三年），頁二三〇。
33 趙殿增：〈三星堆祭祀文物研究〉，下述均以此文為據。見《三星堆與巴蜀文化》，頁八六—八七。
34 參看郭德維：〈蜀楚文化發展階段試探〉，見《三星堆與巴蜀文化》，頁二四三—二四九。施勁松：〈蜀文化中的楚文化因素〉，見《三星堆與巴蜀文化》，頁二五〇—二五六。

此是否可以作這樣的推論，三星堆的銅樹也具有表木的意義，傳說中的扶桑、若木無不與太陽發生聯繫，它們實際上是東西表木的神化。推論銅樹即測日的表木，筆者有以下二條理由：第一、三星堆二號遺址的大量遺物表明，這裡是一大型祭祀場所，上古的祭祀活動主要是祭祖與祭天，二者往往結合在一起。並且出土了不少古代祭天儀式中常用的玉圭。第二、發掘者稱「至少有銅樹三株以上」，那麼很可能有四株銅樹，數株銅樹集在一起，最大的可能是，在其未被堆放前，一如楚帛書那樣擺在方形祭壇的四角，作為四時的標識。三個跪拜人像，可能是從屬神樹的月神。當然這只是一種推想，明確的結論還得等待考古的新發現。

由文獻與考古的直接或間接的材料說明，在晚周明堂得名之前，類似於明堂或者說前明堂的形式已經存在，明堂的諸種功能也已具備，漢代復興明堂，並不是如疑古人士所說，是「後儒的發明」[35]。固然漢代儒者在復興明堂之制時有增飾的成份，有將傳說歷史化的傾向，但並不是空穴來風、向壁虛構。漢人有究理與證驗的思想傾向，他們注意觀察自然與人事的關係，不過他們憑藉的是陰陽五行的思維模式，陰陽五行的理念成為人們闡釋天地萬物、歷史人生的思想基礎。他們對漢代以前的歷史文化重新解釋，並對古人已經實踐的事物作了哲學的思考與理論提升。明堂祭祀、定曆、施政的功能早就出現，因為在古人那裡，這三種功能是互相連帶的，「當時人相信在社會秩序方面所應該遵守的科條，就是那些大神的命令。」[36]而大神的旨意是由通靈的大巫傳譯的，因此巫在傳達神諭的同時，也就行使著行政的威權。宗教領袖與行政首長往往是一身二任。如代夏而立的商湯，在天大旱，五年不收的情況下，「乃以身禱于桑林」[37]，以自己的發爪為獻神的犧牲，就是一種宗教行為。巫咸、巫賢全為大巫，卻為商代名相[38]。漢代政治雖然已脫離了巫教階段，但統治者仍然有意利用著神權的力量，正如《白虎通》所說：「天子立明堂者，所以通神靈，感天地，正四時，出

35　黃金山：〈漢代「明堂」考辯〉，《中國史研究》，第一期（一九九一年），頁六四—六五。
36　徐旭生：《中國古史的傳說時代》（科學出版社，一九六〇年），頁七八。
37　呂不韋：《呂氏春秋・順民》。
38　徐旭生：《中國古史的傳說時代》（北京：科學出版社，一九六〇年），頁八七。

教化，宗有德，重有道，顯有能，褒有行也。」（卷二下）。祭天、正時、教化行政是明堂制度的三大要務，也是古代帝王的基本使命。其中，尤為古代社會所關注的是四時之正。正時的關鍵是「審日月之行」，[39]因此漢代明堂上建有觀天的靈台（這在前代是合而為一的），東漢諸帝在明堂禮拜祖先後，必登靈台「望雲物」。[40]根據天時的變化確定人時的活動。鄭玄注《月令》說：「凡記昏明中星者，為人君南面而聽天下，視時候以授民事也。」天子不僅冬末在明堂「告朔」，（即將一年十二個月的政事賜予諸侯，諸侯受藏於祖廟。[41]）並且將十二月分配在十二明堂位中，天子依據時令確定每月的宜忌，在明堂舉行不同形式的儀式活動，對國人發佈與時令相宜的政令。流動的自然時間，被空間化在天子的祭堂之中，這就是時空合一的「明堂月令」。表面上看，是遵行宇宙律令，將人文秩序納入到自然秩序之下。但我們應該看到，這裡的自然是神化了的自然。自然時間在這裡被剝奪了自然的屬性，它處在王家掌握之中。王官控制著時間，也就控制著社會。《禮記・月令》就是王官之時生動而系統的表述，它曾在東漢社會政治中起著實際的規範服務作用。漢明帝以後，「順時令」成為帝王施政的總綱[42]。

月令以天人和諧一致為原則，將春生夏長，秋收冬藏作為貫穿四季的自然律令，人的一切活動都應遵循四季時令。四孟之月分別居春夏秋冬四季之首，根據春生夏長、秋收冬藏的自然觀念，在季節的首月，特別強調與季節轉換相適應的人事活動的變化。春天是陽氣發動，萬物萌生的時節，是新的年度週期的開始，從王官到庶民都以順應春日時氣、助生、護生為行為準則；夏季是陽氣「繼長增高」的時節，人事活動亦圍繞著助長的主題展開；秋季是陰氣滋長、陽氣內斂的時節，它與春季向外發散的季節特性相反，因此人事活動以肅殺、收斂以應時氣；冬季之初，陰陽二氣分

39 《晉書・律曆志下》記「治曆之道，必審日月之行，然後可以上考天時，下察地化。一失其本，則四時變移。」
40 參看《後漢書・諸帝王本紀》。
41 《史記卷一三〇太史公自序》「太初元年，十一月朔旦冬至，天曆始改，建於明堂，諸神受紀。」所謂「諸神受紀」，司馬貞《索引》引虞喜《志林》雲：「改曆於明堂，班之于諸侯。諸侯群神之主，故曰諸神受紀。」
42 參看顧頡剛：《漢代學術史略・第十八章　祀典的改定與月令的實行》（北京：東方出版社，一九九六年），頁一〇四－一一〇。

離，天地不通，萬物處於靜止狀態，因此人事活動以閉藏靜養為主。四時有如生命機體經歷著生長與衰微的旅程，這是自然的秩序；依賴自然而生的人類，自然應順從天時，如果人們在行為上違逆四時的節律，就會破壞自然的和諧，引起天象的異常，「天有四時，不時曰凶。」為了保證人事與自然性情的適應，做到天人的合一，人間的王者在行政布令時，首先要考慮的是是否合乎天時，「與天同者大治，與天異者大亂。」[43]因此在古代月令時間系統之下，帝王的行為是嚴格的因時而動，這在生產力尚不發達、人的生存能力相對弱小的早期社會是有其積極意義。

從《禮記・月令》的記述內容看，月令描述的是在同一宇宙秩序之下，天時萬物人事的季節性變化，人處天地之中，人事活動當循自然之時，但所有的有關天時物候變化的詳細記述最終是為了服務於人，人是一切活動的中心，人們對天時的把握最終是為了人事的順遂。因此我們就月令的體系內容與表述角度可作以下的歸納：

第一、月令是古代人們時空觀念的系統表述，它以陰陽五行為理論架構，將較早期的天文曆、物候曆與社會人事活動組合成天人一體、時空結合的有機體系。這裡沒有抽象的時間與空間，時間與具體的方位、季節物象結合[44]，時間在四季中流轉，自然時間在陰陽五行思想的包裹下，失去自然屬性，成為有情有義、有吉有凶的具有神祕意味的人文時間。

第二、月令主要服務於王官活動，屬嚙王官之時。王官活動主要有三類：

首先是祭祀諸神。祭祀是月令的首要內容，祭祀的目的是為了溝通天人關係，溝通先祖與子孫的關係，祈請上天賜福、祖先保佑。因此在四立之節有迎氣大禮，只有迎來了節氣之後，相應的人事活動才能依次開展。而四立之日的測定工作，由主管天文的史官負責，一般人是不可能準確掌握節氣變化的，因此對自然時序的測定的難度決定了時間只能掌握在少數人手裡，在古代也就是掌握在王官之手。王官知曉時間，也壟斷著時間，並且通過節氣日迎氣的儀式向社會昭告，天子從上天那兒接來了時間，天子自然也就成為天時的解釋者與掌管者。

43　董仲舒：〈春秋繁露・卷第十二　陰陽義〉，《漢魏叢書》（長春：吉林大學出版社影印，一九九二年），頁一三四。

44　參看金春峰：〈「月令」圖式與中國古代思維方式的特點及其對科學、哲學的影響〉，見《中國文化與中國哲學》（北京：東方出版社，一九八六年）。

在每一季節之初都有大型的禮敬天地、祖先的祭祀活動，祭祀神靈成為王家的專利與職責，王官的神聖地位就這樣不斷地得到確認與增強；在每一月令中，王者還根據時氣舉行各種具體的祭祀活動，如孟春祀山林川澤；仲春祀高禖祈子嗣；季春薦鮪於寢廟，「為麥祈實」；孟夏麥熟薦於祖廟；仲夏用盛樂舉行祈雨儀式，「以祈穀實」；季夏集中全國的物力，總祭皇天上帝、名山大川、四方之神，以祀宗廟社稷之靈，「為民祈福」；孟秋穀熟天子嘗新，先向祖宗獻祭；仲秋精心選擇體貌完全、肥瘦適中、毛色純正、大小長短合乎標準的犧牲獻祭上帝，天子還行儺祭，「以達秋氣」；季秋祭上帝，祭禽于四方，天子以犬嘗稻，先薦祖廟；孟冬祭公社等神。本月，行冬季祭祀宗廟之禮——大飲烝。天子向日月星辰祈求來年的豐產，以大批犧牲祭祀公共的社神與門閭之神；並以獵物祭祀先祖與門、戶、中霤、灶、行諸神；祭儀之後，慰勞農人，安排休息。仲冬天子命主管官員祀四海、大川、名源、淵澤、井泉等；季冬為「歲且更始」之時，上帝、祖宗、山川均需供祭，祭祀的犧牲由不同階層的人提供，大史、諸侯供皇天、上帝、社稷，同姓貴族供祭宗廟，卿大夫至庶民供山川。月令祭祀的頻繁，反映出早期社會人們的生存狀態，他們不能有效地把握自己的未來，因此需仰仗神靈的蔭庇，而與人世相關的神靈主要有三類，天帝、地神、人祖；為了生活的順遂、安寧，人們與上述三類神靈保持著經常的聯繫，在每一時間節點上都要以獻祭的方式，溝通神人。所以祭天、祭地、祭祖成月令祭祀中的主要內容。

其次是社會行政。祭祀神靈的最後目的是為了現世的生活，包括社會政治生活與經濟生活。人事政治的和諧與穩定，是王官關注的重點，天子根據自然時序的變化確定不同季節的施政原則與行動策略。

孟春之月，冬盡春來，萬物新生，為了彰顯上天的好生之德，王政的重點是慶賀賞賜臣民，「布德和令，行慶施惠，下及兆民。」

仲春之月，順應養育新生之氣，培育萌芽，撫養幼少，撫恤遺孤；選擇吉日，命令庶民舉行社祭；命令司法官員檢查監獄，減輕獄犯的刑罰，停止訴訟；在春分時節，雷動前，令人敲著木鐸昭告萬民，不得有房事行為，否則「生子不備，必有凶災。」王官不僅管國家大政，而且也管到男女情事。對照《管子・幼官》在清明「發禁」之後，三卯日「合男女」的記載看，早期社會的男女婚配同樣在國家行政管理範圍之內。此時日夜平分，順應這一天象，王官對度量衡等量度器皿進行統一校準，以體現上天的公平原則。

季春時節，生氣方盛，陽氣發洩，順著時氣的發散，天子「布德行惠」，一、救荒，命令主管部門打開糧倉，救濟貧窮飢餓之人；開啟府庫發放財貨，周濟天下。二、獎掖人才，勉勵諸侯，徵聘名士、禮敬賢人。三、疏通水道，雨季將至，命令主管建設的司空視察各地，修利堤防，疏浚溝渠，開通道路，「毋有障塞」。四、不在城門外置捕獸的網羅等獵具以及毒獸之藥。季春還是百工生產的時節，本月命工師率百工根據國庫的需要，生產金、鐵、皮、革等手工製品，百工都各理其事，監工每天號令：「毋悖于時，毋或作為淫巧以蕩上心。」在月末，天子親率三公、九卿等前往觀樂。

夏季為長養時節，王政以此為核心。孟夏，命樂師合禮樂，命太尉選拔勇武之士，「行爵出祿，必當其位。」本月，不准起土功，不准聚大眾，不准伐大樹；審斷輕度犯罪，開釋輕罪之人。

仲夏陽氣正盛，陰氣已動，命樂師修整調理鼓琴笙簧等樂器，為祭舞作準備；命令庶民不要割未長成的艾藍，不要燒灰，不要曝布，以免助陽氣；為防暑氣之害，不得關閉門閭，不得到關市勒索；給重囚緩解刑具，增加食物。

季夏繼續休養，命管理山林的官員入山檢查樹木，「毋有斬伐。」不可以興土建工程，不可以會合諸侯，不可以起兵動眾。總之，在此濕熱之時，「毋舉大事以搖養氣。」

孟秋秋氣已至，王官主要是順氣立威，命令將帥作好軍事準備，「專任有功以征不義。」命令司法官員「戮有罪，嚴斷刑。」

仲秋陰氣盛，養老以順氣，「養衰老，授幾杖，行糜粥飲食。」並命主管服飾的官員，製作衣服冠帶。繼續嚴厲準確地打擊犯罪，「申嚴百刑，斬殺必當。」不能枉法，否則執法人會遇到災禍。又到日夜均分的季節，對度量衡器進行校正，由此可見，在神祕觀念之下，不僅時間來自天道，人間的量度標準也來自上天。秋天是汲納的時節，因此，本月減輕市稅，招徠商旅，汲納貨財，以便利庶民。

季秋之月，寒氣到，官民均務藏納之務。本月申嚴號令，命令百官與貴族平民全力以赴完成秋收工作，以乎合乎天地藏物的時氣。令塚宰官在農事結束後，統計入庫糧食數字，將帝王籍田處的糧食收藏於神倉，以示誠敬。本月降下了寒霜，百工休息，並命主管官員說：「寒氣總至，民力不堪，其皆入室！」將散處郊野的農民收入都邑。命樂正入學教習吹樂。本月天子以田獵的方式舉行軍事訓練。加緊案件的審理，「毋留有罪。」

孟冬主要政務是，審查官員，考核百工，嚴守城池。仲冬時節，天寒地凍，一切靜閉，命有司說：「土事毋作，慎勿發蓋，毋發室屋及起大眾，以固而閉。」本月命宮中官員申嚴宮禁，「省婦事，毋得淫。」此外，可以罷免無事之官，去掉無用之器。塗飾門庭，建築監獄，以助天地閉藏之氣。季冬寒氣將退，命有司舉行大儺，「出土牛，以送寒氣。」此時正值四季之末，新的循環即將開始，天子於是與公卿、大夫共同研究國家大法，討論調整時令內容，為來年順時行政作準備。

其三、昭告農時與指導農事。農事活動是月令的中心內容之一，月令農事記述成為後代農書的古老源頭，所不同的是，後世農書主要是農業經驗、技術與習慣的描述，月令卻是一種農政安排，是王官政治的主要內容，形成這種前後分別的根本原因是社會發展的階段不同，農民的勞動性質不同。在月令述事中，農業時令佔據重要地位，這不僅因為農事活動有著嚴格的季節特性，它必須遵循時令，更重要的是作為古代社會最主要的生計來源，農業生產是古代社會存在與延續的物質基礎。因此農令的發佈與實施始終是古代王政的重點。順應著春生夏長秋收冬藏的時序節律，王官安排著一年四季的農事活動。

春季，首先天子祈穀於上帝，天子在元日向上帝祈穀之後，再選擇一個吉利的時日，天子親自帶著耒耜等農具，帥三公、九卿、諸侯、大夫到田間，行籍田之禮。天子三推，卿、諸侯九推，宣告了農耕生產的開始。「躬耕帝籍」的意義，筆者以為它不能被簡單被理解為帝王對農事的倡導，更重要的是體現了天子對農事時間的掌握，只有在天子躬耕之後，人們才可耕動土地。當然這在早期社會有其實際的指導意義，因為只有王家才有系統觀測天象的條件與確知季節變化的水平。孟春之月是天氣下降，地氣上騰，「天地和同」，草木萌生的時節，自然也是春耕春種的時節，農事是國家的命脈，天子有領導與組織農事的責任。於是「王命布農事」，命田官舍於東郊，順應時氣，具體主持修築田地疆界，檢修溝徑，並根據不同的土壤條件，告訴農人種植適宜的作物。農官確定了農人的生產範圍，及種植內容，對農事作了具體指導，「農乃不惑」。

夏季，是田間管理與夏種的農忙時節，農事活動依然是月令的重點：天子命分管地方農事的官員，深入田地山原，代表天子慰問農人，勸勉百姓，不要誤了農時；又命地官之長司徒巡視縣鄉，督促農事，農人均需出耕，不要在家懈怠，「命農勉作，毋休於都。」後世有人在詠孟夏農事時說：「鄉村四月閒人少，才了桑麻又插田。」與周秦月令相較，誠為異時同調。不過一為督導農工，一為自覺生產，在被動與主動之間反映了不同社會形態下的農民的不同技術水平與不同的勞動態度。

秋季，一方面由主管官員督促秋收，另一方面勸民抓緊種麥，不要失去農時，對懈怠農事者，堅決懲處，「其有失時，行罪無疑。」

冬季，天子慰勞農夫，安排農人休息，「專而農民，毋有所使。」在季冬歲終之月，天子還命令主管官員告示庶民，從倉貯中選出五穀種子，以備春播；命農夫考慮耦耕之事，修理耒耜，備齊農具，作春耕之用。

第三、月令時代只有自然時氣日及與之相應的祭祀活動，還沒有出現純粹人文意義的節日。從月令記述看，立春、立夏、立秋、立冬是四季的節氣點，因此舉行大型的祭祀活動；春分、秋分是日夜平分、陰陽均衡的時節，人事活動亦在於維護公平原則，如對度量衡諸器的較量訂正；夏至、冬至是陰陽相爭的時日，因此人事活動主安靜無為，如夏至，「陰陽爭，死生分。君子齊戒，處必掩身毋躁。」冬至，「禁嗜欲，安形性，事欲靜，以待陰陽之所定。」此外月度祭祀活動根據時氣確定，尚無固定的時日，因此只有禮儀意義。

月令記述涉及物質、制度、精神三個層面，它反映了建基於自然時序之上的古代社會生活秩序。由此可見，月令是古代社會生活的指南，更明確地說是古代統治者的行政指南。雖然古人為建構月令體系的需要，可能構擬了部分月令內容，但大體上還是反映了古代社會生活的實際。那種簡單地將月令視為古人的理想生活圖式的說法，是不符合歷史實際的。

「漢代人的思想骨幹是陰陽五行。無論在宗教上，在政治上，在學術上，沒有不用這套方式的。」（顧頡剛）[45]漢代人不僅整理了古代的明堂月令制度，如《淮南子・時則訓》，而且將其付諸實施，以復興古代禮制。西漢孝文帝時，賈山上書建議「以夏歲二月，定明堂、造太學，修先王之道。」[46]但未引起文帝的興趣。漢武帝時期陰陽五行說盛行，人事活動需符合天道的陰陽變化，而天道的運行有著一定的時序，因此人的活動就在於順應天時。董仲舒說得十分明白：「人主有喜怒不可以不時」根據春生、夏養、秋殺、冬藏的「天之道」，聖人要「副天之所行以為政」，因此以春慶、夏賞、秋罰、冬刑來對應天道。王者配天，王者四政與天道四時合如符信，四政當依四時而出，不可改易。[47]因此漢武帝時對祭祀天帝、觀察天象、溝通神人的明堂給予特別的關注，元封元年（前一一〇年），武帝「登封泰山，降坐明堂」[48]。太初元年（前一〇四年），漢武帝，行幸泰山，估計元封二年動建的明堂此時落成，而正值十一月甲子朔旦冬至日，武帝「祀上帝於明堂」，武帝的贊辭說「天增援皇帝泰元神策，周而復始。」[49]感謝上帝賜給新的時間。由此可見漢代明堂仍延續著古代祭祀天帝、告朔頒曆的意義。漢平帝時，應王莽的奏請在京城長安設立了明堂。到王莽執政的時代，明堂成為帝王奉天行政的場所。王莽徵求通曉月令的人籌劃明堂事務，「一時祭祖先，封諸侯，行大射，都在那邊，做得很有聲有色。」[50]王莽失敗後，長安明堂毀廢，漢光武帝在洛陽重建明堂。東漢歷代帝王重視發揮明堂的宗教與政治功能，明堂有太史專管[51]，明堂月令得到實際的施行。漢明帝在中元二年（公元五七年）下詔，「方春戒節，人以耕桑，其敕有司務順時氣，使無煩擾。」永平二年（公元五九年）春正月，下詔祀光武帝於明堂，以配五帝，

45 顧頡剛：《漢代學術史略・第一章　陰陽五行說及其理想中的政治制度》（北京：東方出版社，一九九六年），頁一—五。
46 《漢書・卷五十一　賈山傳》，頁二三二七。
47 《春秋繁露・卷十三　四時之副》，頁一三五。
48 《漢書・卷六　武帝紀》，頁一五五。
49 《漢書・卷二十五　郊祀志》，頁一二四四。
50 顧頡剛：《漢代學術史略・第十八章　祀典的改定和月令的實行》（北京：東方出版社，一九九六年），頁一〇八。
51 在《後漢書・祭祀志》中，專列「明堂」條，可見東漢明堂祭祀活動的隆重。

並頒發時令，迎氣於五郊。顧頡剛先生為我們描述了當時的場景：立春之日，迎春於東郊，祭青帝和句芒，車騎服飾都青色，唱的是《青陽》之歌。立夏之日，迎夏於南郊，祭赤帝和祝融，車騎均為赤色，唱的是《朱明》之歌。前立秋十八天，迎黃靈於中兆，祭黃帝和後土，車騎服飾都黃色，唱《帝臨》之歌。立秋之日，迎秋於西郊，祭白帝和蓐收，車騎服飾都白色，唱的是《西皓》之歌。立冬之日，迎冬於北郊，祭黑帝和玄冥，車騎服飾都黑色，唱的是《玄冥》之歌。明帝在詔書最後說，「順行時令，敬若昊天，以綏兆人。」[52]此後，依從時令，成為帝王施政的總綱。章帝元和二年（公元八五年），下詔說「春天是生養萬物的時候，應當息事寧人，以奉天氣。」當年秋天，又下詔說，「《月令》冬至之後，但有順陽助生的明文，而不載鞠獄斷刑的政令。天子的生殺是應當順著時氣的。現在特定一種法律：凡在十一月和十二月裡，不許送上刑獄報告。」在十一月冬至，又依《月令》關閉了交通要道。元和三年二月，章帝再下詔，「《月令》說孟春之月，應當好好地到各農業地區看看，根據地情指導作物種植的品類。現在荒地尚多，著即分給貧民，令他們各盡地力，勿得遊手。」就在這月章帝去中山，他特地下令，不許為出行的方便而砍伐樹木，即使貴為天子，也得順從春生之氣。[53]又據《宋書・禮志》記載，元初四年（公元一一七年），漢安帝下詔曰：「《月令》：仲秋，養衰老，授幾杖，行糜鬻。方今八月按比之時，郡縣多不奉行。雖有糜鬻，糠秕泥土相和半，不可飲食。」由此可見，漢代社會的確在實際地奉行著《月令》。[54]

《月令》是古代時間觀念的系統表述。王者以天之驕子的身分，從上天那兒接受時間，然後頒給諸侯庶民，天時通過王者的轉述，成為支配社會生產與社會生活的人時；正因為時間掌握在王者手裡，少數人壟斷著時間，對時間的解釋與分配均出於王官立場。因此月令時代的王官之時，顯示出神祕性與獨佔性的時間品性。

52 《後漢書・卷二　顯宗孝明帝紀第二》，頁一〇〇。
53 顧頡剛：《漢代學術史略》（北京：東方出版社，一九九六年），頁一〇八—一〇九。
54 另據《後漢書・禮儀上》「立春之日，夜漏未盡五刻，京師百官皆衣青衣，郡國縣道官下至鬥食令史皆服青幘，立青幡，施土牛耕人於門外，以示兆民，至立夏。唯武官不。立春之日，下寬大書曰：『制詔三公：方春東作敬始慎微，動作從之。罪非殊死，且勿案驗，皆須麥秋。退貪殘，進柔良，下當用者，如故事。』」

第二節 《四民月令》與貴族莊園之時

《月令》是古代禮制的重要組成部分，它從時間進程的角度規定著王朝統治秩序。東漢末年，政治腐敗，王權衰微，社會動盪，傳統禮法制度崩解，作為王朝政制的月令，日益喪失了它對社會秩序的約束力。地方割據勢力逐漸強大，世家大族崛起，莊園林立，地方貴族的莊園之時分擔了王官之時的規範與服務社會的職能。崔寔的《四民月令》就是適應世族莊園生活這一時序的記述，它反映了王官月令向地方歲時轉化的趨勢；從時間表述式看，《四民月令》構成了「月令」向「歲時記」過渡的中間環節。

崔寔（公元？－一七〇年），東漢後期涿郡安平（今河北省安平縣）人，出身於世代官宦之家，父祖均為儒林翹楚。崔寔在漢桓帝元嘉元年（公元一五一年）由本郡薦舉入仕。不久出任五原太守，在五原他見當地人不知紡織，就賣掉府庫儲藏物，將錢到雁門聘請工匠，教習民人。此後回朝廷再任議郎，與邊韶等人一道在東觀撰修「漢記」，並審訂五經。他那著名的政治著作《政論》大概主要成於此時。當時崔寔與蔡邕齊名，並稱崔蔡。崔寔是一個極有使命感的儒家士人，他為了挽救漢末危局，極力指陳時弊，時弊之一是禮制的敗壞，「下僭其上，尊卑無別，禮壞而莫救，法墮而不恒，……故王政一傾，普天率土，莫不奢僭者，非家至人告，乃時勢驅之使然。此則天下之患一也。」[55]王政的衰頹使政治失去了統馭力量，社會處於混亂狀態，王官之時自然也就無人遵守，崔寔痛感於禮制的敗壞，決定從基層著手重建社會秩序，而當時基層社會的主要單位是有世家大族經營控制的封建莊園，一個莊園就是一個內聚的、自足的經濟社會單位，它有相對固定的地域空間與相對穩定的人文環境，因此也就需要有適應宗族生活與莊園生產節律的時間。《四民月令》就是在王官之時失效後，崔寔依照當時莊園生活的具體情形，對世族莊園的時序作了具體的設計與規範。它既

55 唐・魏征輯錄：《群書治要・卷四十五》載崔寔「三患」原文。

延續了王官時間的體式，又擴大了時間指導的對象範圍。祭祀祖先、安排農業生產及指導日常生活，是世族莊園之時的主要內容。

第一、以祭祀祖靈為主的神靈祭祀。東漢後期，世家大姓，聚族而居，他們依仗著政治特權與經濟特權大量容納前來投靠的小農與無地農民，因此世家大族擁有大批部曲佃客。這些部曲佃客已脫離了國家戶籍控制，成為世族的依附民，「乃父子低首，奴事富人，躬帥妻孥為之服役。」[56]一般說來，一個莊園塢堡就是一處家族領地，依附者無論是否同宗同族，大都從組織與精神上依附於莊園主。莊園主同時就是家長，因此莊園內的月度活動都以家長為中心展開。祖先崇拜是家族凝聚的精神中心，祖宗祭祀自然是宗族共同體的首要事務。《禮記・哀公問》「歲時祭祀，以序宗族。」明確地說明了歲時祭祀的意義在於不斷地確認宗族關係，在返本追宗中，強固宗族的情感聯繫。由於帝王是上天的人間代表，因此祭天是帝王的特權，一般人是不能直接與上天發生聯繫的，所以在《禮記・月令》中常出現的祭天活動，在《四民月令》中就不可能出現。《四民月令》中頻繁出現的是祭祖活動。

在四季月度活動中，祭祖聚族是必不可少的內容。正月初一，東漢稱為「正日」，作為時間重要節點，新年之始，為慶賀人事的更新，感謝祖靈的福祐，祭祖的儀式自然隆重。前此三日，家長及執事都要齊戒；祭祀日，首先請回祖靈，並敬獻酒漿，然後家族內成員無論輩分高低、年齡大小都依次列坐在先祖牌位前，歡聚飲宴，子、孫輩都踴躍地向家長進上椒酒，「稱觴舉壽，欣欣如也。」[57]這熱鬧的祭祖賀年情景，使人不由想起《詩經・七月》「躋彼公堂，稱彼兕觥，萬壽無疆」的詩句，這裡的公堂大概也就是《四民月令》中供奉有先祖牌位的祖屋，人們在此飲宴賀歲，由此可見中國祭祖團年習俗的古老。正是這種年復一年的祭祀團聚，強固了家族的內聚意識，從而保證了家族的綿延。

二月的重要時間點，在社祀之日。按照古代的禮俗，在陽氣發動、萬物萌生的仲春之月，人們要向土地與祖靈獻祭，以促進生氣的成長，《國語・魯語上》「土發而社助時也。」《晉書・禮志》說「祭用仲春，義取重生。」因此

56 崔寔：《政論》，據杜佑《通典・食貨一》引。
57 繆啟愉：《四民月令輯釋》（北京：農業出版社，一九八一年），下引諸條均出自本書，不一一出注。

自王室至庶民均重視社祀活動，國家有太社，民間有里社。從《四民月令》記述看，東漢時期祀太社之日，民間主要是祖靈祭祀。祭祀活動分兩步進行，首先是家祭，前期齋戒、準備食品、清潔環境，一如正日之祀。祭祀之時「薦韭卵于祖禰」。韭與卵是當春的時令食品，以此向祖靈獻祭自古有之，《夏小正》正月條有「祭韭」之說，《禮記・王制》記「庶人春祭韭。……韭以卵。」[58]祭韭以卵相配，除了其為應時食物外，可能還有祈求生殖的意義，人所共知的卵生神話賦於「卵」以特殊的象徵意義。增進生殖力本來就是社節的主要內容。其次是墓祭，在社節當晚，根據祖墓的情形準備墓祭的食品與祭具，第二天到墓地祭祀。祭土是社祀的原始意義，但在家族莊園中已將這一自然崇拜轉變為祖靈崇拜，突出祖先祭祀的意義，將祭祖與祭墓作為社祀的中心內容。

三月，青黃不接，糧食匱乏，莊園主為了團聚親族，「順陽布德，振贍匱乏。」賑濟以族姓血緣關係的親疏為原則，「務先九族，自親者始。」

五月夏至日，冬麥成熟，「薦麥魚于祖禰。」次日上墳塚拜祭。祭祖前的齋戒、飲食準備及清掃等，如社日。

六月初伏，「薦麥瓜于祖禰。」八月秋社，「薦黍豚于祖禰。」次日上墳祭祀。九月北方天氣轉冷，家長要求撫恤九族中孤寡老病不能自給者，讓富有的家族成員出資資助，「以救其寒。」十月，讓莊園內主管食品的官員負責釀造冬酒，以備冬至、臘日、正日、社日祭儀中使用。此月順應冬藏時令，整飭喪葬儀禮，對同宗親族因貧困「久不堪葬者」，由家長「糾合宗人，共興舉之，」按親疏貧富分攤費用。莊園月令強調依賴家族力量，正是這種同宗共濟的作法，強化了莊園內部的血緣聯繫，從而保證世族莊園的穩定與和諧。

十一月冬至日，以黍羔祭水神玄冥及祖禰，祭祀活動的程序安排，如八月祭祖儀式相同。冬至是陰陽轉換的重要節點，在莊園的時令安排中，對其特別重視。「其進酒尊長，及修謁刺，賀君、師、耆老，如正日。」將冬至節視同歲始，這裡保持了古代冬至年節的遺風，即使在今天南方少數民族中（如廣西部分壯族）仍過冬至不過大年。

58 《詩・豳風・七月》：有「四之日其蚤，獻羔祭韭。」周之四月相當於夏曆二月。

十二月，是年度週期循環的終點，在技術手段落後的時代，人們不能確切地把握自己的命運，因此以忐忑不安的心情面對時間的新舊更替，人們希望藉助祖先的靈力，及宗族集體的力量保證在新的年度中的順遂安寧。因此在歲末之月祖先祭祀活動格外隆重、頻繁。臘月的祭祖活動是一個較長的過程，臘日以稻與鵝向祖靈獻祭。臘前五日殺豬，三日宰羊，前二日齋戒、準備祭品、清潔器具、環境，然後臘祭先祖，並祀門、戶、中霤、灶、行五神。臘祭的次日是「小新歲」，人們舉行接祖的儀式，進酒尊長，拜賀君、師及年高者，禮儀如正日。又次日，再行祭祖之禮，即禮制「四時之祭」中稱為「烝祭」的冬季祭禮。三天后，出外祭墓。祭事活動結束之後，家族的首腦召請宗族、姻親、賓客、部曲一道「講好和禮，以篤恩紀。」聯絡親情、友誼，融洽莊園的人倫關係。本月的一切祀神祭祖活動都在於通過追宗念祖的情感重溫，及祭祀過程的親身參與，激發增強宗族意識，強固宗法關係，「以崇慎終不背之義。」從而在新舊時間轉換階段為人們作好精神的調適與社會關係的調整。

從祭祖的時序及祭祀內容看，《四民月令》基本上沿襲了傳統禮制。《禮記・王制》「庶人春薦韭，夏薦麥，秋薦黍，冬薦稻；韭以卵，麥以魚，黍以豚，稻以雁。」《四民月令》在春社、夏至、秋社、冬至與臘日的四季祭祀活動中遵循了這一古代禮俗，依照四季的出產及物品的五行屬性配合祭祀。但《四民月令》與《禮記・月令》又有著明顯的區別，《禮記・月令》作為王家的時序它重視四立（立春、立夏、立秋、立冬）時的迎氣儀式，強調授時的權威；《四民月令》以歲時伏臘為節，依照莊園生活節奏，安排祭祀活動，自然時令節點開始向系統的人文節日過渡。

第二、具體安排莊園農事活動。莊園是家族的經濟單位，莊園的賓客為家長提供部分或全部勞動，因此家長注意莊園生產的安排籌劃，如「最合理地使用勞動力、對勞動者的勞動進行監督、決定正確的播種和收割日期、使計畫種植作物品種多樣化、提前準備足夠的倉庫等等。」[59]世族莊園雖有多種經營活動，但以農業生產為主。因此依照自然時序安排農事生產是莊園之時的主幹內容。在王官時代，政府對農事活動的參與主要以督促農功的農政形式出現；在《四民月

[59]（德）羅曼・赫爾佐克：《古代的國家——起源和統治形式》，趙蓉恒譯（北京大學出版社，一九九八年），頁一四八。Staaten der Frühzeit: Ursprünge und Herrschaftsformen Roman Herzong・Zweite überarbeitete Auflage, 1998

令》中，莊園主具體安排指導著農事活動，從田地耕作與作物播種、栽培的時間及農作物的種類到農副業生產活動的安排，都有細緻的規定與指導。

正月的季節氣候特徵是：地氣上騰，東風化凍。根據這一季節特徵，可種春麥、䅈豆，可種瓜、韭等，可進行樹木的移植；二月凍土盡釋，可翻耕沃土，可種植禾、大豆、苴麻、胡麻；三月可種瓜，可采艾，農閒興修水利，以備雨季的到來；四月可種黍及大小豆，收小祘；五月時雨降，可種胡麻；六月可耕麥田，命女紅紡織；七月可種蕪菁、苜蓿、大小蔥，刈芻茭，收柏實；八月采藥，收豆藿，種大小麥；九月治場圃，塗囷倉，修窖藏之具；十月趣納禾稼；十一月伐竹木；十二月修理農具，養耕牛，選擇任命帶工的人，以備春季農事。農事活動與自然環境有著密切的關係，農事時間依憑著自然時序，所以農事活動的安排嚴密地依據自然時節的變化。

由於莊園生產主要是在家長的統一安排下進行，因此家長也具體督促農事進行。在三月蠶事繁忙時，家長嚴明紀律，「穀雨中，蠶畢生，乃同婦子，以勤其事，無或務他，以亂本業；有不順命，罰之無疑。」六月是夏季田間管理的關鍵時期，「是月也，趣耘鋤，毋失時。」十月冬季來臨，「趣績布縷」，將田地的莊稼趕緊收回，「毋或在野。」由這種督促的語氣看，莊園主以監管農事的形式，執掌著莊園的時間。

第三、安排莊園的日常生活。莊園是相對獨立的自給自足的生活空間，在世族莊園內，莊園主以「家長」的面目出現，莊園內的成員大多是家族成員，莊園是以世家大族為中心的地域社會，莊園的邊界就是特定地域社會的邊界。因此家長不僅注意家族的生產勞動的安排與管理，而且對莊園內的月度日常生活也予以監管、指導。對族人的物質生活、社會生活、精神生活都作了具體的時間安排。

從物質生活安排看，首先，莊園特別重視食品的加工製作，在《四民月令》中食品的釀制加工佔有相當的位置。釀制加工的食品主要是酒、醬、醋、鹹菜、幹肉、乾糧等類。這些食品的製作的確與時令氣候有關，因此，家長對此有具體的時間指導。正月，由掌管食品的管家負責釀造春酒。作魚醬、肉醬、清醬。二月，作榆醬。四月立夏節後，作鯛魚醬、酢醬。作棗泥乾糧。五月五日作酢。麥收之後，可多作糒，以供人們旅行之用。六月，可作麴。七月，作乾糧。九月，製作葵菹、幹葵。十月，釀冬酒，作脯臘，以供臘祀。十一月，可釀醢。由此可見北方莊園的飲食結構及飲食品類的時間特色。其次，由於當時生存環境的關係，莊園注意藥物的採集炮製。在古代人的觀念中，藥物採集加工的時間直接關係到藥物的療效，因此藥物的採集加工很注意時間的陰陽五行屬性。正月上除或十五日配製諸種藥膏、小草續命丸、注藥及馬舌下散。二月，可採集烏頭、天雄、天門冬等藥。三月煎藥。五月五日，合止利黃連丸、霍亂丸，取蟾諸合創藥。八月八日，可采車前實、烏頭、天雄及王不留行。在特別的時間節點採集加工特定的藥物，體現了東漢人的避忌與保健觀念。

從莊園的社會生活與精神生活看，莊園作為相對獨立的族屬集團，族內生活秩序的維持是其主要職能之一。「人類既需要與自然環境相協調、也需要人類群體內部相協調。對協調的追求，導致了計時的需要。」[60]莊園為了協調個人與集體的關係，保證莊園生活的秩序，形成了莊園特有的社會時間。當然在自然農業的時代，這種社會時間有著明顯的自然屬性，它依據自然節氣與農時確定社會日程。家長對冠婚喪祭的吉日選擇，作了具體安排。冠禮在正月舉行，「是月也，擇元日，可以冠子。」據《四民月令》原注稱，「元，善也。禮：年十九見正而冠。」元日即吉日，正月的吉日在甲子或丙子，冠禮可在此日舉行。[61]婚禮在二月、八月舉行，仲春二月是婚配的時節，「是月也，擇元日，可結婚。」仲秋八月同樣是婚嫁的良時，「是月也，可納婦。」在春分、秋分所在的二、八兩月，陰陽均衡調和，因此自古就是會合男女的時節，[62]而且在春秋社祭之後，人們已向社神求得生殖的神力，因此社祭後的結婚納婦有利於家族人口的增殖。喪葬的處理在初冬，順應收藏時令，十月對無力葬埋的族人，由家長糾合族人，斂錢助葬。祭禮，在莊園社會精神生活中佔有相當重要的位置。在古代人的觀念中，人們的現實生活仰仗於神靈的賜予，因此人們與神靈之間要保持經常的聯繫與溝通。其中祖靈在世族莊園生活中受到特別的重視，這一方面緣於宗法社會聚族的社會需要，另一方面反映出

60 吳國盛：《時間的觀念》（北京：中國社會科出版社，一九九六年），頁一一。
61 《後漢書・禮儀志》「正月甲子若丙子為吉日，可加元服，儀從《冠禮》。」
62 參看《管子・卷三　幼官》，頁二二。

祖先崇拜已在時間生活中有著重要的影響。莊園祭祖活動，前已敘述，此不具論。這裡我們看看莊園信奉的其他諸神：正月上丁日，「祀祖於門」。此處的「祖」是道路之神，人們祭祖神，是希望陽氣順暢流出，以和陰陽。上亥，祠農神先穡，以祈豐年。二月祠太社。八月白露節後的吉日「祠歲時常所奉尊神。」十一月祭玄冥（水神）。十二月祭門、戶中霤、灶、行五神。從《四民月令》記述看，莊園祭祀主要是祭祀祖先，自然神靈祭祀較少，這與莊園的宗族生活形態有關，也與《四民月令》作者崔寔的儒家禮教意識有一定的關係，他在記述與設計中有意識地忽略民間雜神，在莊園時間生活中只強調正神的奉祀。這種情形在信仰多元化的魏晉南北朝時期發生了重大變化。

文化教育在莊園受到重視，莊園依據學習者的年齡分大學、小學兩種形式，大學的學習時間安排在農閒時節，如春正月，「農事未起，命成童以上入大學，學五經；師法求備，勿讀書傳。」冬十月，「農事畢，命成童以上入大學，如正月焉。」小學分春、秋、冬三期，春正月氣溫回升，硯台冰釋，「命幼童，入小學，學書篇章。」八月暑熱稍退，命幼童入學，學習內容如正月相同。十一月，硯台冰凍，不能醮墨習字，「命幼童讀《孝經》、《論語》、『篇章』、『小學』」由莊園兒童的學習內容看，漢代儒家禮教主導著莊園的精神文化生活。

此外，在東漢後期的特殊社會環境下，莊園的軍事防衛構成了莊園時間生活的又一內容。莊園是一個相對封閉的經濟社會單位，同時亦是一個軍事自衛的地域單元，軍事防禦在莊園生活中佔有相應的地位，它與《月令》捍衛國家邊境的軍事活動相似，只不過莊園邊界相對狹小，防備的侵擾對象也只是寇盜一類。在月度事務安排中，人們注意武裝演習與軍事預警，世家大族以部曲、賓客為私兵，農忙生產，農閒習武。二月「順陽習射，以備不虞。」三月繕修門戶，加強莊園戒備，「以禦春饑草竊之寇。」八月校正弓弩，「遂以習射。」九月是收穫的時節，為防備「寒凍窮厄之寇」的掠奪，莊園民人修治各種兵器，積極練兵習武。莊園的防衛活動反映了貴族莊園內聚自足的品性。

《四民月令》作為貴族莊園生活的時間表，它對莊園的月度物質生活、社會生活、精神生活有著較為完整的安排。如果將《四民月令》與《禮記・月令》相比較的話，我們可以發現二者的同異，並且能夠把握到人們時間觀念的細微變化。《四民月令》與《月令》均以自然時間為時間進程標記，依照自然時序安排人文活動，強調人事與自然環境的協調；但二者的時間表述立場大相歧異，《月令》是王官的時序，它以王官活動為中心，天子作為天時的代言人，以國家政令的形式發佈月度活動安排。月令的重點在於祭天祀祖、督察經濟活動、整飭社會秩序，因此月令神祕威嚴。《四民月令》是地方家族的時序，它以家族活動為時間表述的中心。「家長」是莊園時序的安排者，他較少用否定與訓誡的語氣，更多表述的是可作某種事務的溫和口吻。時令的神祕性已明顯降低，人們重視時氣的變化，但對促成時氣變化的神祕動力並不如前人那麼關注。先前一統的國家月令已具體轉化為家族生活的實踐，在順應時令變化的基礎上具體安排地方社會人事活動。在貴族莊園生活中，一些特殊的時日已被凸現出來，如正日、社日、伏日、臘日，及夏至、冬至均已成為祭祀日或慶祝日，而三月三、四月四、五月五、六月六、七月七、八月八、九月九等重陽日或重陰日後來大多成為新的民俗節日的生長點。從古代中國人時間觀念的演進歷程看，《四民月令》如其書名所標示，它總體上屬「月令」的傳統範圍，但它已出現了不同於《月令》的顯著變化：第一、由一統的中央王官之時演變為地方貴族之時，時間與一定的地域空間結合，顯示出時間的地方性；第二、從綜合的時間政令敘述轉變為以具體農事活動與家族事務的日常安排；第三、雖然《四民月令》仍以自然節律為主，但年度節日如正日、臘日等已開始構成相對獨立的人文時間系統。總之，《四民月令》構成了一統的中央月令向地方歲時記過渡的中間環節，它以文本的形式真實反映了當時人在時間觀念上的複雜形態。

第三節　地域民眾生活的時間表述——《荊楚歲時記》的開創性貢獻

南朝時期一統帝國已成為遙遠的記憶，以北方物候為標誌的統一的王官之時早已鬆懈[63]，象徵著帝王執掌時間威權

[63] （明）王圻：《稗史彙編・時令門・總論》「七十二候後魏載之於曆，欲民皆知以驗氣序，然其禽獸草木多出北方，蓋以漢前諸儒，皆江北人也，故江南老師宿儒，亦難盡釋。」說明以漢前北方月令物候為統一的時間標識，已不能有效地指導與服務南方民眾生活。《南史》卷五十　劉

的「四時讀令」之制已基本停止。中央政權雖然依舊行使著政治職能，但其對地方的行政干預明顯弱於前代，地方生活除了在一定程度上受世家大族的影響外，一般處於自為的狀態，人們在開發利用地方經濟、政治資源的同時，也注意開掘地方歷史文化資源，注意地方文化傳統與民眾生活的聯繫。在統一帝國時期被忽略了的地方文化特性，此時獲得了凸現的機緣。人們重視復興或重構地方生活的時空傳統。由此，長期服務於地方民眾生活的時間民俗受到人們的關注。在地方時間意識的促動下，豐富多彩的區域時間民俗成為人們記錄與欣賞的對象，因此，以記錄地方民眾時間生活為職志的「歲時記」應運而生，宗懍的《荊楚歲時記》就是這樣一部在學術發展史上具有開宗立派意義的坫本。

一、歲時民俗志記述體例的開創

《荊楚歲時記》是中國第一部地域時間民俗志，它在中國民俗學發展史上具有發凡起例的開創性意義。

古人很早就注意到地域民俗的差異特性，並且追尋了民俗差異的根源，《禮記・王制》說：「廣穀大川異制，民生其間異俗。」認識到民俗與自然環境的協調關係。《詩經》十五「國風」記述了華夏不同地區的謠俗民風。但在漢魏以前基本上沒有嚴格意義上的地域時間民俗記錄，《豳風・七月》雖然逐月詠唱農夫生活，但它主要是一首農事歌謠。它與月令有近似的意義，是一種自然月度安排，當然也可以看成歲時民俗記述的萌芽。《四民月令》中確有部分時間民俗內容，但其主旨及時間表達的方式是自上而下的規範，因此它還不是地域時間民俗的記錄。周處的《風土記》記述了吳地風物故事、時令節日，屬地域民俗記述，雖然其中有較多的歲時民俗，但它的主旨不在於歲時記錄，並且有蜀地、楚地的歲時，因此，它還不是專門的地方歲時記述。首次系統記述地方歲時民俗生活的是《荊楚歲時記》。

瓛傳記「初，瓛講《月令》畢，謂學生嚴植之曰：『江左以來，陰陽律數之學廢矣，吾今講此，曾不得其彷彿』」當世推為大儒的劉公都自稱對《月令》只有大概的瞭解，可見當時《月令》傳統的衰落。

首先，《荊楚歲時記》改變了《月令》的時間敘述方式。《月令》圖式中的時間是嚴格的「天時」，天時代表著自然律令，人事活動需嚴密扣合自然時序。按一年四季的月度進程安排宗教祭祀、行政活動、農事生產等，由「審時」而「趣時」。《月令》的時間表述方式，在秦漢以前有著實在的指導意義。由於受知識結構與觀測條件的限制，對自然節氣點的預測只能是少數上層人士，他們掌握著時間，也壟斷著時間。「時間就是權力，這對於一切文化形態的時間觀而言都是正確的。誰控制了時間體系、時間象徵和對時間的解釋，誰就控制了社會生活。」[64]月令時代的民眾生活由王官作統一的安排，所謂「觀象授時」。根據天時的運行，布置人間的祭祀之時、農事之時及日常之時。《月令》以訓誡的口吻發佈著時間政令，顯示了王官之時的專斷與威權。

《荊楚歲時記》變革了月令傳統，這可從兩方面看：第一、改變時間表述角度。由以王政活動為中心的、居高臨下的政令敘述，轉變為以民眾生活為主體的富有情味的民俗論述。《月令》敘述天子月度通天祭儀與王政事務，《荊楚歲時記》記錄平民百姓在年度週期中的歲時民俗表現。這種記述中心的轉變，是一個根本立場的變化，雖然《荊楚歲時記》的記錄者本人仍屬文人士大夫之列，但他卻是從一般社會角度看待民眾生活中的時間。

第二、改變了時間敘述方式。《月令》依照四季自然節氣的變化，敘述時令性活動；《荊楚歲時記》同樣按時間流轉敘述人事，並且也還帶有月令的痕跡，但它主要依「人為」節日這一社會人文節點來描述民眾的時間生活。雖然人文時間節點與自然時令有著密切關係，但它畢竟已自成系統，已成為服務民眾生活的時間標示體系。這種以人文節日為標誌點的時間體制的出現，既便利了一般民眾對時間的掌握，也為民眾從日常經驗的角度解釋時間生活提供了表達的機會。我們從《月令》與《荊楚歲時記》有關歲首的敘述比較中就能很方便地理解到時間敘述方式的前後變化；《月令》開篇講「孟春之月」，述月度天象、物候、五行、神靈、數字、音樂等，由宇宙節律說到人間祭祀、王政活動。《荊楚歲時記》首述歷年之始「三元之日」（歲之元、時之元、月之元）的節日民俗活動，在新的年度週期的開端，人們以早

64　吳國盛：《時間的觀念》（中國社會科學出版社，一九九六年），頁一二一。

起迎年，庭前爆竹，拜祭祖靈，飲桃湯、藥酒，食五辛盤，佩卻鬼丸，掛桃符、門神等種種民俗活動，表達人們在新年伊始對新生活的期盼。歲時記記載農事活動，但重點不在農事時令的指導安排，它主要記述歲時民俗事象。如三月清明節，在《四民月令》中是「命蠶妾治蠶室」等農事安排，而《荊楚歲時記》中只記寒食禁火之俗，不述清明農事，由此，我們可以看出歲時記與月令的具體區別。在後世歲時體系中僅保留了清明這一個節氣日，而且，還只是沿用了清明之名，實際主要是寒食節俗形態的轉移。歲時記從民間的角度記述了民眾的歲時生活，從而為我們留下了一幅南朝荊楚歲時民俗的鮮活圖景。

其次，開創了新的民俗記述體裁。在傳統民俗著述中，專門記述歲時的著作，以《荊楚歲時記》為「始祖」。[65]在《荊楚歲時記》之前，民俗事象大多散見於一般著述之中，它們或作為禮制的補充，以禮俗的面目出現，或是獵奇采異的片段記錄。《荊楚歲時記》在民眾歲時生活發展的情況下，在傳統的著述體例中，別開生面，開創了歲時民俗志的著述體例。《荊楚歲時記》以歲時民俗為記述對象，依照時間的順序，從元日到除日，一節一俗，對荊楚地區的歲時民俗作了系統的描述。通過節日民俗活動與神話傳說凸現荊楚民眾的信仰、情感、社會生活與物質生活。《荊楚歲時記》作為中國第一部歲時民俗志，具有垂範後世的典型意義。自《荊楚歲時記》之後，描述時間民俗的「歲時記」成為民俗著述的重要體裁，在中國形成了撰寫歲時記即時間民俗志的文化傳統。如《秦中歲時記》（唐）、《乾淳歲時記》（宋）《歲時廣記》（宋）、《歲華紀麗譜》（元）、《北京歲華記》（明）、《燕京歲時記》（清）等構成了古代歲時記的著述系列。雖然後代的有關歲時著述與《荊楚歲時記》的著述動機、著述方式不盡一致，但他們大體上遵循著以時序為縱線，以節俗為中心的時間民俗敘述方式。歲時記著述傳統的歷代傳襲，不僅使豐富多采的歲時民俗得到及時的記錄，從而為我們保存了一筆豐厚的文化遺產，同時它自身也往往成為民眾生活的精神文本，人們不斷地從中尋找現實生活的歷史依據。《荊楚歲時記》在時間民俗志上具有發凡起例的開創之功。

[65] 鐘敬文：〈北平風俗類征・重刊序言〉，見《新的驛程》（北京：中國民間文藝出版社，一九八七年），頁四八二。

二、歲時民俗記述的實錄原則

《荊楚歲時記》雖然成書於北國，是作者憶舊性的敘述，但它既不是道聽途說式的獵奇錄異，也不是傳世文獻的古俗集釋，《荊楚歲時記》是作者宗懍依據在荊楚故地數十年的生活經歷與民俗體驗在異國他鄉的特殊環境下追記成文的。這種回想式的民俗記錄，是中國古代民俗志的特點之一[66]，如，後來宋代孟元老的《東京夢華錄》、吳自牧的《夢粱錄》與清代范祖述的《杭俗遺風》等。從目前所見到的古代民俗記錄看，《荊楚歲時記》也是開創這類古代回想式民俗描述的首部著作。

《荊楚歲時記》在中國民俗學史上的特殊貢獻，是它在民俗記述上的實錄原則。《荊楚歲時記》在記錄民俗事象時以記錄者的親身體驗作為民俗記述的重要基礎，以歲時節俗為中心，依照歲時節日的民俗活動進程，作了力所能及的時空結合的動態描述。中國自古重視年節，自從有了確定的曆法計年後，人們以年度週期的新舊界點作為慶祝日，對新年首日予以特別的關注。在元日，這一新的時間點上，中國人傾注了濃郁的情感，寄予著深切的期望。其中，對生命健康延續的祈求是年俗的核心內容。秦漢以前的年節情形，或因年俗的儉樸，或因記述的疏略，給人們留下的是概略的印象，但在新歲之際都特別突出對生命的祝福。《詩經》有「朋酒斯饗，曰殺羔羊，躋彼公堂，稱彼兕觥，『萬壽無疆』！」這是周代的年節祝賀。《四民月令》記東漢正日節俗，先期齋戒，進酒降神，全家列坐先祖牌位前，「各上椒酒于其家長，稱觴舉壽，欣欣如也。」從《四民月令》敘述的年節習俗看，它主要強調的是家族倫理的意義，其中自然免不了有從禮教角度加以規範倡導的意味。魏晉南北朝時期，民眾生活愈亦世俗化、地方化，作為時間節點的歲時節日就集中體現了這一民俗特色。《荊楚歲時記》以實錄的記述方式，對荊楚地方的年節民俗作了較為清晰的記述。在新歲

[66] 參看鐘敬文：《建立中國民俗學學派》（哈爾濱：黑龍江教育出版社，一九九九年），頁一五。

的第一朝，人們雞鳴而起，首先在門庭前爆竹，說是「辟山臊惡鬼」；然後長幼都穿戴整齊，依次向尊長叩拜賀歲；接著行特別的年節飲食禮儀，進椒柏酒，飲桃湯，進屠蘇酒，膠牙餳，下五辛盤，進敷於散，服卻鬼丸，按傳統習慣還各食一雞蛋。飲酒的次第，從年齡小的開始。民間的說法是「小者得歲，先酒賀之。」事實上，這些具巫術意義的飲食是為了求取佑護生命的神力，南朝詩人庾信「正旦辟惡酒，新年長命杯」的詩句，詠歎的正是這一年節飲食民俗。[67]宗懍在敘述了這些特定的年節食俗後，又特別補記了一句，「梁有天下不食葷，荊自此不復食雞子，以從常則。」宗懍及時記錄了民俗形態的局部變化，體現了宗懍在民俗記述上的實錄原則。門戶既是進出的孔道，也是防守的關口，《荊楚歲時記》記述了荊楚人在年節裝飾門戶的民俗，除戶上布置有稱為「仙木」的桃板外，[68]帖畫雞戶上，懸葦索於其上，旁插桃符，以使「百鬼畏之」。荊楚人還有主動求福的習俗，「又，以錢貫系杖腳，迴以投糞掃上，雲令如願。」宗懍將歲首民俗在時空中的特定表現逐次敘述，以「雞鳴」為新年的起點，以家庭聚飲為歲首節俗高潮，由諸多具巫術意義的人生保障習俗，可見在動盪環境下荊楚民眾面對新的時間階段時的忐忑心理，人們利用歲首這一特殊的時間點，一方面服食各種「練形」食品，以強身健體，使用多種巫術手段以驅邪求吉；另一方面以聚飲、拜賀的禮儀凝聚家族力量，共同面對未來的時間生活。

從《荊楚歲時記》對元日習俗進程的描述中，（其他節俗的描述大都如此，）我們會自然得出這樣的結論，這是古代前所未有的具動態意義的記錄。《荊楚歲時記》所記述的民俗，既不是采自傳世的文獻，雖然在理解流傳的民俗事象時，博引諸書，追尋民俗源流，也不是浮光掠影的斷片記錄（如旅行式的觀風問俗），它是作者以親身經歷的民俗生活進程本身作為記述對象，是在變異了的環境下以懷舊情感對自己所熟悉的民俗事實的追記，可以說是主位與客位結合的全觀描述。說它是主位描述，是因為記述者曾是所敘述的民俗社會中的一員；說它是客位描述，理由是記述者已生活在另一習俗環境之中。正是這種主客之間的視角，樹立了古代民俗記錄的優勢，人們在急遽變化了的民俗環境中，易於回

67 庾信：〈正旦蒙賚酒〉，見《蒲積中編・古今歲時雜詠・卷一》（瀋陽：遼寧教育出版社，一九九八年），頁二。

68 這種新年在門上釘桃板的習俗在廣東有些鄉下還有保留。鐘敬文教授講述。

想過去習慣了的生活，還特別容易發現其中的民俗特點。[69]《荊楚歲時記》的特殊視角及對民俗的動態描述方式，在中國民俗學史上具有重要的意義。

三、歲時民俗記述範圍的有效把握

歲時民俗是時間生活民俗，人們依據自然時間的季節特性，形成了一套服務民眾生活的人文時間體系，它既與自然時間有著密切的聯繫，又有著獨立的文化品性。

歲時節日作為民眾生活的時間節點，時間是其基本屬性，它以年度為週期，以四季時序為基礎。在自然農業的時代，人文時序必須適應自然時序，當然這種適應可以是被動的適應，也可以是主動的適應，漢魏以後形成的歲時體系，就是民眾在適應自然時序過程中主動創制的人文時間系統。因此，在歲時節俗中包含著大量的文化信息，其中最主要的是民眾對時間的態度與理解。

民眾的時間態度具體體現在歲時信仰、歲時禁忌、歲時禮儀諸歲時民俗事象之中，《荊楚歲時記》作者在記述歲時民俗時基本上依照這一範圍，對歲時節日中的信仰、禁忌、禮儀、飲食、娛樂與神話傳說等民俗事象作了較全面地描述。如寒食是古代的禁火日，時間在冬至後的一百零五日，《荊楚歲時記》說「據曆合在清明前兩日」，節俗為禁火三日，作餳大麥粥食用。《荊楚歲時記》引錄了文獻中有關寒食與介子推的傳說，認為是「流俗所傳」，但亦予存錄，宗懍顯然已認識到這並非寒食起源的真相，但其反映了民眾對寒食節俗的解釋。寒食還是春嬉的娛樂節日，《荊楚歲時記》對鬥蛋遊戲與打毬、秋千等競技娛樂的古今形態作了細緻的描述。從宗懍對歲時民俗事象的敘述看，他注意突出心意民俗、行為民俗與口承民俗在歲時節俗中的地位。

[69] 參看鐘敬文：《建立中國民俗學學派》（哈爾濱：黑龍江教育出版社，一九九九年），頁一五。

由此可見《荊楚歲時記》作者有著較清晰的民俗觀念，對民俗事象有較準確的把握，對民俗範圍有確定理解，這種理解已接近當代人對民俗範圍的界定。在《荊楚歲時記》的平凡記述中，表現出作者對民俗生活敏銳的觀察力。祭祀、飲食、娛樂是傳統歲時的三大內容，人們在特定的時節以祭祀溝通神人，以飲食保健身體，以遊戲娛樂調整心情及開展社交活動。《荊楚歲時記》作者以欣賞的態度敘述著這三大歲時民俗活動，這不僅與《月令》時代的政教敘述有著根本區別，而且為後世歲時記的民俗記述範圍奠定了基礎。

四、月令與歲時記——兩種不同時間觀的比較

《荊楚歲時記》沿襲了《月令》依自然時序敘事的傳統，《月令》本著春生夏長秋收冬藏的自然節律，安排人事活動，為「歲時記」敘述四時節俗提供了時間表述的參照。但《月令》與歲時記表述著不同的時間觀念，二者在時間觀念上不僅有前後的歷時差別，而且也存在著層位不同的歧異。

《月令》如前所述，是王官時代的時間表述，它是少數人借對天象觀測的知識壟斷，從而實現對時間的壟斷，自然時間被賦予陰陽五行的神祕屬性，時間的頒授與天子的權力意志結合在一起，自然時間在王官那裡轉化為政治權力的資源。天子利用自然時序的季節特性，進行祭祀活動與社會行政管理，將王官之令作為自然律令的對應指令頒佈給全社會，所謂「王者上奉天時，下布政於十二月也。」[70]人們必須無條件的遵守由王官轉述的「天時」。平心而論，在上古時代，「觀象授時」是必要的，那時，人們限於生存能力，只有被動地適應自然節律而生活，因此人們要準確地觀測天象物候的變化，以安排四時的生活。季節時間點的準確觀測，在當時只能是朝廷中的專業人士，祭祀的時間與農事時間都依賴於這些專職人員的觀測報告。王官在接到時令節點的預報後，就在相應的時間內舉行一套特別的儀式，以顯示對

70 杜台卿：〈玉燭寶典・序〉，《叢書集成初編》，影印《古逸叢書》。

上天賜予人世以時間的特別尊重，將自然時間神祕化。帝王的迎氣儀式的另一重要意義是向社會大眾公告：天子已從上天那裡迎來了新的時間，人們可依據季節特性循時而動，因時而藏。《月令》有著很強的規範與指導意義。它是作為時間政令發佈的，違者將受到處罰。「宗教上的生存關懷」與統治權力結合以後，演變為時間指令。《月令》表述的是統一的、獨斷的、具政治意義的標準時間。

《月令》作為時間政令，在秦漢以前曾發揮實際效用，魏晉時期尚存「四時讀令」之制，[71]南北朝時代以中原為中心的中央帝國崩潰，禮教制度瓦解，作為禮法主要內容的統一的王官之時失效，月令傳統衰微。正是在這樣一個動盪、分裂的時代，傳統時令敘述中斷的情況下南朝出現了地方性的時間表述。但月令敘述的衰微，並不能說月令傳統就此消亡。事實上，在南北朝時期，北朝因地理及政權性質的關係，有意識地復興古代禮制，月令亦在其中。北魏道武帝天興元年（公元三九八年）下詔：「五郊迎氣，宣贊時令，敬授民時，行夏之正。」[72]北齊亦行迎氣讀令之制，[73]北周高祖保定三年（公元五六三年）下詔：「自今舉大事，行大政，非軍機急速，皆依月令，以順天心。」[74]可見北朝不僅在地域空間上佔有中原，而且在文化時間上也繼承了中原政權的時間體制。隨著隋政權自北而南的統一大業的完成，作為帝國時間體制的月令，重新恢復了它在全國範圍內的獨斷地位，月令在隋唐時期得以復興、延續。隋在統一之初，就著手修立明堂，認為明堂月令是「聖王仁恕之政」的體現。因此以《月令》為綱、詳解《月令》奧義的《玉燭寶典》一經獻上，就受到帝王的獎賞。接著唐亦由帝王欽定月令專書稱為「禦刪定月令」，即《唐月令注》，並沿襲古代四時讀令的傳統。帝王以重新頒佈月令的形式實現其對時間的壟斷。宋代以後，由於經濟重心的南移，非農經濟成份的增長，社會生活出現多樣化的趨勢。因此，以北方農業物候為時間標識的月令已失去生活的指導意義。自宋開始不行讀令之禮，

71 《古今圖書集成・曆象彙編・歲功典・第二卷　歲功總部匯考》（成都：中華書局、巴蜀書社影印本，一九八五年），頁一七二七。

72 《古今圖書集成・曆象彙編・歲功典・第二卷　歲功總部匯考》（成都：中華書局、巴蜀書社影印本，一九八五年），頁一七二八。

73 《古今圖書集成・曆象彙編・歲功典・第二卷　歲功總部匯考》「北齊以五郊迎氣，天子皆禦殿，有司讀令。」（成都：中華書局、巴蜀書社影印本，一九八五年），頁一七二八。

74 《周書・卷五武帝紀》，頁六八。

「但以四立及土王日祀五方帝，以四孟及季冬有事於宗廟。」[75]明朝進一步淡化傳統時氣觀念，以世俗歲時取代傳統的王家月令，「《明會典》：洪武二年（公元一三六九年）重定時饗，春以清明，夏以端午，秋以中元，冬以冬至，惟歲除如舊。」[76]皇家祭典的時日完全採用民間時序，這真是一個深刻的社會變化。因此反映在時間記述的文本上，宋以後出現可諸多歲時類著作，月令之書雖沿襲舊體，但其地位與性質已發生了根本變化，它們已不再有政令的指導意義，只是一種農事指南與社會生活的參考讀物。如宋周守忠《養生月覽》、明馮應京《月令廣義》、清李光地《月令輯要》等，它們或是記專項的月度養生活動，或是古代月令知識的彙編。月令在中古以後已失去了神聖的時間指導意味。

「歲時記」表述的時間觀念與月令有著根本的區別，作為地方民眾歲時生活的實錄，它揭示的是一種地方性、世俗性的平民時間。秦漢時期月令仍有實在的指導意義，但在漢晉時期這種情況發生了改變，當時形成了一種「證驗」的風氣。從漢末到晉初，一百多年間，是中國古代科技史上科學成果和科學人才都密集出現的時期，天文知識也因人們對天象觀測的兢兢業業而取得了劃時代的成績，如東晉初年虞喜發現了歲差，北朝人張子信發現日行有遲疾。[77]人們對天道運行規律的重新認識，有利於動搖傳統的天時信仰，從而淡化天時的神祕色彩。[78]天象知識的普及發展打破了少數人壟斷天時的局面，一般百姓能夠自己把握歲時的變化，月令逐漸失去指導意義。同時由於中央王權的衰微，地方社會的發展，人們對地方傳承的時空生活發生興趣。時間在普通百姓那裡是具體可感的日常生活過程，人們以固定的人文節點作為時間段落的分隔標誌，這種時間節點的連續，就組成了服務民眾生活的人文時序，這種與民眾生活密切相關的時間體制，不僅沒有了王政的訓誡意味，而且與自然節氣也只是保持著大致對應的關係。這一文化與時間觀念的變化，正出現

75 《古今圖書集成・曆象彙編・歲功典・第二卷　歲功總部》（成都：中華書局、巴蜀書社影印本，一九八五年），頁一七三〇。

76 《古今圖書集成・曆象彙編・歲功典・第二卷　歲功總部・成都：中華書局、巴蜀書社影印本，一九八五年），頁一七三一。

77 參看任繼愈主編：《中國哲學發展史（魏晉南北朝）・魏晉南北朝時期的哲學與自然科學》（北京：人民出版社，一九八八年），頁六八九—九四六。

78 （宋）蔡沈《書經集注・堯典篇》述天象人時之後注曰：「古曆簡易，未立差法，但隨時占候，修改以與天合。至東晉虞喜始以天為天，以歲為歲，乃立差以追其變。」天時與人時的分離，不僅僅是記時系統的變化，它標誌著天人關係的新變化。

在漢魏六朝時期，在南朝表現尤為顯著。宗懍的學術卓見就在於他敏銳地感受到了這一時間觀念的新變化，並及時地將它記錄了下來。在民俗材料的取捨與編排上，體現了宗懍的對民眾生活的理解與關懷。

《荊楚歲時記》是中國第一部時間民俗志，它從平民的角度記述了荊楚百姓對時間的體驗與感受，它通過對人們在節日民俗活動中的行為描述，展現了當時民眾的時間意識，為我們記錄了彌足珍貴的民眾文化史料。

由此可見，從月令到歲時記的時間敘述方式的變化，不僅是一般的敘述形式的變化（從以自然節氣為序到以人文節日為序），更重要的是它們各自代表著不同的時間觀念，一是將自然時節轉化為王官月令，人們只有絕對服從與被動適應；一是民眾直接感受時氣變化，採用種種民俗行為去主動協調人與自然（神）的關係。天人關係中的這種被動與主動的變化，決定了月令到歲時記的遞嬗，它從時間的角度反映了中國傳統社會內部文化觀念由前期向後期的轉變。

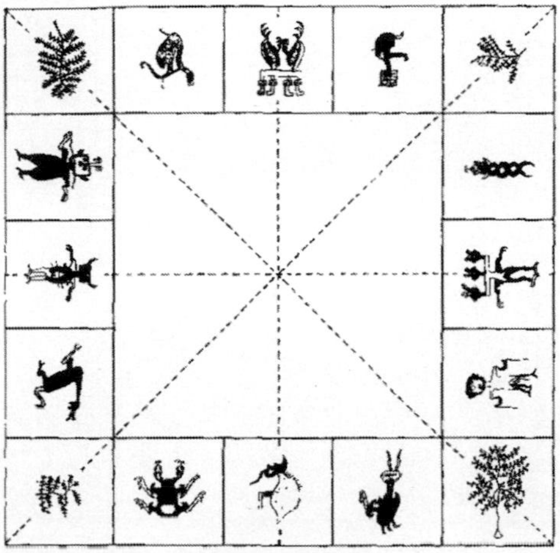
楚帛書的圖像（李零《中國方術考》）

第五章 《荊楚歲時記》

——中國民俗史上的珍貴文獻

《荊楚歲時記》在中國民俗學史上具有開創體例、樹立坺本的意義，同時它又是中國民俗史上的一部珍貴的文獻。《荊楚歲時記》出現的時代與其所記述的時代是中國歷史上一個極特殊的時代，貶之者指其為動盪、戰亂、腐敗與墮落的畸形時代[1]，譽之者將其視為中國歷史上少有的文化自覺與思想解放的時代。[2]二者雖從不同的角度說出了一定的事實，但他們都沒有揭示出魏晉南北朝時代的真正特性。魏晉南北朝時代是一個缺少政治統馭力與思想權威的時代，人們失去了精神依託與權力依靠，在痛苦中縱酒逍遙，「思想解放」的閥門在放蕩不羈者的手中被不自覺地開啟，這種思想的自由是思想者的不得已的選擇。魏晉南北朝時期最重要的貢獻是它在民族文化建設上的貢獻，魏晉南北朝是歷史上空前的民族融合、文化交匯的時代，異文化資源的源源流入，不僅為民眾的精神生活與物質生活提供了新的動力，而且

1 東晉後期葛洪指稱「群驕慢傲，不入道檢者，為都魁雄伯，四通八達，皆背叛禮教而從肆邪僻，訕毀真正，中傷非黨。口習醜言，身行弊事。凡所雲為，使人不忍論也。」見：抱樸子（外篇）・卷二十七・刺驕。明清之際的顧炎武論及此時說：「國亡於上，教淪於下，羌戎互僭，君臣屢易，非林下諸賢之咎而誰咎。」見《日知錄・卷十三　正始》。

2 宗白華論及這一時代時說：「舊禮教的總崩潰、思想和信仰的自由、藝術創造精神的勃發，使我們聯想到西歐十六世紀的文藝復興。」「這是強烈、矛盾、熱情、濃於生命彩色的一個時代。」「只有這幾百年間（指漢末魏晉六朝）是精神上的大解放、人格上的大自由。人心裡面的美與醜、高貴與殘忍、聖潔與惡魔同樣發揮到了極致。」見宗著《美學與意境》（北京：人民出版社，一九八七年），頁一八四。蕭艾在《〈世說〉探幽》序言中亦闡述了同樣的看法。

也促成了民眾生活方式的新變化。作為地域民眾歲時生活實錄的《荊楚歲時記》，為我們描述了當時民眾生活的真實圖景，普通百姓並沒有因時代的動盪而放棄對生活的摯愛，也沒有因社會控制的鬆懈而恣意，他們依然沿襲著傳統生活方式，當然也積極吸收文化交流帶來的新的文化因素，並將它有機地融入自己的生活。從《荊楚歲時記》中我們不僅能夠發現一些當代民俗的古老形態，而且也可從中發掘出南朝荊楚民眾的民俗觀念，從而發現變革時代民族文化的真實表現。

第一節　大變動時代域內外文化交融的民俗寫真

漢魏六朝時代是文化大交流的時代，這種文化大交流包含兩大方面：一、中國本土內的南北文化交流；二、中外文化交流。文化交流的過程也就是不同文化的碰撞與融匯的過程，漢魏六朝的文化交流主要是通過大規模的戰爭與人口的遷徙實現的。在漢帝國崩潰之後，中原陷入混戰局面，持續的民族戰爭及民族遷徙造成了種族的大混血、文化的大交流；因戰爭的關係，北人大量南遷，在南方出現了規模空前的南北地域文化交流，有文化史家認為：「這可能是中國史上規模最大的一次文化交流。」[3]正是由於這樣的種族與文化的「混血」才促成了中華民族在六朝時期及其後的繁榮，六朝之後的民族文化可謂面目一新。從民俗生活方面看，周秦以來的民俗生活得到前所未有的豐富與完善，僅就歲時節日這一時間民俗來說，已經融合了域內諸民族與域外異文化的有機成分，中國歲時民俗具有了多元一體的複合特點。《荊楚歲時記》適時記錄了民族習俗融合的新情形，以實際的民俗生活說明了民族文化交流的力度。這裡選擇幾則有代表意義的節俗，予以論述。

3 季羨林：《長江文化研究文庫．總序》（未刊本）。

一、南北民俗的交融複合——端午節俗形態分析

端午節是中國的傳統大節，它與春節、中秋節一道成為漢民族的三大節慶。端午因其節日主題的關係，在中國文化史上有著特殊的地位，中古之後歷代的文人學士莫不借端午這一時間點，抒發傷時懷人之慨；一些近代學者也以特有的文化心結，對端午作了較深入地探討。[4]但他們大都只注意端午的上層意義，沒有深入闡發端午在一般民眾生活的時間意義；也基本上沒有論及南北文化交流對端午節俗形態的影響，這是本文試圖解決的問題。

端午節，又名端陽節，它是整個夏季唯一重要的人文節日。因此，它也就是人們表達對夏季時間感受的民俗節點。從端午節俗的歷史淵源、形成線路及具體形態，可以考見南北民眾時間觀念在漢魏六朝時的融鑄過程。

（一）端午節俗的歷史淵源

端午作為五月五日的節名，就目前所見資料看，始於魏晉時期。晉人周處在《風土記》中如下記述：「仲夏端午，烹鶩角黍。端，始也，謂五月初五日也。」[5]端午本是仲夏月的第一個午日，即夏曆的午月午日，後來人們用數字記時體制取代干支記時體制，以重五取代重午，但仍保持著端午之名。在端午這一人文節日形成之前，夏季的節俗集中在夏至，人們對夏至時節天文物候的觀測與理解，構成了夏至節俗的基本內容。端午的出現削弱了夏至時間點的標識意義，但事實上，端午以夏至時節為時間基礎，端午節俗的核心是人們對夏至時節的時間體驗，端午與夏至在六朝曾經並重於世，[6]

4 參看聞一多：〈端午考〉，見《神話與詩》（上海：華東師範大學出版社，一九九七年），頁一四五—一六四。黃石：《端午禮俗史》（台灣：鼎文書局，一九七九年）。

5 此據金武祥輯《粟香室叢書》本。

6 周處《風土記》「俗重五月五日與夏至同。」見《玉燭寶典・卷五》。

隨著歲時節日體系的完善，端午最終替代了夏至，但夏至的節俗功能大都潛移至端午節俗之中。《荊楚歲時記》首次完整記錄了荊楚地方的端午節俗，從端午節俗的構成看，它有兩大來源：

（1）北方仲夏月諱習俗的演變

漢代以前屬月令時代，人們重視自然節氣的時間點。仲夏五月的重要節令是夏至，雖然五月五日在漢代已屬特殊時間，但夏季的主要節俗還是集中在夏至。《禮記．月令》很嚴肅地對待這一時間點，「是月也，日長至，陰陽爭，死生分。君子齋戒，處必掩身，毋躁，止聲色，毋或進，薄滋味，毋致和，節耆（嗜）欲，定心氣。百官靜事毋刑，以定晏陰之所成。」夏至是陰氣與陽氣、死氣與生氣激烈爭鬥的時節，人們在這一時段，要保持身心的安定，要禁絕各種情欲，尤其是色欲；行政事務亦應採取「無為」的治理方式。在古人觀念中，自然節令日是陰陽運動的關鍵日，也是人們精神緊張的時日，因此小心避忌，謹慎過關，是當時人的節日心態。而夏至又是陰氣萌生的時節，萬物盛極趨衰，人們擔心不能適應時氣的變化，因此採用了一些巫術的措施，如以「朱索連葷菜，彌牟（朴）蠱鍾。以桃印長六寸，方三寸，五色書文如法，以施門戶。」[7]在東漢莊園社會，五月五日是一個采藥製藥的日子，而夏至卻是一個隆重的祖先祭祀日，「夏至之日，薦麥魚于祖禰，其明祠塚。」人們在此時祭祀祖靈並不是一般意義的追懷活動，其藉助祖靈的力量安然度夏的目的顯而易見。

由於夏至時節陰陽二氣的激烈爭鋒，陽迫於上，陰動於下，蛇蟲出沒，暑毒盛行，[8]人們在這樣惡劣的環境下，感受到生存的困難，因此人們將夏至所在的五月，視作「惡月」。[9]既是惡月，自然會有諸多禁忌：不宜蓋屋，「五月蓋

7 《後漢書．禮儀志》（中華書局，一九六五年），頁三一二二。
8 王充《論衡．言毒篇》說：「夫毒，太陽之熱氣也，中人人毒。」
9 黃石在《端午禮俗史》中說：「夏至適為由盛轉衰的轉換點，故有『陰陽爭，死生分』及『夏至一陰生』的說法，令人有懍然慄然之感。字學家也因此解『午』為『仵』為『敵』，指陰陽之氣爭雄，結果陰勝陽，卒之收拾萬物的生命，……由是演繹出『五月為惡月』的觀念，及『善正月，惡五月』的俗諺。世人對『惡五月』特別戒懼，即此之故。」（台灣：鼎文書局，一九七九年，頁一一。）

屋，令人頭禿。」（《風俗通》佚文）[10]不宜赴官，「五月到官，至免不遷。」（同前）不宜生子，「諱舉正月、五月子，以為正月、五月子殺父與母。」（《論衡・四諱》）重重的禁忌表達了漢代人對五月人生的關注。我們在注意到五月自然氣候對人的生存狀態的影響時，更應該看到漢代人對五月的認識是基於一種文化觀念。在《夏小正》時代，五月並沒有被視作惡月，那時只有蓄蘭、蓄藥保健身體的習俗。漢代是神祕思想流行的時代，人們以陰陽五行的觀念看待自然時空的變化；就陰陽五行的觀念看，五月是陽氣最盛的時刻，也是陽氣開始衰微的時刻，在這樣的時間關節點上，人們自然心存恐懼，五月也就被賦予惡的倫理意義，因此，一系列死亡型的故事也與五月發生了關聯，誠如《論衡》所說：「夫忌諱非一，必託之神怪，若設以死亡，然後世人信用畏避。」[11]，這種五月為惡月的看法，主要也集中在北方。五月北方酷旱少雨，人們在這惡劣的時節只有靜養「以順其時」。

漢魏以後，受陰陽術數觀念的影響，北方民間逐漸將夏至節俗與人們對五月的看法聚焦到五月五日這一時間點上。而五月五日最初來源於午月午日，在干支曆中，以地支記日月，午月即在天文星圖上北斗斗柄指午的月份，夏正建寅，午月即五月，午日大約在夏至前後。漢代有午月午日賞賜百官夏衣的習俗，《漢書・章帝紀》載：「嘗以午日賜百官水紋綾褲。」由於干支記日需要推算，在一般人那裡有掌握的困難，因此更容易接受數字記時方法，漢魏以後社會通行數序記月日的記時體制，於是人們在節氣之外，另擇時日作為人文節日，這無疑是社會文化的一大變動。因夏至節氣變動的關係，人們相應形成了諸多月諱習俗，從漢魏開始這些習俗逐漸集中到了五月五日。五月五日的凸現不僅與「午」「五」同音、易於記憶有關，更重要的是日漸流行的陰陽術數信仰對民眾觀念的影響。魏晉時代人們依據陰陽術數信仰對民間節日作了系統的整飭。據徐整《三五曆記》：「數起於一，立于三，成于五，盛於七，處於九。」一、三、五、七、九等奇數屬天屬陽，在天人感應的時代，這些數字本身就具有神祕意味，因此以這些天數標示的月日自然也成為神祕的節點，在古代陽月陽日的重合意味著陽盛之極，不合剛柔相濟之道，因而是一個忌諱的日子。從《四民月令》的記

10 磨咀子漢簡・日書・六　日忌木簡丙「午毋蓋屋，必見火光。」
11 黃暉：《論衡校釋・卷第二十三　四諱篇》（中華書局，一九九〇年）。

述看，東漢時期，上述月日已具特殊意義，但除正日在歲首外，其他尚未成為主要節日。魏晉以後這些重陽之日在社會上受到特別的重視，數字信仰與社會生活的緊密結合，可能與當時盛行的道教有關，道教時間觀為民眾的時間體系的構建提供了參照。這就是五月五日成為仲夏月諱習俗集中點的原因。

（2）南方夏至新年古俗的遺存

南方的五月節俗同樣起源於人們對夏至時節的時間感受。夏至，在南方土著民族那裡曾經被視作新年。[12]中國遠古時期就開始以天象的空間變化來標示時間的變化，人們以東方蒼龍七宿在天空的位移確定季節的變換。五月仲夏時節，蒼龍升至正南位置，如《周易・乾卦》所說：「飛龍在天」。由於大火（心宿二）處在蒼龍的主體部分，因此這時它正懸在南方中天上，特別的醒目，上古人民將其視為季節農時的標誌；《夏小正》五月「初昏大火中，大火者，心也。心中，種黍菽糜時也。」[13]《尚書・堯典》：「日永星火，以正仲夏。」大火在上古時代是重要的時間標誌，朝廷設有專門的職官，負責觀察大火的出沒與位置的變化，這種官員成為「火正」或「祝融」。楚人奉祝融為先祖，說明南方民族曾使用過以大火位置變化記述歲時的「火曆」。[14]《左傳・襄公九年》：「火紀時也。」這是原始的天文曆，在這種遠古曆法中，大火的昏中、旦中正值夏至與冬至，因此分別作為冬夏兩個新年的標誌。冬至新年在南方山地民族仍有傳承，[15]即使中原之地在宋代仍舊冬至重於新春。[16]與冬至相對的夏至，也是真正太陽年的起點，（不過與冬至太陽視運

12　參看陳久金、盧蓮蓉著：《中國節慶及其起源》（上海：上海科技教育出版社，一九九〇年，六月，頁一〇八。

13　王聘珍：《大戴禮記解詁・卷二　夏小正第四十七》（中華書局，一九八三年）。

14　龐樸《薊門散思・五六》「以火記時與火曆」（上海：上海文藝出版社，一九九六年），頁一一五－一一七。龐樸另有《『火曆』初探》的專文，討論火曆問題，該文原刊《社會科學戰線》，第四期（一九七八年）。

15　廣西部分壯族仍過七月十四與冬至，冬至要宴請賓客，比夏歷年熱鬧，稱「冬至大過年」。部分過七月十五的人，過大年。由此可見過冬至與過大年的人分別傳承了不同的曆法傳統。（據壯族學者楊樹喆提供他家鄉廣西扶綏東門鎮那巴村的節俗情況記錄。）

16　孟元老《東京夢華錄・卷之十》冬至「十一月冬至。京師最重此節，雖至貧者，一年之間，積累假借，至此日更易新衣，備辦飲食，享祀先祖。官放關樸，慶賀往來，一如年節。」故當時有「肥冬瘦年」之諺。（宋・金盈之《醉翁談錄》）

動的方向相反。）夏至因此在一些民族中也被視作新年，甚至它比冬至作歲首的時間起源更早。因為古代的年度週期是以農事活動時間為基礎的，大火昏見的夏至時節，正是黍菽穈等農作物播種之時，也就是新的農事週期的開始，「用後來的曆法術語說，也就是以此時為『歲首』。」[17]這種以夏至為新年的習俗在南方一些少數民族如瑤族、布依族、毛南族中可以得到間接的證明。這些民族的新年在夏至附近，一般在漢族所說的分龍節這天，即五月二十九日。這與古代夏至東方蒼龍星座正處南中的季節天象相關。[18]在夏季新年中，家家都要做豐盛的菜肴，並包粽子供奉祖先。並有競渡風習。競渡是典型的南方地域民俗，南方居民以熱鬧、主動的姿態度過夏至時節，這與北方靜態、被動的避忌形成鮮明的對照。北方以「無為」靜待陰陽的變化，南方以襄助的行為促進陰陽的轉換。節俗的一靜一動，體現了南北民眾的文化性格與時間態度。

當然南方居民對暑熱季節也有著強烈的感受，同樣出現五月為惡月的忌諱，[19]不過他們採取了不同的應對方式。以夏至為中心的節俗活動構成了南北五月節的自然人文基礎。

（二）南北五月節俗的融匯

南北的五月節俗都以對夏至時節的人文感受為心理基礎，雖然形態不盡相同，但都注重對時間轉折的強調。由於文化與時間觀念的變化，從東漢末年開始，出現了由時令節點夏至向人文節日五月五日的轉移。魏晉六朝時期，因人口大規模移動的關係，南北民俗文化交融，北方惡月禁忌與南方夏至時節諸俗匯聚，五月節俗空前豐富。同時由於禮教的崩潰，月令時代的結束，人們的時間意識出現了變化，人文時間獲得相對獨立的地位，夏至節俗逐漸移到了五月五日。在

17 龐樸：《薊門散思．五六》「以火記時與火曆」（上海文藝出版社，一九九六年），頁一一五—一一七。

18 由於歲差的關係，在夏朝以後，旦、昏大火中天的時節大致移至季冬季夏之月，於是人們開始以季冬季夏為新年。（參看陳久金等著：《中國節慶及其起源．序言》）

19 （梁）殷芸《殷芸小說．卷三》後漢人「胡廣本姓黃，以五月五日生，俗謂惡月，父母惡之。」胡廣，後漢華容人。

晉周處《風土記》中說：「俗重五日，與夏至同。」這時夏至較五月五日為正節，但民間已看重五日。至南朝時，五月五日的影響已蓋過夏至，成為民間的一大節日。

五月五日地位的陡升，與六朝時期南北節俗的交匯、南方歷史文化因素的注入有著極大的關係。因生存環境的關係，南方楚越之地素有祭祀水神的傳統，夏至時節的飛舟競渡、飯食投江本意就在於祭神禳災。在南北分立以前的時代，楚地久已流傳著忠臣屈原的傳說，據晉王嘉《拾遺記》卷十雲：「屈原以忠見斥，隱於沅湘，披榛茹草，混同禽獸，不交世務，采柏實以和桂膏，用養心神，被王逼逐，乃赴清冷之水，楚人思慕，謂之水仙。其神游於天河，精靈時降湘浦。楚人為之立祠，漢末猶在。」[20]屈原在楚地很早就被視為水仙，立祠祭祀。在南北朝時代，因時勢的關係，屈原的形象日益崇高。屈原不僅因赴水而死的關係被奉為水神，而且與傳統的競渡風習結合，形成新的歷史傳說，[21]祭祀屈原的時間因此也定在了五月，甚至將傳統的死亡日——五月五日看作屈原的忌日，並以此日作為追悼日。南朝梁人吳均在《續齊諧記》中說：「屈原五月五日，自投汨羅而死，楚人哀之，至此日以竹筒貯米，投水祭之。」[22]南朝荊楚地方將悼念屈原的活動結合到五月五日的節俗之中，這是中國端午節轉變昇華的重要動力。雖然在此前吳越地方有五月五日祭祀伍子胥、勾踐的習俗，但均因其人格魅力的不足及文化影響範圍的有限，未能流播開來，他們僅為一方的習俗解說。由於屈原傳說的加入，南朝之後，由南北夏至節俗交融演進的端午節的主題發生了重大變異（就其在傳統社會的主要形態而言）。先秦以來單一的五月避忌主題，已開始變化為避忌與紀念並聯的二重主題，倫理性節日主題的突出，具有深遠的文化影響。時間節點不再是被動適應自然的意義，（雖然深層的意義還在於人與自然的協調，）時間具有了莊嚴的倫理內涵，將歲時節日作為承載歷史文化傳統的時間載體，對中國民族文化來說，它具有雙重意義，其一、歲時節

20 （明）程榮輯：《漢魏叢書・子籍》（吉林大學出版社影印本，一九九二年），頁七三二。
21 李亦園、李少園：〈端午與屈原——傳說與儀式的結構關係再探〉，見《漢學研究中心叢刊・論著第五種・中國神話與傳說學術研討會論文集》（民國八十五年三月），頁三一九—三三三。
22 《玉燭寶典・卷五》，《叢書集成初編》影印《古逸叢書》，頁二三一。

日因人文內涵的增強而提升了它在民族生活中的地位；其二、歷史文化傳統因依託了歲時節日使其能夠持久有效地傳承。正是由於歷史倫理融入了民眾的時間生活，造就了民族文化的綿延與厚重。

（三）南朝荊楚端午節俗形態分析

荊楚地區不僅在地域上處於中國南北結合的部位，在文化上也充當著南北文化交流的中介，荊楚文化憑藉地利之便，對南北文化兼收並蓄，誠如一位楚俗研究者所指出：上古南北兩大文化區五月節慶活動的交融、整合，是在楚文化的中介、滋潤作用下完成的。楚人兼收並蓄多種文化因素及風俗習尚，並通過為歷史、傳說人物立祠奉享，或圍繞一個傳統的小型節令活動聚合多種習俗因子等途徑，渲染、昇華和組合出一個又一個大規模的節慶活動來。端午節的形成途徑與方式便正是這樣。[23]

六朝時期，荊楚地區是北方民眾南下的過境地帶，大批北人在此滯留、集結、轉徙。[24]在大規模的人口移動過程中，南北文化有了深入交流的機會，處在南北文化交流鋒面上的荊楚地區不斷地汲納著北方文化因素，在移民文化的影響下，荊楚文化面貌甚至發生了局部的改易。《隋書・地理志》曾記錄了這一歷史的變化：「南郡、夷陵、竟陵、沔陽、沅陵、清江、襄陽、舂陵、漢東、安陸、永安、義陽、九江、江夏諸郡，多雜蠻左。其與夏人雜居者，則與諸華不別。其僻處山谷者，則言語不通，嗜好、居處全異，頗與巴渝同俗。……自晉氏南遷之後，南郡、襄陽皆為重鎮，四方湊會，故益多衣冠之緒，稍尚禮義、經籍焉。」荊楚原本多雜「蠻左」，蠻風頗盛，隨著晉室的南遷，北方移民的大批湧入，中原華夏文化進一步深入荊楚地區，蠻人亦多「順服」、[25]「向化」，[26]所謂「稍尚禮義經籍。」六朝時期荊楚

23 宋公文、張君：《楚國風俗志》（武漢：湖北教育出版社，一九九五年），頁二七四。

24 《宋書・律曆志序》：「自戎狄內侮，有晉東遷，中土遺氓，播徙江外，幽、並、冀、雍、兗、豫、青、徐之境，幽淪寇逆。自扶莫而裹足奉首，免身于荊、越者，百郡千城，流寓比室。」

25 參見《宋書卷九十七荊雍州蠻傳》（中華書局，一九七四年），頁二三九六。

26 參見《梁書卷三十四張纘傳》，頁五〇二。

地區的語言、民俗明顯受到中原文化的影響，原來屬蠻族文化的諸多文化因子也在與華夏文化接觸中融鑄成新的文化形態，端午節就是在這樣的時代背景之下，複合南北五月節俗形成的新的節日形態。

《荊楚歲時記》適時地記錄了這一新型節日，從其記述的五月五日節俗看，其中心主題為追悼屈原與避瘟保健。具體表現有三類：

一、飛舟競渡。「五月五日，競渡，俗為屈原投汨羅日，傷其死，故並命舟楫以拯之。舸舟取其輕利，謂之飛鳧，一自以為水軍，一自以為水馬。州將及士人悉臨水而觀之。」競渡是划船者之間的技術與體能的較量，水軍與水馬作為競技的雙方，在水上的比試，在宗懍的時代已有相當的娛樂成份，但其主要的意義大概還在於傳承楚越之地古老的水神祭祀儀式。事實上，水軍與水馬的交戰，象徵著陰陽二氣的爭鋒。日本流傳有水怪河童與馬爭鬥的故事，河童是背負龜蓋猿類怪物，其頭上頂有一盤水，水是他的命根，他在鬥爭中既要保護自己的水，又要戰勝大馬。[27]河童屬陰，馬為陽，陰陽爭鬥，陰勝陽衰的意義表達了夏至時節的氣候變化。所以說飛舟競渡其原始意義在於順時令，助陰氣，陰氣的順利上升，有利於陰陽的和諧。悼念屈原是六朝新出現的民俗主題。

二、避瘟保健，視五月為「惡月」。避忌的手段有：懸艾避瘟，「采艾以為人，懸門戶上，以禳毒氣。」佩彩絲避瘟，「以五彩絲系臂，名曰避兵，令人不病瘟。」食粽，粽，一名角黍，原是夏至節令食品，其菰葉裹粘米的包紮形式，「蓋取陰陽尚相包裹未分散之象也。」[28]剝食粽子，象徵著釋放陰陽之氣，以「輔替時節」。五月五日出現後，亦以粽子為節日食品，晉時江南端午與夏至同食粽子。從粽的製作與食用看，粽子是南方民族的傳統食品，也是南方傳統的祭品，以「粢」祭神的習俗，在江南稻作區源遠流長，粽即粢類食品。荊楚地區很早就有了裹飯祭水神的風習，據記載，周昭王溺於漢水後，人們在水邊立祠祭祀，暮春上巳之日，「禊集祠

27 〔日〕吉野裕子著：《陰陽五行與日本民俗》，雷群明等譯（上海：學林出版社，一九八九年），頁一五五—一五七。
28 《玉燭寶典．卷五》。

間，或以時鮮甘味，采蘭杜包裹，以沉水中，或結五色紗囊盛食。」[29]南朝時期，屈原傳說與五月五日節俗掛上鉤以後，飯祭水神，祈求平安的儀式也成為悼屈的內容之一，《荊楚歲時記》雖然只記夏至節食粽，但同是梁朝的吳均在《續齊諧記》中明確說到，五月五日楚人原以竹筒貯米，投水以祭屈原，後因避蛟龍竊食，在竹筒上塞楝葉，並纏彩絲。吳均以此傳說說明梁時端午食粽習俗，「世又五日作粽，並帶練葉五彩，皆汨羅之遺風。」[30]采藥保健，是自古相傳的五月節俗傳統，《夏小正》雲：五月蓄蘭為沐浴。《四民月令》稱：五日可采藥合藥。《荊楚歲時記》記：「是日，競渡，采雜藥。」端午采藥的傳統在民間歷代相傳，近代湖北監利「端午，采百草，懸艾於戶。」[31]英山「日午，採百草以為藥物。」[32]甚至影響到域外，在越南端午重要內容之一是采藥，采藥從正午開始，「這時采草藥，藥效最高。」草藥采夠一百種，曬乾治病，特別治外感、陰虛的病。[33]

三、遊戲娛樂，端午有「蹋百草」、「鬥百草」之戲。《樂府詩集・江陵樂》有這樣一曲「陽春二三月，相將踏百草，逢人駐步看，揚聲皆言好。」可見「蹋百草」是一個大型的戶外踏青遊戲，「鬥百草」可能與采百草藥有關。從以上的節俗表現看，端午有兩個主要特點，一是五月五日由單一的忌諱日，發展為具有多層內容的新的複合節日，端午節在六朝正式出現；二是古代節日中的娛樂意義增強，這是六朝節日習俗的新特點，如正月「士女泛舟，臨水宴樂。」三月上巳的「曲水流觴」，歲前的藏鉤之戲等。[34]

端午節俗形態體現了南朝人的民俗觀念及對時間性質的理解。端午的諸多節俗活動，無論是懸艾、佩彩絲、食粽，還是競渡、采藥，都脫離不了其避災禳禍的原始意義，即其本原的意義。悼念屈原是六朝端午節俗的新主題，它的確賦

29 王嘉：《拾遺記・卷二》，見（明）程榮輯：《漢魏叢書・子籍》（吉林大學出版社影印本，一九九二年），頁七一三。
30 《玉燭寶典・卷五》引《五朝小說大觀・續齊諧記》為「今五月五日作粽，並帶楝葉五花絲，遺風也。」
31 同治十一年《監利縣誌・卷八》。
32 民國九年《英山縣誌・卷一》。
33 過偉主編：《越南傳說故事與民俗風情・第二輯　越南民俗風情・端午節》（廣西：廣西人民出版社，一九九八年），頁二五七－二五八。
34 參看簡修煒等著：《六朝史稿》（上海：華東師範大學出版社，一九九四年），頁四一六－四一七。

予了端午以重大意義，但我們不能有片面的理解，悼念屈原在當時可能有兩個層面的含義：一個層面是一般百姓將屈原視作傳統競渡活動中的水神加以崇拜祭祀，以屈原的英靈驅瘟逐疫；另一個重要層面的意義是，文人士大夫感於地位的淪落，政事的衰敗，將憂國憂民的孤憤情感投射到楚國忠臣鄉賢屈子身上，將悼念屈原與傳統的驅疫競渡結合，以屈原的傳說來解釋競渡民俗，從而賦予競渡以歷史的和倫理的意義。[35]

由於生存技術的原因，人們受制於自然的狀態一直沒有得到真正的改變，五月仍然是令人畏懼的時月；由於社會政治的原因，在中國社會始終存在著憂國憂民的文化傳統。[36] 因此，從六朝開始，端午的避瘟與追悼這兩大主題持續不衰。隋唐統一後，形成於南國水鄉的端午節，逐漸擴張為全國性的節日；在隋朝端午還主要地被視為南方節日，[37]《隋書・地理志》：「屈原以五月望日赴汨羅，土人追至洞庭不見，湖大船小，莫得濟者，乃歌曰：『何由得渡湖？』因而鼓棹爭歸，競會亭上。習以相傳，為競渡之戲。其迅楫齊馳，棹歌亂響，喧振水陸，觀者如雲，諸郡率然，而南郡襄陽為盛。」五月十五日，在楚地至今仍為「大端陽」，大端陽在時間上靠近夏至，在農事方面，麥收已完，可騰出精力過節，因此大端陽在南方十分熱鬧。[38] 唐宋時期端午成為朝野重節，當然在荊楚地方更為隆重，競渡成為端午的主要活動，歷代文人士夫歌詠端午風俗；唐人有「楚人悲屈原，千載意未歇，至今滄江上，哀叫楚山裂。」的詩歎。劉禹錫在《競渡曲》自注中說，「競渡始于武陵，及今舉楫而相和之，其音咸呼雲：『何在』，斯招屈之義。」宋人蘇軾記三峽地區吊屈之俗，「水濱擊鼓何喧闐，相將叩水求屈原，屈原死已今千載，滿船哀唱似當年。」[39] 楚地的這種競渡風俗明清依然興盛，明人楊嗣昌在《武陵競渡略》中說：「競渡事本招屈，實始沅湘之間，……划船之盛甲海內，蓋猶有周楚

35 參看鐘敬文師：〈節日與文化〉，見《話說民間文化》（人民日報出版社，一九九〇年），頁五四。
36 前人文秀有詩表露此種心緒，「節分端午本難言，萬古相傳為屈原。堪笑楚江空浩浩，不能洗得直臣冤。」引自宋人蒲積中編《歲時雜詠・卷二十》。
37 《玉燭寶典・卷五》講到南方諸俗後說：「南方民又競渡，世謂屈沉汨羅之日，並楫拯之，在北舳艫既少，罕有此事。」
38 同治《宜都縣誌》記歲時民俗，五月五日「是日競渡。十五日，曰『大端陽』，競渡尤盛。」同治・來鳳縣誌・有類似記述。
39 《東坡先生詩集注・卷三十二・樂府》，轉引自王利器、王慎之：《歷代竹枝詞・初集》（西安：三秦出版社，一九九一年），頁七。

之遺焉。」傍晚競渡船散歸時，「則必唱曰：有也回，無也回，莫待江邊冷風吹。」[40]競渡時的悲歌表露著競渡者的悲涼心態。

端午競渡，文人偏重於招屈的理解，而一般百姓將競渡看作是禳災、祈年。宋人範致明在《岳陽風土記》中記述了當地四月中開始擊鼓高歌的賽船習俗，這種划船習俗到端午才停止，但當地人並不說是競渡，「其實競渡也，而以為禳災，民之有病者，多就水陳設神盤以祀神，為酒肉以犒棹鼓者。」《武陵競渡略》亦說：「俗傳競渡禳災。」「划船不獨禳災，且以卜歲，俗相傳花船贏了得時年。」[41]在湖北孝感同樣如此，據縣誌載：縣河每年造龍舟，謂之打龍船，說：「不打龍船人多疫病。」[42]端午避瘟保健習俗影響更為廣泛，在中國南北各地都傳承著這一習俗，系長命縷、服避瘟丹、印天師符、喝雄黃酒成為鄉里百姓端午節必備的民俗節目。至今荊州人還說「五月是凶月」，互相告戒，言行必須謹慎。初五是凶月的凶日，要放黃煙爆竹，喝雄黃酒，小孩子穿五毒衣。武當山下的伍家溝村人甚至認為凶神這天會闖進門來為禍，於是，便在門楣上懸掛一串辣子，一串大蒜、一串雞蛋殼，借諧音表示：「拉住」、「算了」、「滾蛋」。[43]生動地體現了民眾對待瘟神半是祈求、半是驅趕的態度。

端午依託夏至節點，傳承著古老的年節習俗，在漢魏六朝時融會南北民眾對五月的時間感受，並接納了屈原沉江的傳說，在單純的五月避忌的民俗主題基礎上生出追念屈原的主題，這不僅增進了端午在中國節俗中的地位，同時使端午發展為一個全民性的民族大節日。也正由於社會上下層民眾對端午節俗的共同重視，才保證了她傳承千年的生命活力。

40 《古今圖書集成・曆象彙編・歲功典・第五十一卷　端午部匯考》（中華書局、巴蜀書社），頁二二三五－二二三六。
41 《古今圖書集成・曆象彙編・歲功典・第五十一卷　端午部匯考》（中華書局、巴蜀書社），頁二二三六。
42 光緒《孝感縣誌・歲時民俗》，見《中國地方誌民俗資料彙編・中南卷》（北京：書目文獻出版社，一九九一年），頁三三三二。
43 韓致中：《伍家溝村民俗與研究》（未刊稿）提要。

二、域內外民俗的汲納與融匯——四月八日浴佛節與七月十五日盂蘭盆會（中元節）形態研究

魏晉南北朝時代是佛教文化大流行的時代，南朝佛風尤其熾盛。在北朝，帝王曾數度滅佛；南朝沒有發生過大規模排佛事件，相反，帝王大多沉溺於佛法，其中，梁武帝最為突出。梁武帝為了給佛門籌款，三次捨身同泰寺；為了表示對佛法的誠信，護生愛生，梁武帝不僅自己粗衣蔬食，而且改變郊廟大禮中的血祀傳統，以面塑食品與菜蔬果品取代犧牲，並通令全國遵循。[44]在帝王的親自倡導下，南朝民俗信仰中融入了眾多的佛教因素，直接影響到民俗生活形態。這是中國民俗文化形態豐富與完善的重要時期。

荊楚地區在政治、經濟、軍事方面是南朝西部重鎮，同時也是南朝的文化奧區，南朝佛教與北方佛教在此交匯，江陵、襄陽、九江均為佛教在長江中游的傳播基地。在佛風的浸潤之下，荊楚地方民眾生活明顯受到佛教信仰的影響，在節日方面有：正月一日，南方習俗傳統中有生吞雞子的保健習俗，這一習俗在南朝梁帝王素食的影響下發生了變化，「梁有天下不食葷，荊自此不復食雞子，以從常則。」歲末臘日，也融進了佛教的因素，在傳統的鄉儺逐除儀式中，人們戴上了胡頭面具，「作金剛力士以逐疫。」（《荊楚歲時記》）威猛的金剛力士成為民間佑護的神靈。民眾對佛神的借用，反映了佛教信仰對民眾生活的重要影響。

在荊楚地方不僅在傳統歲時節日中汲納了佛教因素，而且在佛教文化的推動下，人們有選擇地接受了佛教的時間觀念，並將它與中國固有的傳統時節結合，推出了新型節日，四月八日浴佛會（龍華會）、七月十五日的盂蘭盆會等，它們分別與中國傳統的立夏、立秋節相關。從節俗心理看，它們依託了自古相傳的夏祭與秋祭信仰，將傳統的祭祀與佛教

44　《南史・卷七　梁本紀》中記「（天監十六年）三月丙子，敕太醫不得以生類為藥；公家織官紋錦飾，並斷仙人鳥獸之形，以為褻衣，裁剪有乖仁恕。於是禱告天地宗廟，以去殺之理，欲被之含識。郊廟牲牷，皆代以麵，其山川諸祀則否。時以宗廟去牲，則為不復血食，雖公卿異議，朝野喧囂，竟不從。」

的傳說結合形成了新的民俗節日。

（一）浴佛節形態分析

南北朝時以四月八日浴佛為主要內容的龍華會盛行一時。《荊楚歲時記》記「四月八日，諸寺各設齋，以五色香湯浴佛，共作龍華會，以為彌勒下生之征也。」《高僧傳》具體描述了浴佛的情形，「四月八日浴佛，以都梁香為青色水，鬱金香為赤色水，丘隆香為白色水，附子香為黃色水，安息香為黑色水，以灌佛頂。」四月八日浴佛成為六朝新興的民俗宗教節日。

浴佛的佛事儀式一般由大型寺廟主持，場面盛大，《三國・吳書・劉繇傳》記笮融督廣陵、彭城漕運時，「大起浮圖祠，……每浴佛，多設酒飯，布席于路，經數十里，民人來觀及就食且萬人，費以巨億計。」南北朝時浴佛活動依然隆盛，北朝情形暫且不說，[45]南朝浴佛活動已由主要寺廟擴展到一般家廟，由僧侶擴大到一般信眾。《南史・沈道虔傳》說：沈家「累世事佛，推父舊宅為寺。至四月八日每請像，請像之日，輒舉家感慟焉。」以家居為寺廟，雖簡陋、隨意，但正由此反映出當時佛教影響民間的程度。《南史》中記述的另一事例，說明了浴佛活動的社會性，似乎浴佛已不限於寺廟之中，「敬宣八歲喪母，晝夜號泣，中表異之。輔國將軍桓序鎮蕪湖，牢之參序軍事。四月八日，敬宣見眾人灌佛，乃下頭上金鏡為母灌像，因悲泣不自勝。」（《劉敬宣傳》）從沈道虔、劉敬宣四月八日浴佛念親的情感表現看，四月八日浴佛儀式已與中國人的孝親觀念粘連，成為紀念先人亡靈的齋戒祭祀活動[46]。浴佛是佛祖誕生儀式的一部分，浴佛用「五色香湯」，表明中國信眾不僅將自古相傳的香湯沐浴習俗引進了佛門，而且也將陰陽五行觀念滲入到佛事活動之中。在立夏時節行此習俗活動，它要表達的觀念是養生與護生。

45 參看《洛陽伽藍記》對四月八日活動的描述。

46 《南史卷三十二　張邵附傳張融》「（宋新安王）王母殷淑儀薨，後四月八日建齋並灌佛，僚佐嚫者多至一萬，少不減五千，融獨注嚫百錢。」另見：《南齊書・張融傳》。

浴佛節這一節日，從其內容到形式看，它無疑是佛教信仰的產物，但它同時是佛教儀式中國化的產物。這一節日出現在六朝，出現在立夏之月，是一種文化選擇的結果。它依託佛祖誕生的故事，表達著中國民眾對時間的感受與對生存的關懷。

要將浴佛節作為域內外文化交融的節點，就得從浴佛節的日期與「龍華會」的名稱說起。據研究，在佛教誕生前的印度，洗浴自身及洗浴聖者已成為普遍的社會風習，佛教大概繼承了這一婆羅門教的傳統，因此在佛經中記述了佛祖誕生時由龍王噴水清洗的故事，浴佛儀式即據此傳說而來。浴佛的時間在印度原為一月兩次，直到唐時印度依然如此，「大者月半，月盡合眾共為，小者隨己所能，每須洗沐。斯則所費雖少，而福利尤多。其浴像之水，即舉以兩指瀝自頂上，其謂吉祥之水。」[47]中國信眾將佛教的日常洗浴佛像儀式，轉變為一年中特定的節日，並且將它固定在四月八日，這大概與中國原始的宗教觀念與傳統的時間觀念有著密切的關係。

中國自先秦以來就有求雨的雩祭，雩祭的時節在孟夏之月。古代民眾依天時行事，通過觀測星宿所在的位置來實現對天時的把握。東方的蒼龍星座很早就被視為季節時候變化的座標。孟夏時節，蒼龍星座在黃昏時分顯形於東南，人們觀此，知道夏季已至，而夏氣屬陽，隨之而來的是陽氣的高漲，陰陽的懸差，可能導致酷熱少雨。為了保證生活的順利、陰陽的調和，人們在龍星出現時，即舉行祭祀儀式，「龍見而雩」[48]。東漢時國家行雩禮求雨，「閉諸陽，衣皂，興土龍。」[49]由於孟夏陽氣太盛，招致旱情，因此要損陽益陰，使陰陽相和，「求雨之方，損陽益陰。」[50]民間以水日祀灶，以丙丁日祭赤龍，並以人事影響上天，「四時皆庚子日，令吏民夫婦皆偶處。凡求雨，大體丈夫欲藏而居，女子欲和而樂。」[51]先秦雩祭，童男女八人青衣而舞，亦蘊蓄陰陽諧和之意。孟夏月協調陰陽的習俗歷代相沿，《隋書・禮

47 唐義淨：《南海寄歸內法傳・卷四　灌沐尊儀章》，轉引自高壽仙：《中國宗教禮俗》（天津：天津出版社，一九九二年），頁一九二—一九三。
48 〈左傳・桓公五年〉，《新刊四書五經（上）》（北京：中國書店，一九九四年），頁五五。
49 《後漢書志・禮儀中》（北京：中華書局，一九六五年），頁三一一七。
50 《後漢書志・禮儀中》注引董仲舒奏江東王云（北京：中華書局，一九六五年），頁三一一八。
51 《後漢書志・禮儀中》注引董仲舒云（北京：中華書局，一九六五年），頁三一二〇。

儀志》有「京師孟夏後旱則祈雨，……有司會男女恤怨曠。」

隨著佛教的傳入，佛經中有關龍王吐水洗佛的浴佛傳說與浴佛儀式一道傳入漢地，漢地百姓以固有的認知方式對待外來習俗，他們汲納了浴佛儀式，同時將它納入中國的傳統節俗系統之中，以陰陽五行的觀念理解浴佛儀式，灌佛的行為在民眾看來同樣有抑陽助陰的含義，而誕生禮與陰陽和合之間也有著潛在的關聯，因此傳統的雩祭習俗與外來佛教文化交融衍生出浴佛的節日來。

在中國傳統的時間觀念中，四月是陽氣上升的時節，亦是長養的時節，人們的生活習性要適應這一自然環境的變化，達到與天道的協調。在佛教傳入中國之前，人們以雩祭的儀式主動與天道溝通、以實現秩序的和諧。佛教傳入中國之後，人們感念佛法的威力，借宗教力量來保證人與自然的和諧；而佛教依託中國人這一信仰心理以紀念佛祖、弘揚佛法。從《荊楚歲時記》記佛家四月十五日「結夏」的習俗中，也可見當時佛門對中土自然物候的適應，本條注文說，夏乃長養之節，在外行恐傷草木蟲類，故九十日安居。《禪苑宗規》雲：「祝融在候，炎帝司方。當法王禁足之辰，是釋子護生之日。」（秘籍本）佛家文化與中土文化二者相互藉助、相互補益，從而在立夏時節推演出僧俗共享的節日。

四月八日，在佛門是禮佛的良日，佛寺借浴佛活動弘揚佛法，汲納信眾，強化僧俗之間的社會聯繫。例如施豆，施豆是浴佛活動中的一項內容，佛寺以熟豆施於來寺廟的人，稱為「結緣」[52]。雖然這是後起的習俗，但它傳承的是原初的意義；在一般百姓那裡，四月八日的主題是和合陰陽、消疾除災。在佛教流行的時代，人們很容易將自然崇拜轉為佛祖的信仰，以佛法福佑人生。

孟夏四月，蒼龍星座躍出了地平線，蒼龍為陽物，蒼龍的出現象徵著陽氣的旺盛，而蒼龍的尾宿在古代被視為主掌生育的星辰，《史記・天官書》「尾為九子」條下有《索引》引宋均注文：「（尾宿）屬後宮場，故得兼子。」由此可見，尾宿既是妃嬪的象徵，又是生殖星神。漢代的畫像石的天文星圖上，尾宿常處東方位置，東方主生，在墓葬中描寫

52 《古今圖書集成・曆象彙編・歲功典　第四十五卷　孟夏部・第〇一九冊之一八頁》引《直隸志》書・通州「四月初八日為浴佛會，遍以熟豆施人，謂之結緣。」

星圖體現了古人的死生觀念。[53]人們圍繞著四月八日開展了多種民俗活動。其中重要的一項活動也就是與尾宿有關的求子。據《荊楚歲時記》（佚文）記「四月八日，長沙寺閣下有九子母神，是日，市肆之人無子者，供養薄餅以乞子，往往有驗。」[54]九子母神顯然是尾宿在人間的化身，自然她有著非凡的生殖力。明清時期，四月八日仍是婚姻求子的吉日。廣東澄邁縣，「四月八日，細民之家凡婚姻親事有未知擇日者多於是日舉行。」[55]百姓婚姻要擇吉日良辰，如果沒有擇日的知識，那也不要緊，四月八日就是一個吉利的婚姻日，它既是偶數日，又是佛誕日，生殖力量一定強旺，因此人們要在這天藉助佛力，祈求子嗣。江南泰州「四月八為浴佛日，婦女有相約詣尼庵拜禮及祈求子息還願者。」[56]北方諸縣在四月八日或十八日多有香會，男女同遊，如直隸保安州「四月十八日泰山演戲十二天，男女晝夜進香，四方商客、遊人頗多。」[57]太谷縣「四月八日鳳景山頂有大佛寺男女登臨拜禱。」[58]在禮教甚嚴的古代社會，廟會、香會給男女提供了交往的機會，男女的同游，自然有利於陰陽的諧調，子嗣的繁衍。

在傳統的鄉村社會，人們的一切文化活動都圍繞著生存的需要展開，除人口的繁衍外，農業生產是人們無時不關心的問題。四月八日的浴佛拜神，在一般鄉民那裡還多有祈雨祈年的意義。河南真寧縣誌記「四月八日靈湫神會各府州縣拜迎聖水祈年。」[59]《浚縣誌》記「四月八日為『佛誕日』，諸寺院作會，農人望雨尤切。諺雲：『立夏不下，犁耙高掛』。」[60]南方鄉村還保持有古代龍祭遺風，湖廣的湘陰縣「四月八各社廟開門造龍舟，」廣東的始興縣「四月初八，

53 參看陳江風：〈漢畫像天文星圖與民族傳統觀念〉，《尋根》，第五期（一九九五年），頁二一－二三。
54 韓鄂《歲華紀麗・卷二》「九子母」條引。見：日・長澤規矩也編：《和刻本類書集成》（上海古籍出版社，一九九〇年），頁一五。
55 《古今圖書集成・曆象彙編・歲功典・第四十五卷　孟夏部・第〇一九冊》，頁一九。
56 《古今圖書集成・曆象彙編・歲功典・第四十五卷　孟夏部・第〇一九冊》，頁一九。
57 《古今圖書集成・曆象彙編・歲功典・第四十五卷　孟夏部・第〇一九冊》，頁一八。
58 《古今圖書集成・曆象彙編・歲功典・第四十五卷　孟夏部・第〇一九冊》，頁一八。
59 《古今圖書集成・曆象彙編・歲功典・第四十五卷　孟夏部・第〇一九冊》，頁一八。
60 清嘉慶七年《浚縣誌》，引自《中國地方誌民俗資料彙編・中南卷（上）》（北京：書目文獻出版社一九九一年），頁一一八。

三門鄉老迎龍頭祭洗。是日遂鳴鑼擊鼓至街市各家寫造龍舟費用，以二十八日起龍舟競渡至端陽止。」[61]從這裡我們不難發現洗龍頭同浴佛的內在關聯，浴佛的意義在印度可能主要在於清潔，但傳入中國之後，浴佛儀式中的香水灌頂可能就成為施行巫術的手段，灌水具有助陰抑陽的象徵意味，龍舟的嬉水儀式追根究底亦在於陰陽的調和。這就是浴佛在中國演為民俗節日的內在心理依據。

四月八日還是除病消災的特別時日，由於立夏之後，暑氣上蒸，人們注意身體的保養，尤其是孩童的身體保健。這時寺廟為百姓提供特別的保健服務。福建尤溪「四月八日為浴佛日，兒童飲甘草湯，雲消災。其湯，俱諸寺僧浴佛畢，以其餘分送各施米者。」[62]浴佛神水，分送信眾，保健消災。天花痘症是古代兒童成長的大敵，人們在此病多發季節提前預防，當然這是一種具巫術意義的預防，江南崇明「四月初八日，居民遍走閭巷送糖豆，謂小兒食之，可稀痘。」[63]在荊楚地方，四月八日還是驅除害蟲的日子。人們在這天要在室內貼上「佛」字或一道咒語，以避蟲害。據同治《鄖縣誌》「四月八日為『浴佛會』。荊楚皆以是日諸寺各設齋，以五色香水『浴佛』，作『龍華』，以為彌勒下生之征。今俗多用朱書咒語，謂之『嫁毛蟲』。」驅蟲的咒語為：「佛生四月八，毛娘今日嫁，嫁到山中去，永世不回家。」[64]由浴佛儀式到民眾借佛力驅災，體現了中國民眾對佛教信仰的實用性態度，這也正是民眾將宗教時間觀納入中國傳統時間觀範疇，將佛教浴佛儀式納入中國節慶體系的根本原因。

中國民眾根據自身的文化需要，有選擇地汲取佛教文化因素，他們崇信佛法，是為了借佛祖之力保證在年度週期的順遂安寧。佛教信仰能夠融入中國節日體系，也表明佛教文化在六朝時進入中國社會的深度。漢魏以後，中國民眾生活出現了諸多新變化，他們大都與佛教文化有著直接或間接的關係，浴佛節是其表現之一。

61 《古今圖書集成・曆象彙編・歲功典・第四十五卷　孟夏部・第〇一九冊》，頁一九。
62 《古今圖書集成・曆象彙編・歲功典・第四十五卷　孟夏部・第〇一九冊》，頁一九。
63 《古今圖書集成・曆象彙編・歲功典・第四十五卷　孟夏部・第〇一九冊》，頁一九。
64 《湖北省志・民俗方言卷》「浴佛節」（武漢：湖北人民出版社，一九九六年），頁二一七。

（二）盂蘭盆會（中元節）形態分析

中元節，又稱盂蘭盆會，俗稱「鬼節」。傳說這天地府洞開，鬼魂四出，民間有「七月半，鬼亂竄」的謠諺，有祀者，回家接受子孫的祭拜，無祀者，有公眾請佛道做法事「普度」，毋使孤魂野鬼，流浪為害。亡靈祭祀為七月十五中元節的節日主題。可以說，中元節是中國的亡靈節。但這種亡靈節的正式出現與佛教文化的影響深有關係，《荊楚歲時記》首次著錄了荊楚七月十五盂蘭盆會的節俗情形。

生與死向來是人類關注的基本問題，死亡尤其令人憂傷，金錢、權力、嬌美一切都無計延滯死神的腳步，在死亡面前人類才實現了真正的平等。但人畢竟是萬物之靈長，並不甘心就此對死神俯首稱臣，因此產生了否認死亡的思想，不認為死亡是人的寂滅，認為死亡只是轉入了靈魂狀態，肉身雖腐，靈魂永在。於是出現了安頓亡者的種種說法，西天、冥界，天庭、地府，成為相對於現實人間的另一世界。但在傳統宗教中生界與死界並沒有截然的分隔，生者與死者常以特殊的交感方式進行對話與溝通。生者賦於亡靈以力量，轉過身來又以敬畏的心態崇拜亡靈。雖然在一千五百年前，範縝在《神滅論》中就發表了「形存神存，形謝神滅」的著名論斷，但靈魂信仰自古及今一直是人們揮之難去的夢魘。

靈魂信仰在中國有著久遠的歷史，但遠古時期的靈魂信仰卻因時代懸隔，幽昧難明，是考古發現幫助了我們，在距今一萬八千年的山頂洞人遺址中，考古人員發現山頂洞人的墓地，從墓地遺物看，死者佩帶有飾品，身旁放置著生產工具，在死者周圍撒上了一圈赤鐵礦粉。這些都表明遠古先民已有了靈魂觀念。隨著父系社會的確立與發展，人們對主持公共生活的權威人物逐漸滋生出敬畏之情，因此在亡靈崇拜上，表現出對有功德人物的英靈崇拜，當時並沒有突出以血緣為標準，所謂「祖有功，宗有德」。但隨著血緣關係的日漸明確及私有制的出現，原始共同體的公共生活朝兩個方向轉變：一是部落國家，一是血緣家族。而且在中國古代社會國家權力往往與血緣家族緊密勾連，因此祖靈的信仰與祭祀在古代中國有著異常重要的地位。夏後氏「祖顓頊而宗禹」、商人「祖契而宗湯」、周代「祖文王而宗武王」（《禮記・祭法》）。除了國姓王族享有立廟祭祀的特權外，一般百姓只能薦之於寢。雖然祖先祭祀在先秦有等級區分，但它是全社會關注的大事，「萬物本乎天，人本乎祖」，祭天祀祖成為古代宗教生活的兩大要務。對於庶民百姓來說，祀祖尤有意義，祖先與自己血肉相連，情感相通，祖先的靈力理所當然地令人信賴，並成為子孫後代的精神依靠。因此，在民眾生活中祭祖活動頻繁舉行，除了每月朔、望二次的日常祭祀外，在年度週期的幾個關節點上都要舉行不同程度的祭祖活動，「古者歲四祭，四祭者，因四時之所生熟，而祭其先祖父母也。故春曰祠，夏曰礿，秋曰嘗，冬曰蒸，此言不失其時，以奉祭先祖也」（《春秋繁露・四祭》），中元節就是在上古秋祭習俗的基礎上發展而來。

上古社會，人們依據天時物候作為時間斷落的劃分標記。最初只有春與秋的概念，一年分春秋兩季，因此以春秋指代歲月週期，後世人們在詢問某人年齒時，常問「春秋幾何？」就是用的這一古意。農事活動是與自然關係緊密的謀生活動，它受制於自然節律，當時的農事模式是春種秋收，人們由於認識水平及生產能力的限制，對農業收成常懷憂慮，因此希望有神靈的援手，以保證農業的豐收，這樣就逐漸形成了春祈秋報的農事信仰習俗。後來雖有春秋冬夏的四季之祭，但最重要的仍是春秋祭祀。秋天是收穫的季節，在農作物豐收或即將豐收的時節，人們都要舉行向祖靈獻祭的儀式，將成熟的穀物首先獻給保佑自己的先人，這一方面是為了報答祖先的蔭庇，另一方面是為了保證神享的優先權，在古人心目中，珍貴的物品或時令佳品是應該首先奉獻給神靈的。只有在神享之後，人們才可以享用自己的生產品。否則會引起神靈的不快，以致降下災禍來。事實上是在這收成在望的時節，人們擔心天災的侵襲，使自己的汗水白流，「一歲豐浸於是月可決大半」[65]。這種孟秋七月的獻祭儀式在古代稱為「秋嘗」、「嘗新」、「薦新」等，《禮記・月令》稱「是月也，農乃登穀，天子嘗新，先薦寢廟」。祭祀的日期在開始並不確定，後來逐漸固定在七月十五前後，因為七月十五是下半年的第一個望日，一般也是立秋後的第一個月圓之夜，在秋氣新來的陰盛之時，祭祀亡靈，對古代人來說，是極佳的選擇。魏晉時期，七月十四還是秋禊的日子，人們在水邊祓除不祥。南北朝時，七月十五日已是皇家祭祀祖廟的吉日[66]，民間祭祀祖靈的活動日大概也在這一時間。後代民間的秋祭活動大多集中在七月十四、十五兩天（也有在

65 《古今圖書集成・歲功典・第六十二卷　孟秋部》。
66 見《宋書・禮四》（北京：中華書局，一九七四年），頁四六五。

七月七的），祀先、祭祖、嘗新是民間「月半」節的基本內容。無論皇家還是平民，七月半都是祭祀祖先亡靈的時日。

古老的秋嘗節俗，在南朝梁時因佛教文化的融入而面目一新，並且因此確定了七月十五在中國節日系統中的特殊地位。宗懍在《荊楚歲時記》中及時地記述了這一節俗的新變化：在崇尚佛教的風氣下，本屬佛教內部的佛臘日（佛曆以此為歲末，七月十六為歲首），這時演變為盂蘭盆會，「僧尼道俗悉營盆供諸佛」。盂蘭是梵語的音譯，為「倒懸」之意，盆為置放供品的器皿，盂蘭與盆合成之後，其意為解救倒懸，即解脫餓鬼倒懸之苦。在佛教《盂蘭盆經》有一則「目連救母」的故事，說的是目連母親因生前憎恨僧人死後被打入餓鬼道，身為釋迦牟尼十大弟子之一，號稱「神通第一」的摩訶目犍連，發現自己的母親在地獄受飢餓之苦，十分不忍，於是用缽盛飯送給母親，但飯未入口，就變成火炭。目連不勝悲傷，求救於佛祖，佛祖說你母親罪孽太重，須「十方眾僧威神之力」，目連依佛祖所言，在七月十五日以盆盛百味五果，供養「十方大德」。於是目連母親「得脫一切餓鬼之苦」。這則來自佛門的孝義故事，不知是佛經的原生形態還是譯者據中國孝道文化的改編，不管怎樣，它都很對中國民眾的口味。

雖然儒家文化的一統地位在魏晉南北朝時期被打破，但忠孝的觀念仍有相當的影響，儒家經典之一的《孝經》依然是童蒙讀本。據《南史》記載，庾孝卿五歲讀《孝經》，手不釋傳，有人對他說：「此書文句不多，何用自苦？」孝卿回答道：「孝，德之本，何謂不多。」（卷五十六庾城傳）由此可見孝道文化在民眾中的影響力。南朝帝王一般有意重振儒學，將其視作「弘風正俗」的精神利器，齊武帝規定「諸王不得讀異書，《五經》之外，唯得看《孝子圖》而已」（卷四十三）。梁武帝不僅注疏儒家典籍，而且親自講授《孝經》（卷六十三）。梁武帝以較平和的心態看待儒佛道三家學說，他在《會三教詩》中說「示教唯平等，至理歸無生」。當然，從梁武帝總的思想傾向來說他更看重佛教。因此融儒入佛的孝親節——盂蘭盆會在南北朝出現，並由梁武帝首倡是極自然的事。據《佛祖統記》記載，大同四年（公元五三八年）梁武帝駕幸同泰寺，設盂蘭盆齋，其後舉國奉行，成為新的節俗。北齊顏之推在《顏氏家訓》中也提到「七月半盂蘭盆」為孝親之供。可見南朝的盂蘭盆節可能已遠傳北國，此後歷代相沿，成為民間月半節的重要內容之一。在儒佛文化的會通交融中，因孝親而供佛的盂蘭盆會在中國民眾中獲得有力的心理支持，成為僧俗孝敬祖先的民俗節日。

佛家為了向中國傳統的倫理文化靠攏，也為了安慰孝心不泯的中國信眾，醞釀出盂蘭盆會這一特殊節俗。道教同樣在七月半設計出一個具道教色彩的「赦罪」的節目。道教在東漢末年就有天地水三官的說法，但是三官與三元（圓）的結合是在魏晉南北朝之後出現的。道教將正月十五、七月十五、十月十五這三個月圓之夜定為上元、中元、下元，分別為天官、地官、水官的誕辰，形成了天官賜福、地官赦罪、水官解厄的三元節。三元作為系統化的民俗節日在唐朝有突出的表現，李唐王朝建立後，為了樹立精神權威，將被道教奉為教主的老子李耳尊為「聖祖」，道教地位因之上升，高居三教之首，似乎有了國教的模樣，玄宗是以崇道著名的皇帝，他不僅在各州設立道觀，而且詔令全國士民必須每家收藏一本道教經書《道德真經》（即《老子》）。開元二十二年（公元七三四年）十月，玄宗敕令：十月十四、十五日是下元齋日，官民禁屠並要求素食，「自今已後，兩都及天下諸州，每年正月七月十月元日起，十三至十五，兼宜禁斷」（《冊府元龜》卷五十三帝王部‧尚黃老一）。可見，此時道教節俗已介入民眾生活。唐後期「中元」已成為固定節名，詩人李商隱有詩為證：「絳節飄飄宮國來，中元朝拜上清回」（《李義山詩集》五《中元作》）。宋代也是一個道風熾盛的時代，神鬼信仰彌漫於社會，因此與鬼靈有關的中元祭儀在民間影響更為廣泛，與盂蘭盆會一道成為七月十五的重要節俗內容。

至此，中元節俗具備了影響千年的節日形態，祀先、禮佛、敬道成為唐宋之後中元節俗三大主幹內容。頗有意味的是，僧、道、俗三家曾在相當長的時間內是在各自活動範圍內傳承著自己的節俗，《武林舊事》中說：「七月十五日，道家謂之『中元』。各有齋醮等會。僧寺則於此日作盂蘭盆齋。而人家亦以此日祀先，例用新米、新醬、冥衣、時果、彩段、面棋，而茹素者幾十八九，屠門為之罷市焉。」（卷三　中元）從中元節俗的具體形態看，佛、道兩家因宗教的關係注重儀式的表達，無論是盂蘭盆會還是齋醮都有一定的規模，需要相當的社會經濟力量，因此佛道儀式活動都是在相關的宗教社區中舉行，而且這種社區成員參加的公共儀式同時具有其精神凝聚的功能，這也正可解釋盂蘭盆會與中元齋醮為何在集鎮和城市遠比一般鄉村興盛的原因。而在普通的鄉村，人們更多的是傳承著以家為單位的祭祖習俗，祭祖先，薦時食的古老習俗直至民國時期仍然是鄉村中元節俗的首要內容。送包袱、燒紙錢的習俗亦傳留至今。

無論中元節俗表現得如何的豐富，禮敬亡靈是其唯一主題。亡靈崇拜是世界性的宗教現象，泰勒在《原始文化》中對此有專門的論述，並且指出亡靈祭祀「跟收穫季節和秋季有密切關係」（第十二章），墨西哥的亡靈節是該國最古老的傳統節日之一，同樣是在秋收時舉行。如前所述，我國的魂靈信仰有著古老的淵源，特別是巫風盛行的楚越地區，禮魂習俗廣泛存在，為佛道文化的借用與加盟準備了社會心理基礎。而佛道文化的加入使中國傳統的亡靈信仰呈現出更為複雜的形態。

在南朝之後的歲時節俗中，四月八日「浴佛」與七月十五日「供佛」都是經常出現的節俗，它們在民眾生活中產生了一定影響，但我們也應看到這兩個節日儀式主要在寺廟中舉行，民間依據這一宗教時間表達自己的訴求，他們參加浴佛、供佛是為了自己的現實生存，或者他們形成一套藉助佛力服務生活的習俗，有的甚至演為與佛無關的節俗。總之，這兩個節日在民間佛教意義趨淡，人們對異域文化採取的是為我所用的實用態度。

六朝時期是中國歷史上的重大變革時期，域內外文化得到廣泛的交流，民眾生活出現了新的形態，荊楚居南北東西的連接地帶，它在汲納、融合域內外文化方面有著得天獨厚的地域優勢，五方雜處的居民帶來了五方不同的民俗，南北民俗、東西民俗、胡漢民俗、中印民俗在荊楚這一特定區位混融，從而在荊楚民俗生活中留下多元複合的鮮明印記。

第二節 南朝荊楚民眾觀念的實錄

《荊楚歲時記》不僅從歲時節日的角度及時記錄了六朝時期中國民俗文化交融的歷史形態，同時作為公元六世紀記述民眾歲時生活的歷史文獻，它捨棄了政治歷史的敘述角度，也避免了一般志怪的隨意，《荊楚歲時記》以簡煉的筆法，較為系統地描述了荊楚民眾在年度進程中的民俗生活，從而為我們提供了洞見六朝基層社會的一個窗口。

六朝時期荊楚處在南北對峙與交流的關鍵地帶，原本屬荊楚文化中心的江漢地區，此時已成為南北東西的文化交匯奧區；在傳統社會，人是文化傳播的主要載體，人的移動就代表著文化的流動，民俗文化尤其如此，荊楚地區民俗文化交匯在當時就是移民習俗的交匯。荊州在東漢末年相對平靜，史稱「荊州獨全」。因此，關中地區居民為避戰亂，大批湧入荊州，建安年間，「人民流入荊州者十餘萬家。」[67]西晉末年，流民高潮再起，巴蜀流人「數萬家布在荊襄間」[68]。十六國時期，荊州又成為北人南渡的重要地區，在荊州境內設置了不少僑郡僑縣，安置流民。[69]襄陽為荊楚重鎮，漢末一度衣冠之士薈萃，自晉永嘉之亂，「民戶流荒」；在南北分立局面形成之後，襄陽左右因「田土肥良」再度成為移民匯聚地，在晉末宋初，北方人口仍相繼南下，流入襄陽的大多為秦雍流民。如西域康居人後裔康穆在宋永初年間（公元四二〇—四二二年）由陝西藍田「舉鄉族三千餘家，入襄陽之峴南，宋為置華山郡藍田縣，寄居於襄陽。」[70]氐人焦度其父在宋元嘉中，「與千餘家隨居襄陽」，政府立天水郡略陽縣安置。[71]襄陽的人口構成發生了較大變化，「于時舊民甚少，新戶稍多。宋元嘉中，割荊州五郡屬，遂為大鎮。」[72]襄陽舊戶與新戶的比例相差較大，所以當時有「襄陽多雜姓」之說[73]。而且在荊州、襄陽境內還有大量的蠻族人口，南齊時荊州「境域之內，含帶蠻蜒」，襄陽所在的雍州，「疆蠻帶沔」[74]。南朝政府為擴充人口，採用武力威逼與招撫勸誘的手段不斷地促使蠻族出山，宋元嘉年間，雍州刺史劉道產「善撫諸蠻，前後不附官者，莫不順服，皆引出平土，多緣沔而居。」[75]此時「百姓樂業，民戶豐贍，

67 《三國志・魏志卷二十一衛覬傳》（北京：中華書局，一九五九年），頁六一〇。
68 《晉書卷一百杜弢傳》（北京：中華書局，一九七四年），頁二六二一。
69 參看黎虎：〈六朝時期荊州地區的人口〉，見《魏晉南北朝史論文集》（齊魯書社，一九九一年）。
70 《梁書・卷十八康絢傳》（北京：中華書局，一九七三年），頁二九〇。
71 《南史・卷四十六焦度傳》（北京：中華書局，一九七四年），頁一一五二。
72 《南齊書・卷十五州郡志下雍州》（北京：中華書局，一九七二年），頁二八二。
73 《宋書・卷八十三宗越傳》（北京：中華書局，一九七四年），頁二一〇九。
74 《南齊書・卷十五州郡志下荊州、雍州》（北京：中華書局），頁二七三—二八二。
75 《宋書・卷九十七夷蠻傳》（北京：中華書局，一九七四年），頁二三九六。

由此有《襄陽樂歌》，自道產始也。」[76]由此可見，南朝荊楚人口主要有土著、流民與蠻族三部分構成，他們雖來源於不同的文化區域，帶來不同的民風民俗，[77]但在荊楚地方長期的共處生活中，彼此相互融通接納，更主要的是他們共同生活在長江中游這片沃土之上，「風氣之轉移，必隨乎生計。」[78]相同的謀生方式須人們遵循相同的生活節律，保持相近的生活風習。隨著時日的推移，蠻族逐漸華化，僑民漸成土著，荊楚居民在南朝形成了共有的民俗觀念與共享的民俗形態。歲時節日是民眾生活的時間節點，人們為保證關節時點的通過，形成了豐富多彩的節日民俗，時間的節點也就是民俗的聚焦；傳統的民俗文化也正是依託週期性的節日進行持續傳承與不斷的展現。因此，荊楚的歲時節日中蘊蓄著荊楚民眾的觀念與情感，自然其中有相當部分為全國通俗的內容，《荊楚歲時記》就是這一民眾觀念與情感的扼要記錄，並且，它的作者在異地他鄉也正是懷著這份情感追記了本書。《荊楚歲時記》為我們展示了荊楚鄉風民俗，同時也為我們保存了重要的文化史料；《荊楚歲時記》為後人認識與理解南朝基層社會提供了一份重要的依據。

一、歲時生活與荊楚民眾的時間觀念

荊楚地區地處長江中游，氣候溫和，雨量充沛，這裡很早就出現了稻作農業，[79]《周禮・夏官》說荊州，「其穀宜稻。」稻作生產依賴於自然氣候，因此對季節時間有更細密的要求。希羅多德曾經說過，「尼羅河的節奏就是埃及人的生活節奏。」[80]我們也可以說稻作生產的節奏就是荊楚人的生活節奏。稻作生產的時令要求，促成荊楚人對時間的特別

---

76 《宋書・卷六十五劉道產傳》（北京：中華書局，一九四七年），頁一七一九。

77 歐陽詢：《藝文類聚・第五十五卷雜文部一集序》引梁元帝《職貢圖》云：「臣以不佞，推轂上游，夷歌成章，胡人遙集，款開蹶角，沿泝荊門，瞻其容貌，訴其風俗。」（上海：上海古籍出版社，一九九年新二版），頁九九六－九九七。

78 呂思勉：《兩晉南北朝史》（上海：上海古籍出版社，一九八三年），頁九六三。

79 據李學勤等著《長江文化史》第九七頁稱：「長江流域水稻的栽培，以澧縣彭頭山遺址發現的稻穀為最早，距今大約有九千年。」

80 丹尼爾・布爾斯廷：《發現者——人類探索世界和自我的歷史》（上海：上海譯文出版社，一九九五年），頁八。

關注，人們不僅關注時間的節候，也關心與農事豐收有關的祭祀活動。農時與祭祀的結合構成了歲時節俗的基本內容。《荊楚歲時記》記述了荊楚地區民眾的歲時生活，從歲時生活的總體架構和具體節俗安排中，我們可以從中探尋出荊楚民眾的時間經驗與時間意識。

（一）時間的倫理觀念

時間倫理是指人們對時間性質的價值判斷。在傳統社會裡，人們一般沒有抽象的時間概念，人們只有日出日落的具體的時間感受。在長期具體的時間經驗中，人們感受到不同季節的時間具有不同的效用，春夏秋冬物候的週期變化使人們體驗到時間的自然節律。人們試圖理解自然變化的終極原因，這在知識水平落後的古代，人們只能歸結到神祕因素，在陰陽五行的認知模式之下，自然節律轉為自然倫理，春生夏長，秋收冬藏，作為自然時序，它具有不可背逆的倫理意義。[81]時序的自然倫理屬性，為人們認識日常時間的性質提供了內在依據。戰國秦漢時期，陰陽五行思想流行，日常時間均被賦予奇偶陰陽吉凶的屬性；同樣，人們依據生活節奏在千百年的社會生活中創制出來的人文時間系統，也滲入了陰陽五行的神祕觀念，認為歲時的流轉與五行的輪迴有著密切的關聯，從而賦予歲時節日以很強的倫理屬性。

從荊楚民眾的歲時生活看，荊楚民眾有著很強的時間的倫理觀念，認為時間是一個變化過程，歲時節日即是這個過程的節點，作為時間節點的歲時節日它具有非同尋常的倫理屬性。時間有善有惡，有吉有凶，[82]荊楚人很看重四時的節日，根據四時節日的倫理屬性，進行種種助生、順時、避災的民俗活動。

春季是萬物復甦、萌生的季節，護生、助生是春季的節日倫理屬性，因此春季節日主題在於順應時氣，促進萬物的生長。歲首正值立春時節，荊楚人在這一時節的活動就圍繞著這一時間觀念展開。在「三元之日」，人們雞鳴而起，以

---

81 《逸周書・卷六周月解第五十一》「萬物春生、夏長、秋收、冬藏，天地之正，四時之極，不易之道。」同書卷三小開武解第二十八：春以紀生，夏以紀長，秋以紀殺，冬以紀藏，歲以紀終，「時候天視，可監。時不失，以知吉凶。」卷九周祝解第六十七「時之行也順至無逆。」

82 《長沙子彈庫戰國楚帛書》丙篇記載了楚十二月的宜忌，如六月不可以祭享，七月忌穿門戶，八月不可以築室，取女，凶等。

一系列養生、護生、助生的民俗項目來順應新的時間。尤其值得玩味的是，這天「凡飲酒次第，從小起。」在尊老敬老的社會裡，在新年的第一次聚會中，小者卻受到特殊的重視，其原因也正是小者處在生長的時段，「以小者得歲，先酒賀之。」[83]在新年的飲食儀禮中，人們進椒柏酒，食膠牙餳，吃五辛盤，及生吞雞子等，以各種服食民俗來養生助生。

正月七日為人日，又稱人勝節，人日是人之節日。據董勳《問禮俗》：正月一日為雞，二日為狗，三日為豬，四日為羊，五日為牛，六日為馬，七日為人。七日是專屬人的特殊日子，在古代是人事的占驗日，託名漢人東方朔撰著的《占書》有「歲正一日占雞……七日占人」之說，以其日清明與否，判斷生物是否昌明。直到清朝仍有「初七日謂之人日。是日天氣清明者則人生繁衍。」的節俗[84]。占人的習俗表述的人們對人生的關注，在古代的惡劣的自然與社會環境之下，人們尤其關心人的健康成長與人口的繁衍。由於生存能力的局限，人們無法把握自己的未來，因此只有寄予神祕力量。南朝荊楚民眾對人日這一人生節點相當重視，他們不僅僅停留在被動的占驗上，而是採用主動的進取姿態，去爭取神力的佑護。據《荊楚歲時記》佚文稱：「其初七日，楚人取南北二山之土以作人像一尊，使向正南，建立庭中，集宴其側，卻陰起陽，即以人北為冬氣拒陰氣之禍，以人南為春氣招陽氣之祜。故名曰人日也。」[85]在新春時節，人們招引春氣即生氣。人日這天，人們要吃七種新菜和合的菜羹，作華勝戴於頭上，並以剪綵與鏤刻金箔的形式制出人像，將其貼在屏風之上（《荊楚歲時記》），祈求人生的順遂與人口的繁衍。一般說來，人日的出現與中國傳統社會重視人口增殖的觀念有著內在的聯繫，但人日習俗在漢魏六朝的凸現，卻與當時社會動盪，戰火連綿，饑荒、疾疫流行，人們生命不保，人口巨量減少的歷史背景深有關係。據研究者統計，曹魏時期的民戶與人口只及東漢同一地域州郡戶、口的七分之一或六分之一[86]；荊楚地方為南北爭奪的軍事要衝，人口損失十分慘重，南朝梁人沈約在撰著《宋書》時言及荊楚

83　《荊楚歲時記》注文引魏議郎董勳的解釋。本節不出注者均為荊楚歲時記所錄。
84　（清）富察敦崇：《燕京歲時記》（北京：北京出版社，一九六一年），頁四四。
85　（日）某氏撰：〈年中行事秘抄〉，轉引自守屋美都雄：《中國古代歲時記研究》（東京：帝國書院，一九六三年），頁三七四。
86　唐長孺：《魏晉南北朝隋唐史論》（武漢：武漢大學出版社，一九九三年），頁二四。

的人口散亡的情景，「自漢氏以來，民戶彫耗，荊楚四戰之地，五達之郊，井邑殘亡，萬不餘一也。」[87]所以祈求人生平安與人口增殖的人日自然受到民眾的特別重視。由於人們認為人日直接關係人生，是歲時中的重要節點，所以人日習俗歷代相承，誠如唐人李商隱所詠：「鏤金作勝傳荊俗，剪綵為人起晉風。」[88]

立春在月令時代是官方的盛大節日，朝廷要舉行隆重的迎春儀式，立春具有順時布令的政治意義。[89]但在帝國分裂後的南朝，《月令》傳統衰微，人們對節氣日的重視程度遠不及人們根據曆法日期確立的人文節日，雖然這些節日一般有時令的依據，並大多由節氣日轉化而來。南朝荊楚地區人們重視歲首等民俗節日，卻並沒有對立春表示特別的重視[90]。當然，立春作為春天到來的標誌，荊楚人們順應時節，也採取了相應的順氣助生的民俗手段，「立春之日，悉剪綵為燕戴之，帖『宜春』二字。」燕子既是迎春的使者，也是生命的象徵，在春燕南來的時節，也是生命萌動的時節，因此燕子在古代被視作生命之鳥；仲春之月，燕子飛至，《月令》稱：「是月也，玄鳥至。至之日以大牢祠于高禖。」高禖是古代的生育之神。玄鳥即燕子到來的時節，就是祭祀生育女神的良時，其中的意義不言自明。《周書》徑直說：春分之日「玄鳥不至，婦人不震。」[91]荊楚人在春分日不僅候鳥鳴下田春耕，而且在燕至之時主動求子，「婦人以一雙竹擲之，以為令人有子。」[92]由此更能明白人們在立春日戴燕的民俗含義，人們期盼燕子帶來生殖的力量。

春社、寒食、三月三是荊楚春季的重要節日，這三個節日的主旨同樣在於扶助生氣，祈求生產與生殖的力量。只不

87 卷五十四傳論，其後講到南朝的恢復發展，「民戶繁育」、「地廣野豐，民勤本業，一歲或稔，則數郡亡饑。」在宋大明之末，「積旱成災，……口減過半。」

88 《古今歲時雜詠・卷五李商隱・人日即事》。

89 詳情請參看簡濤：《立春風俗考》（上海：上海文藝出版社，一九九八年）。

90 在後世荊楚地區，如同它地有熱鬧的鞭春習俗，但它主要是官方重農的禮俗表現，「立春先一日，官師班春于廟，農人皆趨觀焉。」（清《監利風土志》）。

91 《玉燭寶典卷二》引《周書》雲。《太平御覽》以「震」為「娠」。

92 《玉燭寶典卷二》引《荊楚記》雲。

過各節日在具體內容上有各自的側重。春社的時節在仲春，中心內容是社神祭祀，祭社的目的在於助長仲春的生氣，《國語・魯語上》有「土發而社助時也。」《晉書・禮志》亦揭示了祭社的本義，「祭用仲春，義取重生。」荊楚地方，社日成為一次盛大的鄉鄰集會，「四鄰並結綜會社，牲醪，為屋於樹下，先祭神，然後食其胙。」分享祭過社神的社酒社肉，在社人眼裡就是直接分享神靈的恩惠，因而從中能夠獲取福佑人生的神力[93]。寒食禁火等節俗，從其傳說與節日食品看它明顯屬北方的節俗，六朝人有關漢魏的歷史文獻也證明了寒食在西晉之前原流行於三晉之地[94]。但在南北朝時已隨著移民的遷動而在北部中國傳播，[95]並且也傳入荊楚地區，荊楚地方因地理位置的關係，曾數度成為秦雍等西北流民的移居地，這其中自然有不少來自三晉的流人，寒食禁火節俗可能由他們帶到了荊楚，並與荊楚固有的一些春季活動融合，形成了豐富的寒食節俗。據《荊楚歲時記》記載，荊楚寒食不僅禁火冷食，還舉行一系列的娛樂活動，如鬥雞、鬥蛋、蹋毬、蕩秋千、施鉤。寒食的諸項活動都在於襄助陽氣的發散。其中典型行為是雕鏤雞蛋，如《荊楚歲時記》在注文中引《管子》「雕鏤然後瀹之，所以發積藏，散萬物。」這是一種順應時氣的助生巫術。事實上，它還有增加生殖力的意義[96]。三月三是中國的一個古老節日，準確地說，它是古代的一大忌日。荊楚傳承了上巳祓禊消災的護生傳統。

夏季是「繼長增高」的時節，但在濕熱與疾疫流行的南方，夏季卻是一個需要格外呵護的時節，因此夏季的節俗主要在於消災去疾、護生助長。端午是夏季的中心節俗，端午在六朝時期融進了追悼屈原的因素，並成為端午節俗的重大

93 社日具體情形可參看拙作〈社日與中國古代鄉村社會〉，《北京師範大學學報（社會科學版）》，第六期（一九九八年），頁二七—三五。

94 《玉燭寶典・卷二》引錄了魏武帝禁止太原等郡寒食的《明罰令》。範曄《後漢書・周舉傳》，晉孫楚《祭子推文》，晉陸翽《鄴中記》等均指為並州之俗。

95 北魏賈思勰《齊民要術・卷九煮醴酪第八十九》記介子推的傳說，「百姓哀之，忌日為之斷火，煮醴而食之，名『寒食』，蓋清明前一日是也。中國流行，遂為常俗。」

96 寒食不僅是古代文人騷客經常歌詠的題材，而且今人也作了專門的探討，可資參考者有：謝國楨：〈寒食清明考〉，《國學月報》，二卷二期（一九二七年四月）。、龐樸：〈寒食考〉，《民俗研究》，第四期（一九九〇年）。裘錫圭：〈寒食與改火〉，見《古代文史研究新探》（南京：江蘇古籍出版社，一九九二年）。筆者覺得仍有不盡之意，當另作專文討論。

主題；但是，端午的驅疫避瘟意識一直居於支配地位。端午的競渡、食粽、采藥、系長命絲等等民俗項目都在於防瘟與避厄，《玉燭寶典》引《荊楚記》稱民以新竹筍為筒粽，裹以楝葉，五彩絲捆紮，「投江以為辟火厄」，士女還以楝葉插頭，彩絲系臂，「謂為長命縷。」端午的這些節俗主要來源於人們視五月為惡月、凶月的倫理認識。六月伏日，是秦漢時期的大節之一，它同樣被視為人們護生的關節點，《後漢書・和帝紀》引《漢官舊儀》稱：「伏日萬鬼行，故盡日閉不幹他事。」荊楚人傳承了這一惡日觀念，在伏日這天，「並作湯餅，名為辟惡。」

秋季是收穫的時節，亦是酬神祭祖、祈求子嗣與避禦初寒的時節。七月立秋，秋氣西來，古代有立秋迎氣與秋嘗的禮俗[97]，圍繞著這一禮俗在漢魏六朝時期形成了七月七與七月十五這兩個節日。七月七的原型是祭祀星神，七月初斗柄南指，織女星初昏時出現在正東方向，這種星象正好與立秋的季節相合，此時農作物趨於成熟，於是人們在季節轉換的時刻，拜祭星神，乞求賜福。由於七月七日是秋成時節的陽盛日，因此也是祈求子嗣的良辰，在這一時間性質的認識之下，男女之間獲得交往的時機，秋季本來就是「合男女」的季節（《管子・幼官》），於是出現了男女相悅的主題。秦漢以後禮法漸嚴，人們受多種社會條件的局限，婚姻生活往往不能如意，人們為了表達一種追求美好生活的心願，就寄情於天上，賦予星宿以生命，用人間的生活素材編織了牛郎織女七夕相會的美麗故事。南陽漢畫像石上就刻有牛郎織女相伴的星圖。[98]由這個神話故事反過來又促成民俗的發展，據《西京雜記》記漢宮「至七月七日，臨百子池，作于闐樂，樂畢，以五色縷相羈，謂為相連愛。」（卷三）這是牽牛織女會天河的模仿。六朝時，七月七日祭拜牽牛織女已成為民俗節日，晉周處《風土記》記「七月初七日，其夜灑掃於庭，露施幾筵，設酒脯時果，散黃粉於筵上，以祈河鼓織女，言此二星辰當會，守夜者鹹懷私願，鹹雲，見天漢中有奕奕白氣，有光耀五色，以此為征應，見者便拜而願，乞富乞壽，無子乞子，唯得乞一，不得兼求。」[99]由此可見，民間祭星的原義。南朝荊楚七夕習俗有所變化，加入了乞巧的

97 古代禮俗春禘秋嘗，《禮記・雜記》・載孟獻子說：「正月日至，可以有事於上帝。七月日至，可以有事于祖。」

98 原物出土於南陽白灘漢墓，參看《河南漢畫叢書・南陽漢畫像石》（鄭州：河南美術出版社，一九八九年，頁一六八－一六九。

99 《太平御覽・卷三十一　歲時部・七月七日》引。

內容，變為純粹的婦女節日，「七月七日，為牽牛織女聚會之夜。是夕人家婦女結彩縷，穿七孔鍼。或以金銀鍮石為鍼，陳瓜果於庭中以乞巧，有喜子網於瓜上，則以為符應。」（《荊》）從原始生存意義的祈求，演變為對婦女心靈手巧的祈禱，節日的這種演變具有重要的文化意義，它代表了節日向娛樂方向的發展，單一的祭祀性節日演化為祭祀與娛樂結合的節日，豐富了節日的文化內涵，更能適應和調節民眾生活。而專門的女性節日的出現，既說明婦女地位的上升，也表達了社會對婦女角色的期待。但我們也應注意到這種節俗大概主要是大家雅俗，在農家小戶傳承的「祀星」習俗仍是很直接的功利要求，是對生存狀態的關注。為七月十五的原始意義在於秋嘗與祭月。它與七月七日不僅時間相連，在節俗性質上亦有一致性，都有在收穫時節向神靈告祭的含義，二者雖然向不同方向發展，但它們之間有著密切的關係，我們在民俗志資料中常見鄉村秋祭是從七月初一或初七至十五日[100]。七夕祭星，七月十五祭月祭祖。七月十五日作為秋節其原型是古代的膢祭，以新穀祭祖先，漢代的膢祭在立秋日[101]。《風俗通義・祀典》：「食新曰貙膢。」南朝就是在這傳統的秋嘗節俗基礎上，接受佛經的目連救母脫餓鬼道傳說形成了七月十五日盂蘭盆會的新節日。《荊楚歲時記》首次記錄了這一新節日，「七月十五日，僧尼道俗悉營盆供佛。」在一般民眾看來，供佛是為了祭祖，祭祖就是為了祈請祖靈佑護後人順利生活。[102]

南朝荊楚地區在仲秋八月十四日以朱水點小兒額俗，「名為天灸，以厭疾。」重陽亦是秋季大節，自漢即有九月九日佩茱萸、食餌、飲菊花酒的保健習俗，說這樣可「令人長壽。」[103]九九相重，陽數之極，在前代是應避忌的時日，人們的服食與登高均由於此。而曹丕對它有另一種理解，曹丕在《九日與鍾繇書》中說，「九為陽數，而日月並應，俗嘉

---

100 清・王柏心《監利風土志》：「七月七夕祭祖禰，謂之迓亡，連享七日。」

101 《後漢書・卷九十一　劉玄傳》：「欲以立秋日貙膢時共劫更始。」

102 《古今圖書集成・曆象彙編・歲功典第六十八卷　中元部》引《直隸志書・慶雲縣》「七月十四日祭，晚陳瓜果祀祖先，戶左東向月，麻穀黍稷薦新，其明祭於墓。鄉人以為目連救母之辰，人各薦亡，謂之盂蘭盆會。」由此可見民間祭星月、祭祖先與供佛是不分彼此的。

103 （晉）葛洪：《西京雜記・卷三》（吉林大學影印《漢魏叢書》本，一九九二年），頁三〇七。

其名，以為宜於長久，故以享宴高會。」[104]曹丕的說法說明當時對時間節點的看法，反映了一種求吉的社會心理，這是人們對現存習俗的重新解釋。因此九月九日具有特殊意義。南朝荊楚人傳承著這一節俗，「九月九日，四民並籍野飲宴。」事實上，荊楚登高飲酒目的還在於避災長命。因為此時寒氣初起，人們如不注意防護，身體就會受到傷害。人們認為重陽之日茱萸氣烈成熟，此日采茱萸插頭，「言辟惡氣而禦初寒。」[105]

冬藏時節，萬物歸於閉藏，人事主靜，南朝荊楚冬季節日亦以靜養為主，人們注意飲食的調養。十月朔日為秦歲首，食黍臛；冬至日「作赤豆粥以禳疫」。這些食俗均在於保健。當時北方同樣如此，十月朔日，設麻羹豆飯；《雜五行書》有「十月亥日，食餅，令人無病。」[106]

臘月是歲終之月，雖然在季節上屬季冬之月，但已處於送舊迎新的特殊時段，人們以各種手段驅陰助陽，為春氣的發動開闢道路。臘日是臘月的大節，「臘為冬節，蓋冬至後歲前之一慶典。」[107]它起源於古代的臘祭。

臘祭，在漢代以前有不同的名稱，夏曰嘉平，殷曰清祀，周曰大蠟，漢曰臘。臘祭是在新舊交接的時間關節點上舉行的祭祀先祖儀禮。在新故交接之際，「大祭以報功也。」[108]蠟祭作為宗教年度祭祀週期的終點，在上古也就是歲除大節，人們對此十分重視，春秋時代的蠟祭之日「一國之人皆若狂」[109]。漢代「臘者歲終大祭，縱吏民宴飲。」[110]臘日日期在晉朝以前是不固定的，它要根據各朝的在五行中的行運確定，按古代祭祀原則，盛日祖祭，衰日臘祭。漢代火德，

104 《藝文類聚・卷四　歲時中》（上海古籍出版社，一九九九年），頁八四。
105 《太平御覽卷三十二時序部・九月九日》引《風土記》。
106 賈思勰：《齊民要術・卷九》。
107 瞿兑之：《漢代風俗制度史・習俗篇・令節》（上海：上海文藝出版社影印本，一九九一年），頁二二四。
108 應劭：《風俗通義・卷八祀典》（吉林大學影印《漢魏叢書》本，一九九二年），頁六五九。
109 《禮記・雜記下》。
110 《藝文類聚・卷第四歲時中》引蔡邕《獨斷》，頁九二－九三。

火衰於戌，故選冬至後的三戌日為臘。時間在冬至後三十六日，正位於大寒期間[111]。臘祭最原始的意義，大概就在於驅除寒氣，扶助生民，[112]晉室南渡之後，隨著統一帝國的分裂，古代月令禮制崩解，傳統的宗教時間意識趨淡，及民眾時間觀念的世俗化，歲時伏臘的宗教祭祀的歲度週期已從與歷年週期的並行（在漢代以前是以祭祀的時節為時間標識，漢代曆法完備後，歲祭與歷年並重。）的位置下降，人們更注重曆法年節，臘祭大禮地位淪落；臘祭日的禮俗分化，一部分成為歲除的內容，一部分保留在臘日中，這時的臘日有了固定的日期。《荊楚歲時記》記錄了臘日在南朝的新形態，其一、以佛神逐疫，「十二月八日為臘日。諺語：『臘鼓鳴，春草生。』村人並擊細腰鼓，戴胡頭，及作金剛力士以逐疫。」其二、祭灶神，「其日並以豚酒祭灶神。」

臘月是春氣將至前的大寒時節，為了驅逐陰氣，去舊迎新，人們舉行系列的驅儺儀式；古人將季冬的凜冽寒氣視為疫鬼，在臘祭前盡力驅除，以助萬物的新生。鼓在古代是撼天動地的神器，鼓聲如雷，而雷是上天的特定語言，「動萬物者，莫疾乎雷」（《周易・說卦傳》）。鼓聲是對雷鳴的巫術模擬，臘鼓驅趕陰冷，召喚陽春。《周禮・春官》有「國祭蠟，則吹《豳》頌，擊土鼓，以息老物。」東漢高誘說到季冬大儺與逐除間的關係，「大儺，逐盡陰氣為陽導也，今人臘歲前一日擊鼓驅疫，謂之逐除也。」[113]臘月的逐除主要是驅除宮室之疫鬼，蔡邕《獨斷》記述了漢宮歲末驅儺的情景，「桃弧棘矢土鼓，鼓且射之，以赤丸五穀播灑之，以除疾殃。」[114]民間歲末儺儀雖沒有漢宮千騎送疫那樣聲勢浩大，但同樣隆重、熱鬧，早在春秋時，鄉里就有驅儺活動，「鄉人儺」，孔子朝服而觀（《論語・鄉黨》）。晉朝時荊州人因逐除發生鬥毆，荊州刺史不得不派軍人維持秩序。可見荊楚地方的驅儺規模也不小。南朝逐除活動仍然盛行，梁人曹景宗在臘月邀集一幫人，「作邪呼逐除，遍往人家乞酒食。」[115]假面逐除，是儺儀的重要特色，它具有增進

111 參看陳久金：〈臘日節溯源〉，《文史》，第三十二輯（北京：中華書局，一九九〇年）。
112 《風俗通義・祀典》說：「太史丞鄧平曰：臘者，所以迎刑送德，大寒至，常恐陰勝，故以戌日臘。戌者，溫氣也。」
113 《呂氏春秋・季冬紀》「命有司大儺」，高誘注。
114 明程榮纂輯：《漢魏叢書》（吉林大學影印本，一九九二年），頁一八二。
115 《南史・曹景宗傳》。

法力的意義。但在南朝逐除者戴胡頭，扮作佛家的護法神金剛力士，這裡給我們提供了一個重要的信息，那就是佛教信仰在民間社會已有相當深入的影響，佛家神靈已介入了荊楚民眾的歲時生活。

臘日的另一重要節俗是祭灶，灶神祭祀為先秦五祀之一，灶神信仰來源於中國古老的火神信仰。在古代火歷時代，人們以大火（心宿二）在天空中的位置，判斷季節的變化，《左傳・昭公三年》說「火中寒暑乃退。」注曰：「心以季夏昏中而暑退，季冬旦中而寒退。」大火星旦中時刻也就是寒氣開始衰微的時刻，此時祭祀大火是為了助長暖氣的回升，臘日祭祀的本原意義就在於此。隨著時間的推移，神靈的人格化，主管觀測大火的火正祝融被尊為火神，繼而又因火與飲食的關係，祝融又成為灶神，祝融「死為火神，託祀於灶。」[116]這樣火神與先炊之神（主管飲食）發生了關聯，楚地原有夏曆十二月（楚二月）祭飲食的習俗。[117]所以說臘日祀灶包含了祭火與祭飲食兩層內容，這也是文獻中有「老婦之祭」與祝融之祭，及有關灶神夫婦傳說的根由。[118]祭灶時間在唐宋以後挪到十二月二十四，將它作為歲除活動的一部分。由臘日節俗可見人們對季節時間週期終點的特別關注，人們希望通過對神靈的獻祭，迎來新的時間與新的收穫。

人們以陰陽五行的觀念理解自然節氣的變化，將自然時間賦予倫理屬性，並根據時間的善惡採取各種對應措施來調節人與自然的關係，人們依靠信仰與社會力量保證人生通過一個又一個時間關口。《荊楚歲時記》就生動地記述了南朝荊楚民眾過節度厄的年度歷程，由此，我們可感覺到當時民眾對時間屬性的倫理判斷。

（二）時間的更新意識

荊楚民眾將歲時視作生命的歷程，春夏秋冬四時的代謝有如生命機體的生長衰亡，在舊死與新生的季節循環中，人

116 《淮南子・時則訓》，高誘注。
117 《風俗通義・卷八祀典》（吉林大學影印《漢魏叢書》本，一九九二年），頁六五九。
118 參看《禮記・禮器》、許慎《五經異義》，有關灶神的記載。關於臘日的起源與天文曆法的關係，陳久金・臘日節溯源・文有較深入的探討，可資參考。

們逐漸形成了時間更新的意識。因此在人們的心目中，時間不僅具有倫理屬性，同時它亦具有如生命再生的更新特性。

中國處於北溫帶，四季物候分明，在春夏秋冬的四季流轉中人們易於形成循環的時間觀念，而適應季節氣候的農業謀生活動又強化著這一循環意識，但是中國人很早就具有線性時間觀念，對時間的流逝有著深刻的體驗[119]。歲時的循環是不斷變化、不斷生成的、流動的再創的循環，正如《周易・繫辭上》所說：「生生之謂易。」從《荊楚歲時記》的記述看，荊楚民眾有著明顯的時間更新意識，人們在時間的流逝中獲得時間新生的體驗。荊楚民眾的時間更新意識集中體現在季節轉換時期與年度週期的新舊交接時段。

歲末年初的節俗，最能體現民眾的時間更新意識。臘，為歲終大祭；在臘日活動中，人們擂動臘鼓，「以息老物。」將舊的、過時的統統驅走，臘前隆重、熱鬧的逐除儀式，就是為了徹底、乾淨的驅走衰老的舊歲，迎接充滿生機的新年。臘，在古代的一個重要意義是「接」，即「新故交接」[120]。晉博士張亮議曰，「臘，接也，祭宜在新。」臘後為新歲，臘祭的過程就是一個新舊交替的更新過程，裴秀《大蠟》詩稱：「玄象改次，庶眾更新。」[121]荊楚人在歲末年初有著較強的更新意識，臘日村人不僅打起細腰鼓，而且借來了佛家的金剛力士，以逐除歲暮之氣，「臘鼓鳴，春草生」；在歲暮之日，家家要準備豐盛的飯菜，在舊歲神前，「以迎新年」，全家「相聚酣飲」。人們還特意留「宿歲飯」，到新年的十二日，將飯拋到大路上，說是「去故納新」。年前以臘日為中心的活動重在驅除，為新年的誕生開闢道路，「舊年死了，新年才生。」[122]

元正歲首，「一元複始，萬象更新。」在新歲之初，人新物新事事新，一切都在更新之中，人們的活動都在於祝歲與賀年，人們以進入新時間的心態，相互祝賀新生。「長幼悉正衣冠，以次拜賀。」在新的時間裡，人們不僅衣冠一

119 《論語・子罕》記「子在川上曰：逝者如斯夫，不舍晝夜。」
120 《風俗通義・卷八祀典》（吉林大學影印《漢魏叢書》本，一九九二年），頁六五九。
121 《藝文類聚・卷第四　歲時中》。
122 婁子匡：《新年風俗志・周作人序》（上海文藝出版社影印商務印書館本，一九八九年）。

新，而且人的身體亦在更新之中，荊楚人在元日要進椒柏酒，飲桃湯，食膠牙餳，吃五辛盤等，椒柏在時人觀念中都是「令人身輕耐老」的「仙藥」，膠牙餳在於牢固牙口，五辛盤在於發「五臟之氣」，據《本草綱目》說：「元旦立春，以蔥蒜韭蓼蒿芥辛嫩菜之雜和食之，取迎新之意，謂之五新盤。」通過這些元日的「煉形」活動，象徵著人們在新年中身體獲得了新的生命機能，誠如南朝梁人庾信所詠：「正旦辟惡酒，新年長命杯。」；但這僅是物質的更新，更重要的一點，在荊楚新年民俗中是生命的更新。正如一位學者所說：與一切文明一樣，時間感總是與生命感攜手同來[123]。

古代民眾對時間之流的把握是通過歲時節點實現的，人們將一些關鍵的時間節點，視作人生的關口，過節就是度厄。通過了這些節點就意味著人獲得新生。人日是生命的更新之日，人們不僅要進食象徵新生意義的七種「新菜」，而且剪綵為人，或鏤金薄為人，貼在屏風或帳內，剪綵人的意義在於「人入新年，形容改從新也。」剪綵為人，是人生更新的象徵，這裡，表達了一個古老的民俗觀念，人的靈魂與肉體可分可合，在新舊時間交接之際，靈魂亦有更新的需要，人日的彩人，就是招魂的道具，是人身的替代物。後世常用紙人招魂就是這一遺俗，在新疆吐魯番古墓曾發現唐代的一件招魂剪紙，七個小紙人排列成行，即六朝時的「人勝」。唐代西北有紙人招魂習俗，詩人杜甫避亂雨夜投陝西友人家，友人為其剪紙招魂壓驚，杜甫為此寫下了「暖湯濯我足，剪紙招我魂」的詩句（《彭衙行》）。南方苗族每十二年舉行一次的招龍節，即為未來的十二年求得人丁興旺，由祭司剪紙人招魂[124]。荊楚一帶至今仍有紙人招魂的習俗[125]。人日是魂靈的更新日，在民族志中可得到有力的佐證，西北地區（陝西渭南）稱人節為「人齊節」，人齊節有「回魂」之說，飯前由家裡的年長者（多為年老主婦）呼喚全家人的名字，喚到誰，誰就必須答應「回來了」，人齊後，方可揭鍋開飯，人日的這種儀式稱作「回魂」[126]。在甘肅靈台人日「家家門前掛燈球，謂之『招魂』。」[127]寧夏朔方七日黃昏

123 吳國盛：《時間的觀念》（北京：中國社會科學出版社，一九九六年），頁五九。
124 張曉：〈苗族審美意識初探〉，《苗侗文壇》，第三、四期合刊（一九九六年）。
125 參看何紅一：〈人日節俗與楚巫文化〉，見《楚俗研究第二集》（武漢：湖北美術出版社，一九九五年）。
126 魏正乾：〈年節風俗新考補遺〉，《西北民俗》，創刊號（一九八九年）。
127 民國二十四年重修《靈台縣誌・歲時民俗》，見《中國地方誌民俗資料彙編・西北卷》（北京：書目文獻出版社，一九八九年），頁一八二。

後，弱女幼子懷餅焚香，到街上（鄉村則於門外）呼喚，名曰「招魂」。[128]由此可見人日所招之魂是生人之魂。南朝荊楚地方的人日就是這樣的一個魂靈回歸日，他們不僅用剪綵人的形式象徵人的新生，而且也在人日招家畜之魂，「荊人于此日向辰門前呼牛馬雞畜，令來。乃置粟豆於灰，散之宅內，雲以招牛馬。」（《荊》）這種為動物招魂的習俗，在後世南方的少數民族中仍有傳承，布依族正月初一，由婦女呼家人的名字及馬、牛、豬、雞、糧棉名，稱「叫魂還家」[129]。在歲首招魂，其潛在的意義是說在新舊交接時，不僅人們進入了新的時間段，而且在新年要招新魂，如同寒食廢棄舊火，改取新火一樣，舊的靈魂已離開了形體，新年人們獲得的是新的生命。正月晦日，荊楚人要在水上泛舟，水邊宴飲，「湔裳酹酒于水湄，以為渡厄。」[130]這種在時間節點中不斷地經受考驗，從而實現新生的願望是民眾在惡劣的生存環境中艱難求生的生命體驗。春夏時節人們易因氣候變化感染時疾，因此人們以三月三、五月五為特別的惡日，在民間節日傳說中，有關這兩個節日的傳說都是死亡傳說。三月上巳日，人們到東流水邊，以祓禊的形式，「以招魂續魄」；古代人認為人的生命起源與水有關，《管子・水地》中說：「水者何也？萬物之本原，諸生之宗室也。」經過春水的洗禮，人們重新獲得生命的力量。五月五日，人們舉行一系列民俗活動，如采艾為人，蘭湯沐浴，龍船競渡、五彩絲系臂等，其民俗事象的主旨是招魂、續命。[131]民眾通過這種種民俗活動方式，達到與時令變化相適應的身體調適與精神更新。也正是這種不斷更新自我的生存方式，保證了民眾生活「新新不停，生生相續」[132]的生命活力。

128 民國十六年《朔方道志・歲時民俗》，見《中國地方誌民俗資料彙編・西北卷》（北京：書目文獻出版社，一九八九年），頁二三六。

129 魯克才主編：《中華民族飲食風俗大觀・雲南卷》（北京：世界知識出版社，一九九二年），頁二八五。

130 《玉燭寶典・卷一》，《叢書集成初編》，頁一三三八。

131 關於五月五日與生命更新的聯繫，可參考劉顯銀〈龍舟與祓禊〉文，原刊《中華龍舟文化研究》（貴陽：貴州民族出版社，一九九一年），頁七三—八〇。巴莫曲布嫫在《儀式與季節：春季反咒・秋季轉咒・冬季招魂—依諾支系巫術儀式與年中行事之民俗學考察》文中，記述了涼山彝族在三、四月驅鬼找魂的儀式，「畢摩口誦《喚魂經》將主家的魂喊回來。」冬季「在辭舊迎新之際，必須舉行招魂儀式，以犧牲贖回靈魂，才能平安地進入新的一年。」

132 漢東郡京房著：《京房易傳・卷下》（吉林大學大學影印《漢魏叢書》本，一九九二年），頁一二。

由此可見，與人們時間體驗相伴隨的是生命的體驗，在古人心目中，時間有如生命機體有衰老與新生，人們的精神與肉體也在時間的流動中通過一道道時間關口，從而獲得生命的延續與更新。

二、歲時生活與荊楚民眾的巫鬼觀念

荊楚民眾對歲時生活的理解，自始至終包含著他們對人與自然關係的理解，人文節日系統的主旨是調節人與自然、人與社會的關係，在古代偏重於前者，即使是著眼於後者，它也採取一種隱晦的方式，當然在神靈信仰占主導地位的時代，人們對上述關係的理解被歸結為人與神鬼的關係，人與自然、社會等異己力量的調適表現為人與神鬼的矛盾與妥協。因此從這一角度來說，一部《荊楚歲時記》就是一份南朝荊楚民眾信仰生活的實錄。

六朝時期，是一個巨大的歷史變革期。這是一個沒有權威也沒有保障的時代，連綿的戰禍、災荒使人民在動盪中流徙，在缺乏安全的自然社會環境之下，人們不能準確地預知自己的未來，一切都處在不確定之中。於是人們寄希望於神祕的靈力，而佛教的傳入與道教的興起正適應了民眾這一精神需要，因此六朝社會巫佛道信仰盛行，「張皇鬼神，稱道靈異，」[133]成為一時之風氣。荊楚地區自楚漢以來即有「信巫鬼，重淫祀」的信仰傳統[134]，此時在佛道二教的推湧之下，本地區的巫鬼信仰愈益濃烈，借魯迅先生的話說是「鬼道愈熾」。巫鬼信仰在南朝荊楚民眾的歲時生活中有著較全面的展現。

（一）歲時節日中的鬼神信仰

歲時節日是區別於常日的特定時間，它通過節日儀式將民眾置於特定的文化情景之中，人與神鬼的隔離狀態在節日

133 魯迅：《中國小說史略・第五篇六朝之鬼神志怪書（上）》（北京：東方出版社，一九九六年），頁二八。
134 《漢書・地理志》（北京：中華書局，一九六二年）。

中消失，因此節日成為人們與鬼神交往的特定時日，所謂「歲時以敬祭祀」。有著濃厚鬼神信仰的荊楚民眾自然重視在歲時節日中與鬼神的對話與溝通，他們通過主動的姿態（獻祭或逐除）去祭祀神靈、禳除惡鬼。

從《荊楚歲時記》的記述看，神靈祭祀在歲時生活中並沒有占太大的比例，尤其是在《四民月令》中佔據重要位置的祖靈祭祀，在《荊楚歲時記》中幾乎等於空白，這是一個值得思考的問題。是宗懍的疏忽還是荊楚人對祖先祭祀的淡薄，現在難以確知，不過有一點可以說，南朝荊楚地區因居民的五方雜處，民族成份複雜，宗族意識明顯弱於前代。從歲時活動中看，似乎人們更重視家庭生活領域，如在節俗中對門戶特別看重，門戶在社會中是人我的分界，在信仰中是人鬼的分界，門戶之內的家庭自然是一個整體，人們有著較強的家庭意識。同時人們也注意鄉里社會的交往，除年節為家族活動外，其他大都是城鄉居民為主的社區活動。宗懍在記述時常用「四民」、「世人」、「四鄰」、「村人」、「士女」等稱呼，體現了歲時節日的社會性。除祖靈幾無祭祀外，荊楚節日也較少祭祀一般神靈，月令時代的四時祭祀，亦不復舉行，人們祭祀的是日常的蠶神、門戶神（正月十五）、社神（社日）及灶神（臘日），由此可見時人的世俗觀念。其中值得特別提出的是正月十五日「迎紫姑」，紫姑是在六朝社會文化背景下醞釀出來的世俗神靈，傳說中的紫姑不僅出身低賤，而且她的職司亦為日常的農桑事務，人們「迎紫姑，以卜將來蠶桑，並占眾事。」紫姑作為蠶桑之神，她可能與古代嫘祖信仰有關。嫘祖，西陵氏女，黃帝的元妃，傳說她是最早養蠶的人，因此她很早就被奉為先蠶祭祀。六朝時期江南蠶桑業發展，而深處王宮的皇家蠶神，畢竟與民間懸隔太遠，並且她本來就是朝廷專祀之神，普通民眾不可能接近，更不用說得到她的福佑，因此民眾要有與自己情感相通的蠶神。紫姑在民間傳說中，是一個因不堪大婦凌辱而自殺的小妾。紫姑死後被世人奉為神靈，人們在她「感激而死」的正月十五日，「作其形迎之。」紫姑傳說原來流傳於北方，在北方是以廁神奉祀，「俗雲：廁溷之間必須清淨然後能降紫女。」[135]紫女傳說在南朝流到南方後即與江南民間神靈信仰與巫風結合，形成了紫姑這一新的蠶桑之神與巫卜女神[136]並且在民間信仰中長期傳承。宋代詩人陸游記

135 《玉燭寶典卷一》。
136 （梁）吳均《續齊諧記》有「吳縣張成夜起，忽見一婦人立于宅東南角，謂成曰：『此地是君家蠶室，我即此地之神。明年正月半，宜作白粥，

述了宋代紫姑信仰，「孟春百草靈，古俗迎紫姑，廚中取竹箕，冒以婦襦裙。」（《箕卜》）與南朝迎紫姑習俗幾無二致。紫姑神的出現，反映了荊楚民眾對世俗生活的關注。紫姑作為知曉民間「眾事」的神靈，在荊楚地方成為傳承千年的預測農事、婚姻的民間女神。南朝荊楚地區的節日神祀相對稀少，並不說明荊楚人信仰力的微弱，事實上，荊楚人有著濃厚的神祕意識，只是它通過對鬼道的信仰體現出來。

荊楚人相信歲時的神祕，時間由神靈創造與執掌的信仰是自故楚以來的傳統。戰國楚帛書中記載了共工步量時間的神話，楚帛書的十二月圖中有與十二月相配的十二月神[137]，在其中的丙篇還記述了月令的宜忌，時間具有善惡的意味。南朝荊楚人仍有著很強的時季意識，並且將這種時季意識與鬼靈信仰結合起來，在南朝荊楚地區的歲時節日活動中人們主要是對鬼靈的驅除與防範。越是重要時節這種禳除的習俗越是細密。正月一日，是新年之首日，人們雞鳴而起，「先於庭前爆竹，以辟山臊惡鬼。」接著在新年宴會上，要飲桃湯，「桃者，五行之精，厭伏邪氣，制百鬼也。」[138]服卻鬼丸。出行佩卻鬼絳囊。門戶是防止鬼邪進入的關鍵之處，因此人們帖畫雞戶上，並懸葦索、插桃符，以使「百鬼畏之。」歲首為一年的開始，人們由舊的時間轉入新的時間，在這種時間轉換的過程中，人們往往有一種期待與憂慮交織的矛盾心態，荊楚人以主動姿態禳除不吉，正月夜禳鬼鳥，並在正月末日夜用蘆苣火照井廁中，如此「則百鬼走」。三月三日在東流水上的祓禊，亦在於禳除不祥之鬼，至今在故楚的鄂東英山仍有「三月三，鬼發顛」的俗語，人們這晚出門看鬼火。五月「俗稱惡月，多禁」，人們忌曬床席、忌蓋屋，否則會失去魂魄；人們采藥、掛艾、系長命絲、競渡等都在於禳毒辟疫。臘月為歲末之時，其主要活動就是逐除疫鬼，人們戴上具有特殊魔力的面具，扮作佛家的護法神，驅除室宅疫鬼，以實現新年與舊年的順利更替。信鬼重巫的傳統與現實生活的艱難促成了荊楚人在歲時生活中對鬼神的敬畏，但荊楚人畢竟有著剛烈的性格，他們信鬼而不屈從於鬼，他們雖祭祀鬼神，但更多的是採取禳除的方法，保證自身

泛膏其上以祭我，當令君蠶桑百倍。』言絕而失之。成如言作膏粥，自後大得蠶。」玉燭寶典・特別說「南方多名婦人為姑」以證紫姑為南方信仰。

137 參看李零：《長沙子彈庫戰國楚帛書研究》（北京：中華書局，一九八五年）。

138 《荊楚歲時記》杜氏注文。

的安全，以便在時季的轉換中順利通過。巫術在荊楚節日中有著突出的表現。

（二）歲時節日中的巫術表現

巫術是源於神祕信仰的一套實用性行為，是為達到特定目的所施行的手段。巫術既與宗教發生聯繫（相信超自然力的存在），又與其相區別，宗教以信仰為目的，巫術卻是對不可知力量進行積極的預知與控制利用。

楚地素有信鬼重巫的傳統，這種傳統形成於楚國時期。楚國曾經是一個巫風盛行的國度，楚君熊繹不僅是周朝封國的統治者，而且他還是奉事周天子的大巫，「桃弧棘矢以供王事。」[139]所以楚國巫師無論大小都有著顯要的地位，大巫觀射父就曾被奉為「國寶」。「信巫鬼，重淫祀」成為楚人的文化特徵之一。這種巫鬼信仰在楚立國的八百年中鑄成了難以移易的文化傳統，此後在荊楚地區歷代相承。

南朝時期，荊楚地區巫風依然濃烈，歲時節日習俗自然集中體現著荊楚的巫風，人們在節日中利用各種巫術手段增進生產、禳除災害。在日常生活中，「人們使用巫術，並不專用巫術，只是作為一種生產、生活的輔助手段。」[140]但在歲時節日這一特定的時間裡，巫術作為過渡儀式的重要組成部分，它發揮著主要的效用。節日巫術行為依其性質與目的大致可分為辟邪巫術、求福巫術與預知巫術三種形態，當然這三種巫術形態並非界限森嚴，三者常相交織融匯。由於歲時節日依時序的變化而出現節日主題的變換，因此節日巫術形態也因之發生主從地位的變化。下面我們具體考察這三種巫術形態在荊楚歲時節日中的表現。

（1）歲時節日中的辟邪巫術

辟邪巫術，即以巫術手段禳除鬼魅邪氣，佑護人生的巫術。辟邪巫術在節日巫術中有著重要的位置。在荊楚民眾的傳統民俗觀念中，人與神靈鬼怪沒有截然的空間分隔，人時常感受到鬼魅邪神的威脅，特別是在重要的人文節點與自然

139 〈左傳・昭公十二年〉，見《新刊四書五經（下）》（北京：中國書店一九九四年），頁二一九。
140 （英）馬林諾夫斯基：《巫術科學宗教與神話》，李安宅譯（北京：中國民間文藝出版社，一九八六年）。

季節的轉換時期，人們在生理與心理上遭遇到一個時間過渡的危機，需要巫術的幫助。人們於是採用種種巫術手段、或巫術形式下的實用手段，以禳除可能發生的侵害。

在荊楚歲時中，辟邪巫術主要集中在歲末年初和春夏時節。在一歲之末，正值大寒時節，雖然冬至以後陽氣開始上升，但陰冷之氣依舊威脅著生民，因此人們要有大規模的逐除活動，人們戴上胡頭面具，敲起細腰鼓，「作邪呼逐除。」這種假面吆喝趕鬼的巫術就在於驅陰助陽，如《軒轅本紀》記載，「黔首多疾，黃帝氏立巫鹹，使黔首鳴鼓振鐸，以動心勞形，發陰陽之氣，擊鼓呼噪，遂以出魁。」[141]歲末驅儺巫術在六朝荊楚地區頗為流行，臘日逐除，驚天動地。

新年伊始，人們一面慶賀新生，一面防範可能發生的侵害，在荊楚元日民俗中，有名目繁多的辟邪項目，清晨的第一件事是燃放爆竹，目的是「避山臊惡鬼」，直到今天，荊州地方還有這樣的民諺：「過年不放炮，妖魔鬼怪到。」[142]然後飲桃湯，服卻鬼丸、食雞子、麻豆，以「厭伏邪氣」。為了防止鬼魅邪氣侵入宅內，人們刻意將門戶作為辟邪的關鍵所在，在門戶上方，畫上雄雞，釘上桃板，懸掛縛鬼的葦索，以穩固居室安全。後世的門神是文臣武將，孝感諺語：「文臣武將貼大門，大鬼小鬼難進門。」從歲末年初的辟邪巫術看，驅除與防範的巫術都與居室有關，家居安全受到人們的特別重視，因為家是人們賴以生存的人化空間，只有在此他們才能獲得渡過未來時間的立足點，所以在時間轉換、鬼邪活躍的關鍵時節，人們以居室為避難的空間保障。在古代要想安居樂業，還得防止鼠害，由於尚無捕鼠家貓，人們不得不利用巫術；老鼠是蠶的大敵，以養蠶為主要副業的荊楚人尤其注意對鼠害的預防。荊楚人發明了一套獨特的驅鼠巫術，他們在正月半作一盤加肉的粥，送到屋上祭神，並念咒語：「登高糜，挾鼠腦，欲來不來，待我三蠶老。」這就是「為蠶逐鼠」的巫術。正月十五的驅鼠巫術在楚地傳承至今，據新編《湖北省志》民俗卷記載「是日，湖北有驅趕老鼠的習俗。這天孩子們邊敲打瓢盆，邊唱歌謠：『敲木瓢，打木瓢，老鼠生崽不長毛，生一窩，死一窩，生的沒有死的

141 （宋）高承：《事物紀原·卷八歲時風俗部第四十二》（北京：中華書局，一九八九年）。
142 《中國諺語集成·湖北卷》（北京：中央民族大學出版社，一九九四年），頁四八八。

多。』」[143]這種作法人稱「敲葫蘆瓢咒老鼠」（廣濟）。咒是巫術中最重要的部分，馬林諾夫斯基說「咒語永遠是巫術行為底核心。」[144]比較這兩首時隔千年的驅鼠民謠，誠如馬氏所論，雖然人們對待老鼠的態度已發生了巨大變化，由畏懼而求情到憤恨而詛咒，但人們使用咒術驅趕老鼠的巫術性質及手段沒有改變，由此可見節日巫術影響的久遠。

正月夜，荊楚多怪鳥飛過，荊楚人視為鬼鳥，「家家槌床打戶，捩狗耳，滅燈燭以禳之。」傳說這種鬼鳥，名姑獲，又名天地女、隱飛鳥、夜行游女，喜好攫取小兒魂魄，「有小兒之家，即以血點其衣以為志。故世人名為鬼鳥。荊州彌多。」[145]正月因氣候的關係，不宜夜露小兒衣服，人們因此生出與怪鳥相關的聯想，由此形成了禳除的巫術。井與廁都是人們日常生活中不能須臾或離的設施，但因其深遂又給人帶來神祕的感覺，井廁之神也受到人們的奉祀，但荊楚人將井廁看作是百鬼的藏身之所，在正月未日夜，以巫術驅除，「蘆苣火，照井廁中，則百鬼走。」正月荊楚人還有在水上泛舟或水濱宴飲以「度厄」的禳除巫術，「元日至於月晦，民並為酺食，渡水，士女悉湔裳酹酒于水湄，以為度厄。」[146]三月三的「祓除歲穢」與此有著一致的意義，在「陽氣布暢，萬物訖出」時節，士民在東流水上，清除宿垢，一新面目。寒食節的禁火冷食有著深刻的意義，它本身就是一個巫術的表現，在人們看來寒食是一個禁忌日，南朝荊楚人要「禁火三日」。據《寶顏堂秘笈》本《荊楚歲時記》稱：「每歲暮春，為不舉火，謂之『禁煙』，犯之則雨雹傷田。」禁火是為了禳除災禍。

端午，是楚地典型節日，五月的長江中下游地區，潮濕悶熱，易生瘟病，這對於生存能力薄弱的古代人們來說，的確是難過的「惡月」，五月五日端午節日的形成與確立，與人們要求平安度過「惡月」的意願有關。因此，圍繞著端午的民俗活動，主要是辟邪護生的巫術活動。端午節雖然很早有了紀念屈原或伍子胥的倫理內容，這種內容甚至在六朝以

143 湖北省志編纂委員會編：《湖北省志・民俗方言》（北京：湖北人民出版社，一九九六年），頁二一四。
144 （英）馬林諾夫斯基：《巫術科學宗教與神話》，李安宅譯（北京：中國民間文藝出版社，一九八六年），頁五六。
145 《荊楚歲時記》引《玄中記》，在引文後說：「斯言信矣。」
146 《玉燭寶典卷一》從其敘述的語氣看，他是在詳說荊楚人這一度厄習俗，後面還說到「今世」的變化。

後成為端午節的主題之一，但在鄉村端午驅邪避惡的習俗依然傳承。端午節的辟邪巫術自古及今都表現得十分充分。據《風俗通義》佚文，在漢代五月五日，即有以五綵絲系臂，「辟兵及鬼」，以延長壽命的巫術。六朝荊楚地方端午的辟邪祛疾的巫術更為繁多，除彩絲系臂，「辟兵」與「令人不病瘟」外，人們重視門戶的防禦，端午采艾作人行懸之門戶，「以禳毒氣」；還有規模甚大的競渡活動，將憑弔屈原與百姓水上驅疫的巫術有機地結合在一起。端午的辟邪巫術在近代社會仍存活於民間。武漢端午，飲菖蒲酒以求「延年益壽」，門戶插艾蒿，以辟邪毒，雄黃點小兒額，婦女以五綵線織香包，掛小兒胸前辟邪等等。[147]江漢腹地的鐘祥，端午兒童佩艾虎，系五色續命縷，城外龍舟競渡，擊鼓爭標，城內市肆「剪紙為龍舟以驅疫，貼符撾鼓沿門哄然。」[148]這種種驅邪巫術的傳承說明了荊楚人的生活環境直到近代仍沒有實質的改變。此外，伏日食「湯餅辟惡」，九月九日登高避禍等均顯示出辟邪巫術在歲時節俗中的廣泛運用。

從辟邪巫術在歲時的節日分布看，愈是緊要時刻，愈是人們不能有效把握自己未來的時候，人們就愈是重視辟邪巫術的運用。人們以此穩定時間過渡期的情緒與生活秩序。

（2）歲時節日中的求福巫術

求福巫術是人們以巫術手段為自己求取福分的巫術。它與辟邪巫術有著內在的聯繫，都是主動運用巫術的力量為自己服務，所不同的是一個在於禳除外來的侵害，一個期望得到未來的報償。從情感狀態看，實施辟邪巫術時，情緒緊張，手段有時不免怪異，特別是他們認為邪氣高漲的時節；而求福巫術的實施大都是發生在感情平和之時，因此巫術形式活潑多樣。

求福巫術特別利用歲時節日這一時間點，人們認為在特定時間節點上施行巫術會有顯著效果，因此在他們認為是能夠增進生產生活質量的歲時節日中施行著各種求福巫術。求福巫術具體在祈年（祈求農業豐產）、祈子（祈求子孫繁衍）與祈壽福等方面，體現了民眾對生存狀態的關注。

---

147 《武漢市志．社會志》（武漢大學出版社，一九九七年），頁一〇七—一〇八。

148 光緒六年《鐘祥縣誌．卷二》。

首先，我們看祈年巫術。農業是荊楚民眾的生產主業，農業收成的好壞直接關係到人們的生計，以巫術手段促成農業豐產，表達了人們的一種心理需要。祈年巫術主要集中在年節時段，因為「年」的原義就是五穀豐熟，慶祝豐收活動的本身便表達了人們對未來豐收的期盼。在生產條件落後，人們對自然環境有較強的依賴的時代，人們無法確知自己的勞動能否達到預期效果，因此人們創造了種種具有祈請豐收性質的巫術形式。

《荊楚歲時記》記述了南朝荊楚人的新年巫術，冬至之後，陽氣生長，人們在年前的臘日，擂動臘鼓，以臘鼓催春，諺雲：「臘鼓鳴，春草生。」春種時節的早日降臨，意味著有一個好年成。歲暮家家準備豐盛的年飯，祭祀神靈，留「宿歲飯」，到新年十二日，將宿歲飯，棄之街衢，以示「去故納新」。這也就是一種祈年巫術。這種留飯以示年年有餘糧的習俗，一直在荊楚地區傳承。鄂西來鳳、宣恩等地在清末除日多做飯曰「隔年飯」，又叫「壓甑飯」。[149]留飯習俗至今仍存活於民間，目的就是祈求來年的豐衣足食。正月初一，杖打糞土堆乞求「如願」的習俗，也屬祈年巫術。立春是重要農事節日，人們自然要施行祈年巫術，除了戴彩燕迎春外，最重要的一個活動是「為施鉤之戲」。施鉤之戲類似於當今的拔河競技，雙方牽拉鬥力，旁邊還有人擂鼓指揮與助威，所謂「鳴鼓而牽之」。這種牽拉鬥力實際上是一場大規模的巫術表演，根據弗雷澤（J・G・Frazer）在《金枝》中的分析，[150]這是一場冬春之戰的象徵，人們以此驅走冬寒，迎接春天，以祈農業豐產。《隋書・地理志》在論及荊州這一風俗時說：「（南郡、襄陽）二郡又有牽鉤之戲，……鉤初發動，皆有鼓節，群譟歌謠，振驚遠近。俗雲以此厭勝，用致豐穰。」施鉤之戲在梁後期遭到禁止。人日為六畜招魂同樣是一種祈年巫術。正月十五日是年節的終點，也是祈年巫術的集中點之一。楚地很早就開始了植桑養蠶的歷史，因此對蠶桑十分關心。在正月十五祭祀蠶神，其夜還要「迎紫姑，以卜將來蠶桑。」

其次，祈子巫術。俗話說，多子多福。這種觀念在因戰亂人口急遽減少的六朝時期，尤顯突出。《荊楚歲時記》記述了數則祈子巫術，反映了時人的期盼，人日習俗就形成於這一時期。古代春秋二季是祈子的時節，因此，祈子巫術也

149 同治五年《來鳳縣誌・卷二十八》。同治二年《宣恩縣誌卷九》。
150 《金枝・第二十八章　第五節・冬夏之戰》（北京：中國民間文藝出版社，一九八七年）。

集中在這兩個時節。荊楚的春季祈子巫術，在人日為「剪綵為人」、「貼人於帳」，剪綵人、鏤金箔為人，既是招魂巫術，也是祈子巫術。春分日陰陽調和，自是求子良日，荊楚婦人見到新來的燕子，以一對竹筷子擲之，「以為令人有子。」[151]秋季祈子在七月七日。七月七日，天上牛郎會織女，人間夜晚結彩縷，穿七孔針，陳瓜果庭中乞巧，乞子是其原始內容之一，周處《風土記》說人們是乞富貴、乞壽，無子乞子。如果稱為喜子的蜘蛛結了網，那就為得巧。喜子喜子，喜得貴子，其中俗趣，不言而喻。後世祈子巫術多集中在八月中秋，楚地有「摸秋」一俗，「楚俗中秋送瓜，祝人有子。」[152]這種「秋瓜送子」的巫術在楚地頗為流行。

此外，荊楚地還有諸多在節日祈請壽福的巫術，如歲除夕守歲，使人添壽，立春戴彩燕迎春祈福，九月九日飲菊花酒，令人長壽等。節日求福巫術表達了楚地民眾要求改善生存狀態的良好意願。

（3）歲時節日中的預知巫術

預知巫術是以卜問與前兆判斷的形式預知未來的巫術，它既與辟邪、求福巫術有本質聯繫（都關注人的生存狀態），又有著自己的行為特色，它不是積極地追求，或主動地防護，而是冷靜地觀察。

信巫重卜是楚人的傳統。在春秋戰國時期，事無大小，楚人無不行卜觀兆，以預知事情成敗。這種觀兆卜問的風氣在楚地傳襲不衰，也構成了楚地節日巫術的一大特色。卜問及前兆預知巫術的流行，表現了楚人對未來生活的關注，也正反映出楚地人民謀生的艱難。

南朝荊楚節日預知巫術主要表現在農事卜問上，以正月一至六日的晴雨預測六畜的是否興旺；正月十五日夜，「迎紫姑，以卜將來蠶桑，並占眾事。」以迎紫姑卜問年成的預知巫術在楚地自南朝流傳至今。迎紫姑，必有一套巫術儀式，《荊楚歲時記》記，先作其形迎之，再念動咒語，祈請紫姑降臨，「捉之覺重，是神來也。」然後卜問眾事。這套巫術儀式在楚地基本沒有改變，湖北英山人正月十五「請筲箕姑」（即請紫姑）習俗是，在筲箕口上紮一紅紙花，由

151 《玉燭寶典卷二》引《荊楚記》
152 道光八年《永州府志・歲時民俗》，引自《中國地方志民俗資料彙編・中南卷（上）》（北京：書目文獻出版社，一九九一年），頁五七五。

兩個小女孩用手指抬離桌面、燒香、念動咒語，如覺手重，即是姑到，咒語有「請來做麼事？請來問年成。」[153]年初卜問年成成為荊楚的一個民俗傳統，荊州，在年初以水之輕重卜一歲之水旱，具體方法是，從元日起至十二日止，每日取水一瓶，秤之，驗其輕重，一日代表一月，「以卜十二月之雨水多寡。」[154]元日的禽聲與風向也成為預知年成的巫術內容，孝感人「是日聽禽聲。五更鳥先鳴雲孳鴨，鵲先鳴雲孳雞，天明麻雀亂飛，雲歲稔。」風向宜北，諺雲：「北風吹到南，無錢也去擔；南風吹到北，有錢買不得。」[155]這與《史記．天官書》「正月旦決八風」的「北方為中歲；東北為上歲」的說法一致，可見楚地預知巫術的源遠流長。七月七日，也是古代的重要占卜日，人們以星象卜問人事年成。六朝人觀牛郎織女之會時天河的雲氣變化預測歲事，以月光下的穿針喜子結網等巫術預測未來。在後楚地仍保持著七月七日星占的本義，「是夕占天漢隱見，卜穀價貴賤。婦女乞巧，於月下穿針。」[156]

節日巫術與節日主題相關，節日大多起源於歲時農事，對農業生產的關心自然構成節日巫術的重要內容，卜問農事的預知巫術相應地在節日中佔有一定的比重。正如馬林諾夫斯基所說，巫術「是因人底迫切欲求與機會底不可憑恃兩相合和而產生的結果。」[157]預知巫術的產生即依據這一心理基礎，雖然形式上表現得冷靜、客觀。

從荊楚節日巫術的形態看，辟邪巫術與預知巫術佔有重要地位。辟邪巫術集中在時氣轉換階段，人們運用多種巫術手段以應對自然變化。預知巫術一般集中在新的生活週期起始時段，表示著民眾對未來生活的關注。無論是禳除現存的威脅，還是卜問未來，都表明荊楚民眾生活得並不輕鬆，環境的壓迫，使他們發明了眾多紓解生存壓力的巫術，楚人好

153　筆者一九七七年在英山作民俗調查時，據蕭錫華（農民，七十三歲）口述筆錄。另據光緒《孝感縣誌》卷五記，正月十五請戚姑（七姑）法，「婦女先于小除日取糞箕之架埋廁所，是夜洗靜覆以女衫，仍畫人面於上，焚香拜祝，兩女持之，神來則自動叩地，謂之『拜』，問者但以拜之數為判。」

154　《荊州府志．歲時民俗》引自《中國地方誌民俗資料彙編中南卷（上）》（北京：書目文獻出版社，一九九一年），頁三八六。

155　光緒八年《孝感縣誌卷五》。

156　同治五年《崇陽縣誌卷一》。

157　（英）馬林諾夫斯基：《巫術科學宗教與神話》，李安宅譯（北京：中國民間文藝出版社，一九八六年），頁七三。

巫重鬼的傳統即在這一特定的自然人文環境中得以不斷傳承強化。

南朝荊楚節日的鬼神信仰與節日的巫術手段相互倚重，鬼神信仰依靠巫術手段實際干預民眾生活，巫術依靠信仰為自己提供存在的解釋與力量的源泉。節日作為民眾生活的特殊時空，從時間流動的角度看，它是一個特殊的間歇期，它承載著時間轉接的職能；從時間的性質看，節日是一個具有神性的非常日子，它是民眾溝通神靈、獲取精神力量的重要時間。因此，南朝荊楚人與一切古代社會的居民一樣，十分看重歲時節日，他們在歲時節日中實現了情感的宣洩，得到了身心的調整，從而獲取了繼續生活的力量。由《荊楚歲時記》對荊楚歲時節俗的全面敘述中，我們可實在地感受到荊楚民眾的民俗觀念。

魏晉南北朝時代，是中國社會出現重大變革的時代，人們的時間觀念，人們的生活方式均出現了引人注目的新變化。現實社會的變動促成了民間著述熱潮的興起，宗懍就是在這一著述風氣之下，以獨特的視角，系統敘述了南朝荊楚民眾的歲時生活，為我們保存了一份珍貴的歷史。

在統一帝國崩潰、傳統文化觀念動搖的社會大背景之下，六朝民眾的時間觀念出現了歷史性的變化。人們已經開始擺脫傳統的從屬「天時」的被動狀態，逐漸創制出一套適應人文生活節律的「人時」系統。人們主動地利用人文節日，對農業生產與社會生活進行積極有效地服務、調節，歲時民俗因之獲得前所未有的發展，並出現了娛樂化的新趨勢，反映了歲時節日在六朝時期的歷史進步。六朝歲時節日習俗除傳承了古代民俗觀念外，還融會了新的民俗因素，佛、道二教對歲時民俗的影響尤為深遠。同時我們也必須看到，六朝歲時節俗的新變化，反映的是傳統生活方式的局部更新，它大體保持著傳統的生活框架，「天時」仍在發揮著潛在的影響，與過去不同的是人們在適應自然時表現出較為主動的姿態。六朝民眾社會生活是在傳承中更新，它與上層社會文化的斷裂與突變情形相反，是一種從容舒緩的進化。南朝荊楚地方的歲時生活，從節俗形態看，它擁有不少漢魏以來的全國通俗，也有在荊楚自然人文環境中醞釀出來的獨特節俗。進一步說，由於荊楚的地理位置，它在移民文化交流中得以融會南北東西民俗，成為中國歲時民俗的薈萃之地，為中國歲時民俗整體形態的構成，提供了難得的人文空間；由於六朝時代處在古代社會向中古社會轉變的關鍵時期，南朝荊楚歲時民俗既傳承了古代民俗又吸收了不少域內外民俗新因素，從而為後世歲時生活提供了歷史的文本。總之，《荊楚歲時記》以其對特定歷史時空的理解與把握，奠定了它在中國民俗學史與中國民俗史上的重要地位。

餘論　時間與空間　文本與生活

——傳統民俗志小議

一、歲時與地域空間

歲時與地域的關係即是時間與空間的關係，時間與空間是兩個相互聯繫、相互區分的概念，時間依託空間顯示自己的存在，空間藉助時間表現自己的變化，因此說沒有脫離空間的時間，也沒有脫離時間的空間；但時間與空間畢竟是兩個不同的概念，它們有著不同的維度。「人們所理解的空間是一種可以被分為對稱部分的、三維的、具有幾何形狀的、可以在同一平面上延伸的形態。人們所想像的時間是一種純粹的持續的過程，是一系列不可改變的連續事件從過去產生，經過現在，又走向未來的發展過程。」[1]當然這是今天一般人理解的抽象的時空。而在具有原始思維的古代社會，人們並不把時空理解為一套起中性作用的生活框架，而是把它理解為能夠對人們生活施加影響的具有神祕因素的力量，因此，人們對時空的認識和體驗都帶有主觀性。「無論是空間，還是時間，它們都帶有價值判斷和情感性的含義。」[2]《荊楚歲時記》記述的是中古時期民眾的時空生活，它以荊楚地域為空間單位，描述荊楚居民的時間生活。「荊楚」與「歲時」的詞匯組合它本身就明確表達著時空並置的觀念，荊楚民眾的歲時生活，它依託的是荊楚這一特定的地

1 A・J・古列維奇著，龐玉潔、李學智譯：《中世紀文化範疇・第二章　中世紀人的時空觀》（浙江人民出版社，一九九二年），頁二五。

2 同上，頁二九。

域空間，荊楚歲時生活是民眾在荊楚地域空間內對自然人文環境的協調與適應，因此荊楚人的時間觀念自然會受到地域因素的影響和制約；確切地說，荊楚人是在荊楚自然人文空間中感受時間。

首先，看荊楚歲時與荊楚水土的關係。民俗文化是民眾主動適應自然社會的生活文化；民俗中的歲時節日，在古代社會中最主要的意義就在於它提供一個調節人與自然的關係的時間點。人類依自然而生存，自然給人類提供生活資源，人的主動就在於人能夠在自然許可的範圍內，創造出最有效的謀生方式，所謂一方水土養一方人。荊楚地區位於中國內陸的中部偏南，從地理空間範圍看，它包括秦嶺、淮河以南與長江中游地區，襟江帶湖，依山傍水；本地受東南季風的影響，氣候溫暖濕潤，生物資源豐富，宜於桑蠶與麥稻兼作，是旱地作物與水田作物的過渡地帶。因此荊楚人的謀生方式主要是蠶桑養殖與稻麥種植，民以食為天，要想生存就必須適應自然的節律獲取生活資源，桑蠶養殖與稻麥栽培管理都有著很強的季節特性。桑蠶養殖與稻麥生產的節律制約和影響著人們的生活節奏，人們依據農事活動的忙閒、莊稼生長收穫的時段，安排祭祀、社交、娛樂。如五月端午節，正值麥收之際，以及蠶事結束與中稻搶插時節，人們此時不惜時間隆重辦節，一是為了謝神，如婦女佩練，「以示蠶功」；二是為了祈請神佑，避瘟及促成麥稻豐收。[3]愈是有關農事的關鍵時段，人們愈是要舉行各種活動以爭取豐收。荊楚人的歲時生活在相當程度上帶有這一區域農業特性。

其次，荊楚歲時與荊楚地域文化傳統相關。地域文化傳統是地域民眾在千百年的歷史文化的創造與傳承中逐漸形成的，這種傳統與地域民眾生活有著密切的關係，它是民眾生活空間的重要文化構件，對民眾生活有著服務與規範的雙重功能。因此，歷史文化傳統與現實社會一道構成了民眾歲時生活的空間文化背景。歲時節日既是人們為調節生活而作的人為的中斷與連接，也是人們為傳承歷史而作的文化設計。因此，歲時節日成為民眾觀念、民眾文化傳統的聚焦。形成於先秦的荊楚文化是中國南方文化的代表，它在漫長的歷史發展中，鑄就了特色鮮明的文化傳統。荊楚文化從其構成看，是一個多元複合體，從其精神特徵看，它神祕而浪漫。荊楚文化傳統是荊楚民眾歲時生活的背景，也是民眾歲時

[3] 元稹《競舟》「楚俗不愛力，費力為龍舟。買舟俟一競，競斂貧者賕。年年四五月，繭實麥小秋。積水堤堰壞，拔秧蒲稗稠。此時集丁壯，習競南畝頭。……」引自《四庫全書》本《元氏長慶集》卷二。

生活的內容。在荊楚歲時節日中既有大量的民眾調節人與自然、人與社會的智慧，也有不少具有巫道色彩的神祕因素。《荊楚歲時記》所記錄的每一節俗，幾乎都是荊楚文化傳統的生動再現。

再次，荊楚歲時與荊楚居民構成的關係。荊楚居民的構成與荊楚所處的地域空間有著內在的關聯，荊楚位於東西交接、南北過渡的中部地帶，是人們東出西進、南來北往的通衢，隨著連綿不斷地戰亂、災荒、軍屯、官宦、商旅等多種因素的移民，荊楚成為「五方雜處」之區；魏晉南北朝時期，黃淮文化、秦隴文化、巴蜀文化、齊魯文化、吳越文化、甚至中亞文化均隨著移民而匯入楚地，這些殊方異俗在時間的淘煉中逐漸融入荊楚民俗之中，荊楚的歲時節俗中複合了這些文化因素。因此荊楚歲時成為中國典型的歲時形態。我們從元日節俗、三月三日節俗、端午節俗都可以感受到這一點。

荊楚歲時節俗是荊楚民眾時間觀的體現，荊楚民眾的時間觀又與荊楚地域空間的自然環境、人文傳統及居民構成有著密切的內在關係。因此，《荊楚歲時記》所描述的時間，是作為荊楚地域空間中的地域時間，它有著明顯的地方特性，它是一種不同於《月令》的地方時間。《月令》事實上也是一種地方時間，它是依據北方生態環境總結出來的時間表，它反映的是北方農業社會節奏，很可能它是針對村社集體勞作的時間安排。不同的是《月令》為王家所獨佔，並以政府的威權明令全國遵循。在統一帝國的時代，以地方時間為全國遵循的標準時間，適應了統一帝國的政治需要。但在統一帝國崩潰的六朝時代，地方社會崛起，地方意識明顯增強，一統的獨斷時間因之被打破，《月令》也就逐漸失去了它的時間指導意義。地方歲時因而獲得了凸現的機緣，「當社會對某種東西有了需要的時候，這種東西才會出現以滿足其需要。」在宗懔的時代，地方歲時生活已成為社會生活的重要組成部分，它不僅是民眾時間觀念的具體表現，而且歲時生活已與人們的情感緊密相連。《荊楚歲時記》就是宗懔在異地他鄉時對荊楚歲時生活的追憶。

二、文本與民眾生活

中國是一個注重著述的文獻大國，中國有五千年的文明史，五千年的歷史倏然流逝，但在漫長歷史時空中鑄就的民族文化的傳統仍然存活在我們的血脈之中，而且凝固在我們的歷史文獻裡，正是有了這些歷史的文本，我們才得以目睹歷史的煙雲，辨識先民的足跡，歷史為我們提供了安身立命的精神資源。古人雲：「欲滅其國，必先去其史。」由此可證歷史文本與社會生活的血肉相連。國可滅而史不滅，則道出了中國人不屈的精神追求，他們以文本的形式保存歷史，為後人續寫歷史提供文獻的依據。宗懍作為亡國之臣，雖然享受了新朝的特別優待，但他念念不忘荊楚故土，一部《荊楚歲時記》即是一部南朝荊楚民眾的歲時生活史，從中我們不難讀出他「忘憂竟不忘」[4]的懷舊情感。宗懍不僅記錄了荊楚民眾的歲時生活，而且開創了民俗記述的新體裁，樹立了記錄、傳承民俗的坫本。

民俗作為民眾的生活文化，很早就受到國人的重視，周官的木鐸采詩可以說是最早的「觀風問俗」式的官方民俗調查[5]。有關民俗的著述，也很早就載之於史籍。中國的民俗著述方式大致可分為兩大類型：一類是著者的親自對民俗的記錄；一類是編者對散見於文獻中的有關民俗記述的輯錄，屬類書性質[6]。二者構成了中國古代民俗志的基本內容。就數量來說，後者更為多見；但從學術價值看，前者具有更重要的學術意義。

民俗輯錄的價值在於它從眾多的文獻中搜集民俗資料，並分門別類地予以整理編排，這既有利於讀者的查找與閱讀，也使我們容易獲取有關歷史民俗的概貌；更重要的是類書性質的輯錄為我們保存了許多民俗文獻資料，在原始民俗文獻不存的今天，這種民俗輯錄尤顯珍貴。如隋杜台卿《玉燭寶典》、唐末五代韓鄂《歲華紀麗》、南宋陳元靚《歲時廣記》

4 《初學記》卷三引錄宗懍·《春望》詩。

5 《漢書·食貨志》：「孟春之月，行人振木鐸，徇于路以采詩，獻之太師。比其音律，以聞于天子。」

6 鐘敬文：〈北平風俗類征〉重刊序言·新的驛程（北京：中國民間文藝出版社，一九八七年），頁四八二。

等。當然，這種輯錄性的民俗彙編在今天看來，它有著其顯而易見的觀念與技術的缺陷。首先，它不是為了理解民眾生活的需要，它主要輯錄的是與上層社會有關的風俗習尚；其次，它在輯錄時有意無意地忽略民眾的思想與情感，以及民俗與特定時空的關聯，只是片斷地輯錄民俗事象，它難以作為民俗生活生動再現的依據，因而大大降低了它的資料價值。

民俗記錄在中國有著悠久的傳統，早在先秦時期，就有了關於古代民俗的記錄。《詩經・國風》是現存最早的地方民俗歌謠的記錄。同樣是記錄民俗，但有三種不同的記述立場，不同的立場也就決定了記錄者有著不同的情感與不同的關注重心，因此在材料取捨上，三者有著顯著的區別，由此決定了民俗記錄的價值高下。第一種是從上層統治者政教化的角度「觀風問俗」，目的是瞭解政治的得失，以「化民成俗」。如《漢書・藝文志》所說：「古有采詩之官，王者所以觀風俗，知得失，自考正也。」《國風》就是在這樣的政治動機下採錄的[7]。記錄民俗，反映民情，以為執政者參考，是中國傳統民俗志的一大特點，如《漢書・地理志》有關地方民俗性格的描寫，宋元以後地方誌民俗志門類的設立，都是具有政教意味的記述。第二種是從旅行者或客居者的角度，對異域他鄉的奇風異俗所作的見聞錄。有《後漢書・東夷列傳》、三國時沈瑩《臨海水土異物志》、唐玄奘《大唐西域記》、元周達觀《真臘風土記》等。這類記述的目的在於以廣見聞，雖然記述的民俗事象新奇可觀，但多流於表面性的片斷描述，記錄者不能也不想揭示民俗生活的內在邏輯。第三種是最重要的民俗記錄，即親身經歷的民俗生活記錄。有晉周處《風土記》、梁宗懍《荊楚歲時記》、宋孟元老《東京夢華錄》、清顧鐵卿《清嘉錄》、范祖述《杭俗遺風》等。它們有的是對身邊生活的記錄，有的是在離開了原來長期生活的環境之後，追憶過去的民俗生活。它既沒有明顯的政治功利目的，也不像旅居者那樣浮光掠影，而是懷有特殊的情感在描述生活，因此這種民俗記錄一般說來，真切生動。歲時是民俗生活的亮彩，人們在周而復始的歲時循環中，享受著民俗生活的趣味。因此，歲月可以變化，時間可以流逝，但有關歲時的民俗卻總是那樣地鮮活，以至於它成為一種突出的文化象徵，人們在追憶故地風物時，也大都首先記述歲時民俗，中國人特有的濃濃鄉情促成了歲時民

[7] 東漢何休《公羊傳》宣公十五年注：「（從十月盡正月止）男年六十、女年五十無子者，官衣食之，使之民間采詩。鄉移於邑，邑移于國，國以聞于天子。故王者不出牖戶，盡知天下所苦。」

俗記錄的豐富。宗懍是歲時民俗志體例的開創者，宗懍的《荊楚歲時記》是歲時民俗志的典範。宗懍世居荊州，曾擔任江陵地方長官，對荊楚地方的民俗生活熟悉；並且在情感上也特別留戀荊楚，宗懍本人又是飽讀詩書的學養之士；民俗體驗、民俗情感及文本的表述能力三者奠定了《荊楚歲時記》在記錄民俗生活上的垯本意義。

民俗志是對民俗事象的記錄和描述。[8]從閱讀角度來說，民俗志也就是民俗生活的文獻表述，這種文獻表述的重要意義就在於在時過境遷之後，雖然已不可能回復到以往的社會生活現場，但我們仍然能通過歷史民俗志概略地重現過去的民眾生活場景，「以重新獲得對自己過去事情的新鮮感。」[9]正如身居都市的人們閱讀一份來自邊遠鄉村的民俗調查報告一樣，在詳盡的民俗志描述中，人們可以消除空間的阻隔，對鄉村民俗生活感同身受。民俗志通過記錄、描述的手法將活躍流動的民俗生活轉變為文獻定本，使在不同的時間與不同的空間的人們都能接近、瞭解彼時彼地的民俗生活，這就是民俗志的文化價值與文化貢獻。民俗志的這一傳承文化的任務決定了對民俗志的寫作要求，一部完整的民俗志應該有時間、空間及人與活動主題的全觀描述，為異時異地的人們提供盡可能多的重現生活場景的素材。有的學者對民俗志提出了另外的要求，認為民俗志僅記錄、描述還不夠，應對民俗事象作出說明和解釋。這雖然有他的道理，但未免給一般民俗志撰寫者提出了過高的要求，超出了民俗志的職責範圍，從而影響到民俗志的客觀性。如果需要對民俗事象作說明與解釋的話，就應該是民俗承載者自己的解釋。

《荊楚歲時記》是中國古代記錄歲時民俗的祖本，它是第一部具體系統的區域歲時民俗生活記述。宗懍在記錄荊楚民俗時選取了民眾時間生活的角度，以歲時節日為民俗記述中心，一個節日就是一個具體的民俗單元。《荊楚歲時記》的作者與注者，首先注意對民俗活動進程的記述，對特定時空中的人事活動作現場的客觀描寫；其次注意對民俗事象作共時與歷時的比較，根據當時南北分立的情況，在空間上常比較南北民俗的異同，比如說今北人此日如何如何。並通過引證古代文獻說明民俗事象的歷史變化，如有關元日習俗的敘述中就徵引了《四民月令》（東漢）、《風土記》（西

8 鍾敬文：〈談談民俗志〉，《文史知識》，第七期（一九九八年）。

9 （法）米歇爾・福科（Michel Foucault）著，謝強、馬月譯：《知識考古學》（北京：三聯書店，一九九八年），頁七。

晉）及《煉化篇》（東晉）等古籍說明元日的源流。第三，對民俗事象進行解釋。每一重要節俗除了敘述民眾的意圖，如「以辟山臊惡鬼」、「以禳毒氣」之外，作者、注者還大量採錄歷史文獻中的神話、傳說對現存民俗事象進行解說。這種文獻集釋的方式成為中國民俗志的傳統。通過以上三部分的記錄與解釋，我們對荊楚歲時與歷史文化的聯繫，與全國通俗的關係就有相當清晰的瞭解。

文本不僅記錄民俗生活，而且文本還在一定的環境中影響和解釋民俗生活，柏拉圖早就說過，「與節慶歷史同時並行的是節慶詮釋的歷史。」[10]文本為現實生活提供詮釋的權威，使民俗活動具有傳統的依據，從而使民俗的傳承更具有現實的力量。在文化出現斷裂的時代，文本還可以通過還原於生活的形式，重新修復文化傳統。《荊楚歲時記》通過正文與注文的合璧，南北民俗互見，成為古代中國歲時民俗的典範文本，六朝之後有關歲時節俗的記述、解釋、論述沒有不以《荊楚歲時記》為祖本。在荊楚故地尤其如此，荊楚故地不僅大多傳承著南朝荊楚歲時古俗，而且在敘述歲時節俗時往往徵引《荊楚歲時記》的文字，在明清荊楚地方誌書中，有的還將當時的節俗與《荊楚歲時記》所載習俗進行逐條的對照，使我們對荊楚民俗的歷史變化一目了然[11]。

作為文本的民俗志，它記錄、描述民俗生活，但它畢竟只是民俗生活的文字記錄，它不是民俗生活的本身，我們只有通過他人的描述來瞭解當時的生活。況且，我們絕不能忘記勒高夫的名言：「封建社會是個打手勢的世界，而不是一個用筆寫的世界。」[12]記錄一個無文字的社會註定要遇到文字表達的困難，在記錄的同時也就必定會遺漏許多重要有意義的文化信息，因此僅靠文獻記錄並不能真正完全把握古代社會，我們所能作的只能是逼近真實。這是古代民俗志不可克服的局限。當代民俗志也同樣存在著文本與本文的差異，也需要民俗志撰寫者努力加以彌補，這種彌補「並不要求學者把自己變成民眾，而是要求學者在思想方法、行為方式和成果敘述上，顧及到民眾的反應，從而對個人的活動產生責

10 （德）皮柏著，黃藿譯：《節慶、休閒、文化》（北京：三聯書店，一九九一年），頁三八。

11 例如道光二十三年《安陸縣誌》卷八記歲時民俗，每一節俗首引《荊楚歲時記》所記內容，接著述前志及今志所記。

12 雅克・勒高夫（J.LeGoff）：《中世紀西方的文明・一九六五年，第一二六頁、四四〇頁，轉引自古列維奇《中世紀文化範疇》第三八頁。

任感。」[13]況且，現今記錄技術手段的先進，如錄音、錄像等有了更全面記錄民俗事象的可能，因此縮小了文本與本文的差距，但文本還只是一定時空中的生活反映。與此相關的另一個文本局限是，民俗志是文人的記錄，文人的修養與文人的旨趣使傳統民俗志成為文辭優雅的記述文字，在增添了民俗描述的詩情畫意的同時，往往也就犧牲了民俗記錄的科學特性[14]。文學性的語言遮蔽了民俗的童貞，傳統民俗志在成為文人學士詩文素材的同時，它也就削弱了其記述生活的本原意義。《荊楚歲時記》是傳統民俗志中較為成功的一部，宗懍是有一定民俗意識的文人。從其記述中看，他熟悉鄉土生活，但他的興味也不時縈繞在「登高賦詩」、「流杯曲水之飲」等文人雅趣之上；並且，由於宗懍與杜公瞻的博學，他們在敘述民俗時大量徵引古今文人著述，這雖然有助於瞭解民俗源流，但同時他們對南朝荊楚民眾的民俗解釋注意得不夠。他們重視歷史上的文人記述，忽視了歲時節俗與地方民眾生活的聯繫。重視表面相似的歷史聯繫，而忽視民俗事象間的內在關聯的探討，是中國傳統民俗志的根本缺陷。也是我們撰寫現代民俗志時所應注意的問題。傳統民俗志對異時異地民俗材料的引用還潛伏著這樣一個危險，那就是民俗志作者為了敘述的條理性與民俗事象的完整性，有意無意地將不同時空中的民俗資料彙集一處，使現實的民俗與歷史的民俗、此地的民俗與彼地的民俗混淆，造成民俗志閱讀者理解的困難，降低了民俗志的科學價值。當代的民俗志中或許也不同程度上存在這一問題，因此我們在運用民俗志材料時不得不有所鑒別。

正因為文本記錄了過去的生活，為我們展示了逝去的風景，使我們有了面對古人的機會，我們對其格外珍視。我們感謝宗懍等一批民俗事象記錄者，是他們掀起了傳統帷幕的一角，將目光投向了民眾生活，我們由此獲得了透視傳統社會的窗口。同時我們作為今天的學者，為了學術的進步也就不得不苛求前人，傳統民俗志所受到的一些局限，在今天也不同程度地存在著。當然，現在人們的視野、思想意識與記述手段遠超過前人，使我們有了更深入記述民俗生活的可能，但這種可能要轉化為現實並非易事。

---

13 董曉萍：《民俗學導遊．第三章　民俗學者的田野作業》（北京：中國工人出版社，一九九五年）。

14 陳雲根：〈民俗志文體論〉，刊載於《中國民俗學．（第三輯）》（上海：上海文藝出版社，一九九九年）。

民俗與民間文學叢書9　PG2036

《荊楚歲時記》研究
——兼論傳統中國人生活中的時間觀念

作　　者 / 蕭　放
主　　編 / 林繼富、劉秀美
責任編輯 / 林昕平
圖文排版 / 楊家齊
封面設計 / 葉力安

發 行 人 / 宋政坤
法律顧問 / 毛國樑　律師
出版發行 / 秀威資訊科技股份有限公司
114台北市內湖區瑞光路76巷65號1樓
電話：+886-2-2796-3638　傳真：+886-2-2796-1377
http://www.showwe.com.tw
劃撥帳號 / 19563868　戶名：秀威資訊科技股份有限公司
讀者服務信箱：service@showwe.com.tw
展售門市 / 國家書店（松江門市）
104台北市中山區松江路209號1樓
電話：+886-2-2518-0207　傳真：+886-2-2518-0778
網路訂購 / 秀威網路書店：https://store.showwe.tw
國家網路書店：https://www.govbooks.com.tw

2018年5月　BOD一版
定價：340元

國家圖書館出版品預行編目

《荊楚歲時記》研究：兼論傳統中國人生活中的時間觀念 / 蕭放著. -- 一版. -- 臺北市：秀威資訊科技, 2018.05

面；　公分. -- (語言文學類)(民俗與民間文學叢書；9)

BOD版

ISBN 978-986-326-558-0(平裝)

1. 歲時 2. 時間 3. 中國

538.59　　107006727

讀者回函卡

感謝您購買本書，為提升服務品質，請填妥以下資料，將讀者回函卡直接寄回或傳真本公司，收到您的寶貴意見後，我們會收藏記錄及檢討，謝謝！
如您需要了解本公司最新出版書目、購書優惠或企劃活動，歡迎您上網查詢或下載相關資料：http:// www.showwe.com.tw

您購買的書名：______________________________

出生日期：________年________月________日

學歷：□高中（含）以下　□大專　□研究所（含）以上

職業：□製造業　□金融業　□資訊業　□軍警　□傳播業　□自由業
　　　□服務業　□公務員　□教職　□學生　□家管　□其它_____

購書地點：□網路書店　□實體書店　□書展　□郵購　□贈閱　□其他

您從何得知本書的消息？

□網路書店　□實體書店　□網路搜尋　□電子報　□書訊　□雜誌
□傳播媒體　□親友推薦　□網站推薦　□部落格　□其他________

您對本書的評價：（請填代號　1.非常滿意　2.滿意　3.尚可　4.再改進）

封面設計____　版面編排____　內容____　文／譯筆____　價格____

讀完書後您覺得：

□很有收穫　□有收穫　□收穫不多　□沒收穫

對我們的建議：______________________________

____

____

____

請貼
郵票

11466
台北市內湖區瑞光路 76 巷 65 號 1 樓

秀威資訊科技股份有限公司 收

BOD 數位出版事業部

....

（請沿線對折寄回，謝謝！）

姓 名：________________ 年齡：________ 性別：□女 □男

郵遞區號：□□□□□

地 址：____

聯絡電話：(日) ________________ (夜) ________________

E-mail：____